ちくま新書

リベラルの敵はリベラルにあり

倉持麟太郎
Kuramochi Rintaro

1519

リベラルの敵はリベラルにあり【目次】

第四章　ネット社会での最大勢力「無党派層」の振り向かせ方

はじめに――Welcome to politics.

大学時代に憲法のゼミに所属し、主に日米の憲法の論文を読み漁って憲法学の魅力に取りつかれた。「個人の尊厳」、「切り札としての人権」、「表現の自由の公共的使用」……個々人が自分らしく生きる「善き生の構想」とそのための国家権力の在り方を追求する理念や言葉。その言葉が放つ力と輝きを確信したあのときから、私は「リベラル」だと思想自認している。

そんな私が初めて政治の世界と接することになったのは、2015年のいわゆる安保法制の審議のときである。雇われ弁護士から独立開業した翌年、弁護士3年目の春、弁護士業界の親方「日弁連」から、安保法制の国会議論における法的な論点整理役の指名を受けた。始まってみると、作業は論点整理にとどまらず、連日議員の質問を作成するところまで戦線は拡大し、衆院審議の最後には私自身が公聴会における参考人として意見陳述も行った。弁護士としても個人としても、人生が変わった。

大学時代、図書館の閉館時間まで読み漁っていたあの論文の字面の実践に携わることのできる高揚感。リベラルな価値はその普遍性ゆえに最後はきっと勝利するのだ、というウブすぎる感覚。憲法に象徴されるリベラルな価値への確信を心に秘めて、論戦に臨んだ。

しかし、そんな思いは、二つの意味であっさり砕け散った。一つに、権力はそんなにピュアではなかった。そしてなにより、リベラルがリベラルではなかった。

安保法制の採決がなされ、その狂騒が幕を下ろしているとき、権力に負けたという感覚よりも、内なる何かに負けているという感覚を強く持った。違和感を言語化できないままに、その後も様々な政治的イシューとともに時間が過ぎた。テレビで見ていた政治家や憧れの憲法学者、高名なジャーナリストともたくさん接する機会を得た。

その経験を通じて、確信したのだ。

「リベラルの敵はリベラルにある」

現在、日本に真のリベラル勢力が存在するのかという根本的な問題も含めて、我が国ではリベラルと目される勢力は極めて劣勢である。リベラルが語る言葉や社会設計は、およそ一般の生活者には届かないし響いていない。

†現実との乖離、そして「上から目線」

まず、実質において、「リベラル」が語る社会設計には現実味がない。リベラルな社会の基礎単位である「個人（individual）」概念が現実の生身の個人と乖離《かいり》しすぎているのだ。リベラルはその初期設定において「合理的で強い」個人を前提としたが、我々誰しもが気づいているとおり、生身の個人は、しばしば不合理な選択をするし、説明のつかない儚《はかな》さや弱さを内包した存在である。それにもかかわらず、リベラルな社会設計はおよそ「合理的で強い個人」概念から出発して構築されるため、現実の「個人」とのギャップは、必然的に法制度や国家像に歪《ゆが》みとなって反映されてしまう。

もうひとつ、リベラルが語る言葉が生活者に届かないのは、リベラルな価値を共有する対話の姿勢が上から目線に過ぎるからだ。

本来、リベラルな価値を守るための「不断の努力」（憲法12条）は、自分と価値観が違う人間に対しても、辛抱強く伝えようとし続ける企てであったはずだ。しかし、リベラルは、自陣のロジックの正しさを、まるでそのロジックが唯一絶対の正解であるかのごとく「上から目線」で語り続けるばかりだ。リベラルがリベラルの価値をその対話の姿勢に体現させるという不断の努力を放棄しているのだ。

このリベラルが抱える2つの病理を通奏低音として、本書では、リベラルな「強い個人」概念を一度初期化し、生身の「弱い個人」との調停を目指す。

もちろん、個人概念という実質だけではなく、方法論としての「熟議」の新しい在り方も提示する。

さらに、本書のもう一つのコンセプトは、現代の日本政治における「リベラル」な思想のマッピングである。本書には、現代政治をリベラルな視点から語る上で欠かせない憲法学者や研究者、ジャーナリストなどが相当数登場する。日本の論壇でリベラルを冠して政治や法を語る人々がどのような文脈でどのような論陣を張ろうとしているか、それを読み解く手がかりに使ってほしい。

その上で、己の思想的恋人を探すのは各人にお任せするが、それぞれの知識人が、客観的にいかなる立ち位置をとり、そして何より現代社会の課題解決に向けていかに意義ある提案をしているかorしていないかを相関関係図の中で理解することは、リベラルの未来を創造するために極めて有益だと考えている。そのあたりも楽しんで欲しい。

†本書の構成

さて、本書の構成を簡単に示したい。

大枠として、第一章〜第四章がいわば〈理論編〉、第五章、第六章がその〈実践編〉だ。

第一章及び第二章は、リベラル・デモクラシーの基礎とされている合理的で独立した**強い「個人（individual）」**概念の獲得のプロセスとともに、その個人概念と対置される不合理で**弱い「生身の個人」**のもつアイデンティティの生成と政治的帰結について検討する。リベラルがうすうす気づきながら放置した病因を直視することから始めたい。

結論から言えば、リベラル・デモクラシーにおける「個人（individual）」概念のプロジェクトとは、それぞれの生身の人間がもつアイデンティティは一旦脇に置いて、リベラルな個人たるもの理性的で公共心に富んだ強い「個人（individual）」でいるべし、という各人の〝アイデンティティ封じ込め〟戦略だった。

しかし、その封じ込め作戦は失敗した。「個人」としてあるべき姿の初期設定が非現実的に過ぎたからである。近代以降、リベラルな社会が前提としてきた合理的な人間モデルはもはや限界である。皮肉にもリベラルで普遍的な「個人」概念はその理念が持つ特性ゆえに、知らぬ間に我々の国家・社会を溶解させ、深刻な分断を制御できなくなり、いくつかの病理現象を生み出した。

一つは、**アイデンティティの政治**、である。

個人が解放され身分や帰属関係から断ち切られたことによって、我々はいくつもの生の選択肢を前に、「自分らしい生」の選択を丸投げされた。しかし生身の人間はそんなに強くも合理的でもなく、不安感、孤独感、疎外感に苛まれた。「アイデンティティの危機」である。

不安感と孤独感は、その裏返しとして、強い公的承認をセラピー的に求めた。「強い個人」から落ちこぼれた「生身の個人」が求めたセラピーは、民族や土地や言葉等という直截的な統合（ナショナリズム）か、自分をふるい落とした人々が座るエリートの説教台を「既得権益」として徹底的に敵視しその打破を目指す（ポピュリズム）か、あるいは社会の周縁における少数疎外者と感じる集団で結集する（アイデンティティ・リベラリズム）という形で表出した。そして、セラピーにすら無力感を感じる大多数は政治的無関心＝ニヒリズムへと染まっていったのである。

「個人」という結び紐がパチンとキレた社会は、各人の細分化されたアイデンティティ集団の集合体となり、それぞれが我先にと社会からの承認を求めて他者との差異を強調し、理性的な対話ができない。民主的決定の主語となる「私たち」はできるだけ広く包摂的にとられるべきなのに、むしろアイデンティティの数だけ「私たち」が出現し、社会が取り組むべき共通の課題について立場を超えた合意形成はもはや困難になりつつある。

リベラルな社会設計が生んだ今一つの病理はグローバリゼーションである。リベラルな「個人」や「自由」は人類普遍の概念として世界中に輸出され、国境の壁を下げるアクセルとなった。「人類みな兄弟」的コスモポリタニズムは一見理想的に見えたが、下がった国境を越えたのは強欲資本主義だった。国家ベースの競争が世界地図全てを戦場とする弱肉強食の競争に変わり、世界規模での格差を生んだ。

あわせてグローバリゼーションは、普遍性を標榜しつつ、そのじつ同質化圧力も強く、国家だけでなく、その内部の地域共同体も破壊した。我々は経済という名の金目の話を優先しすぎたのだ。ショッピングモールの跋扈《ばっこ》を例に論じるが、我々は「活き活きとした地域コミュニティ（人格）より、安い下着（金）をくれ」という選択に至った。

結局、階級や中間団体から我々を解放するための道具としてのリベラルな「個人（individual）」概念は、人間味も温もりもない〝リベラル・モンスター〟と化して、国家（ナショナル・アイデンティティ）、地域共同体（ローカル・アイデンティティ）、そして個人一人一人のアイデンティティを溶解させてしまったのだ。

本章の結論として、自分の帰属とは独立した包摂的なナショナル・アイデンティティ、いわば包摂的ナショナリズムの構築を目指すべきと考えた。リベラルな価値観とナショナリズムやナショナル・アイデンティティとの整合性に疑問を感じる方もいるかもしれない。私はこの逆説的なチャレンジが最良の選択だと考えているが、果たして読者諸氏はどうか。

第3章では、リベラルな個人と生身のアイデンティティの緊張関係を前提に、それらがAI、ビッグデータ、アルゴリズムと掛け合わさることで生じる現代社会の問題点と可能性を読み解く。

ネット空間には、「これは私のことだ」と共感できる物語がそこら中に転がっている。誰しもがメディアになれるこのツールで、十人十色、千人千通りのアイデンティティが大量生産され、その数だけ、アイデンティティは細分化された。ジェイミー・バートレットの言葉を借りれば人々は「部族化（tribalization）」したのだ。

そして、AIやアルゴリズムは、部族化された私たちに、心地よい価値観や情報のみの泡にいることや（フィルター・バブル）、同質の価値観が反響する小部屋（エコー・チェンバー）を提供した。その上、私たちはそうした空間が実はAIにより作出されていることを知らないまま、まるで自己決定の結果であるかのよう感じている。身分から解放されたはずの現代人は、スマホのタップや検索履歴を通じて、サイバー空間に創り上げられた「自分のような人」という新たな身分社会に無意識のうちに組み込まれているのだ。

AIやアルゴリズムが民主主義に与える影響については、2016年のトランプ大統領誕生とブレグジットを軸に、「国民は単に投票時だけでなく、自分の財布、時間、クリック、投稿、ツイートによって毎日投票している」との発言（2008、12年にオバマが選ばれた米大統領選挙のデジタル部門を仕切ったブルーステート・デジタルとその設立者ジョー・ロスパースの言葉）

の真意を解き明かす。

　また、近時、人間の合理性の限界を直視し、むしろ不合理な人間の選択の自由を見えない形で補助することで自律的決定を確保する手法として、「ナッジ nudge（肘でそっとつつく、の意）」が着目されている。不合理で弱い「生身の人間」から出発するとすれば、ある程度国家がパターナリスティックに介入せざるを得ない場面が増えるが、それは私が構想する今後の個人と国家の関係のモデルでもある。そうしたモデルを採用しながら、いかにして個人の自由を守るのか、アメリカの憲法学者であるサンスティーンの試みとともに検討したい。

　その上で、前章までのグローバリゼーションの議論とAI・データ社会の課題の接合の観点から、国際社会で生起している状況を俯瞰《ふかん》する。経済的なグローバリゼーションに、**データ・グローバリゼーション**がぴったり併走している現状において、もはや経済活動はデータの駆使抜きには不可能だ。BIG9と呼ばれる米中の民間企業だけで、その保有するデータは130億人分を超え、国家のデータ管理を軽々と凌駕《りょうが》している。

　データとAIが織りなす空間が、一国の選挙や民主主義にまで影響を与えることが自明ななかで、データ・グローバリゼーションの法的規律は、国家の「主権」をどのように維持するかということに他ならない。

　米、中、EU各国が、このデータ・グローバリゼーションに対して、それぞれのナショナル・アイデンティティに立ち返って対応しようとしている。地政学的にも米中に挟まれた日本は、果たしてどのようなナショナル・アイデンティティでこの嵐を乗り切るのか。ここで失敗すれば、経済グローバリゼーションで失った我々の国家、地域、個人のアイデンティティの〝二度目の喪失〟になるだろう。

本章には、国家等による誘導を怖いと煽ることを目的としているのではなく、このようなデータ社会を前提とした上で、各人が自分らしく生きることを可能にする社会設計に向けたヒントをちりばめたつもりだ。

第四章は、そんなネット空間が日本社会に与えている影響を、慶應義塾大学の田中辰雄教授らの『ネットは社会を分断しない』による調査結果を参照しながら明らかにしたい。ズバリ、論点は前掲書タイトルのとおり、「**ネットは社会を分断するのか?**」である。

田中らはその調査結果を根拠に「分断しない」と結論付けるが、私は田中らの調査結果をもってしてもなお「分断する」と考えている。

そして、このネットによる分断構造は、この構造を保身のために維持し利用し尽くしている「政治」に由来するところが大きい。したがって、ネットの「つくり」を一部組みかえれば改善されるといった類の問題ではない。冒頭から通奏低音で流れる「政治的なるもの」とそれに巣食うプレイヤーたちの生態系の構造を一変させることで、ネットの分断構造を治癒させる必要がある。

本章は、データを読み解くためのデータとしても大変有意義なものなので、独立して読んでも楽しめるかもしれない。

次章からは、一章～四章までで記述した「現状」をあらゆる意味で利用した政治権力の実相に迫る。もちろん、政治権力とは与野党を問わない。

第五章では、現代日本政治における政党、マスコミ、市民運動、支援者による「**選挙ビジネスとしての政治**」を生々しく明らかにする。間違いなく、政治の現場である「永田町」に巣食う一部彼らの既得権益の防衛行動が、日本の民主主義や立憲主義を骨抜きにしている。

特にリベラル勢力に限れば、現在、アメリカの民主党が陥ったアイデンティティ・リベラリズムの罠に、我が国のリベラル勢力も完全にはまっている。すなわち、細分化・個別化された特定のアイデンティティ集団（貧困層、女性、ＬＧＢＴＱ、護憲派等々）のそれぞれに承認を与える秋波を送ることで、彼らを「支援者＝上顧客」とし、選挙のために上顧客の満足を満たすことをすべての行動準則にしている。議員なる人々は、統一的ビジョンや理念を語ることをやめ、次回の選挙で自分の議席を確保することだけに注力する選挙ビジネス、政党ビジネスのサラリーマンと化してしまった。

上顧客とみなされない無党派層、無組織層は、興味を失い、政治から離れていく。無党派層に「起きて」ほしくない政権与党と、政権交代そっちのけで現状議席の死守にしがみつく野党との、惰性と言う名の緩やかな共謀によって、日本政治はスタック状態にある。

憲法上「全国民の代表」とされる個々の議員も、既存のビジネスと化した選挙・代議制民主主義や政党政治の〝奴隷〟であり、不条理な政治運営プロセスと政党に邪魔をされて、真に国民のためになる活動ができない。議員が本来の仕事をしようとしたとき、最大の抵抗勢力は、選挙であり支援者であり政党である。

結局は、選挙・代議制民主主義とそれを前提とした政党や政治家で民主主義を「回して」いる限り、アイデンティティ政治からグローバリズム、また、AI・データ社会やネット空間の分断まで、リベラルが解決すべき病理を根本的に治療することはできない。選挙と政党を求心とした政治的なるものに、こうした問題がすべて張り付いて引きずられているのだ。

そこで、選挙・代議制民主主義を「相対化＝弱める」具体的戦略が必要だ。民主主義の「内から」民主主義を相対化するプロジェクトが**カウンター・デモクラシー**であり、「外から」相対化するプロジェクトが、**立憲主義と法の支配**である。本章の最後では主に立憲主義と法の支配という「外からの」民主主義の相対化の提案を行う。

最終章である第六章は、民主主義の「内から」の相対化であるカウンター・デモクラシーについて、現在行われている取り組みと今後の展望を議論する。

『トゥルーマン・ショー』という映画をご存知だろうか。ジム・キャリー演じる主人公は、自分の生活がすべて巨大セットの中で24時間TV中継されている「ショー」であることを知らない。日本の民主主義はいわばその「ショー」だ。我々市民も、「政治的な人々」も、皆トゥルーマンである。しかし、本当の民主主義はトゥルーマンの世界の外に存在するのだ。水恐怖症のトゥルーマンは、最後に「ショーの演者」であることを拒絶して、恐怖症を克服し、ボートを漕いで外の世界に出ていく。我々も、既存の民主主義の外にある真の民主主義へと漕ぎださねばなるまい。

本章では、カウンター・デモクラシー自体の定義を試みつつ、その世界的な動向を論じる。あわせて、日本社会におけるカウンター・デモクラシーの可能性について、世論調査の数字を交えて検証する。

後半では、私自身が取り組んでいるカウンター・デモクラシーの実践を紹介する。キーワードはコンテンツとプラットフォームだ。その際、私が徹底的にこだわりたいのが「法」である。「法」によって社会的課題の解決策を表現していく。それを、新たなプラットフォームで、なるべく多くの人たちが参加できるオープンな場を設定して熟議する。民主主義の主語の「私たち」が細分化されすぎた現状を治癒させる試みである。

また、最後に、政治的なるものとは全く別の磁場を生きる「非政治」の人々が織りなすカウンター・デモクラシーを紹介する。主人公は、アメリカのクラシック音楽家たちだ。ヨーロッパから伝来したクラシック音楽をいわば「借りてきた正装」で奏でてきた1960年代と異なり、現代のアメリカン・クラシックシーンでは、アメリカ社会におけるオーケストラの独自の役割を徹底的に考え実行する場面が増えている。この試みについて、LAフィルの極めてユニークかつ戦略的な楽団運営の手法を中心に、アメリカのクラシック音楽家たちがsocial impactを追求する営みを紹介する。

国際的に一流の国家であろうとして、民主主義と立憲主義という「借りてきた正装」を身に着けてきた我々も、そろそろ、本当に自分の身体にフィットする自前の衣装に着替えるときがきているのではないか。ヨーロッパから伝来したクラシック音楽のアメリカ的な着こなしかたは、借りてきた民主主義と立憲主義がハリボテ化し、それでも「王様は裸だ!」と言う声が上がらないまま、ぼろぼろの民主主義や立憲主義を着続ける日本社会の打開策のヒントになるだろう。

†Welcome to politics!

この「はじめに」の冒頭に、「Welcome to politics.」と掲げた。

これは、ベネズエラ人（現在はスペイン国籍）指揮者でLAフィル音楽監督のグスタヴォ・ドゥダメルが、ベネズエラで憲法停止などを行う独裁マドゥロ政権に公然と反旗を翻したときのマドゥロ大統領の応答だ。ドゥダメルが、「ベネズエラ国民の声を聞き」「反対意見を表明し、互いを尊重し、寛容に、対話を自由に行える」制度を構築することを求めたのに対して、マドゥロ大統領は出演したテレビで皮肉たっぷりに「Welcome to politics.（政治へようこそ）」と挑発・宣戦布告としたのだ。

私が丸腰で政治の境界線に近づいた2015年。当時は聞こえなかったが、思えばあのときに、その後深く因縁をもつこととなる〝政治的なるもの〟からwelcomeと言われたのだと思う。自覚なく近づいた私は、今もなお、その政治的なるものの磁場に自分らしさを失うかもしれないと思うときがある。welcomeという言葉が持つ友好的な語義とは裏腹に、その響きはむしろ私たちに対して、「覚悟はあるのか？」「本気か？」「本当にいいんだな？」と不気味に迫ってくる。

これは私に限ったことではない。「我々が政治に無関心でも、政治は我々に無関心ではない」

との言葉どおり、政治は貪欲で常に我々を「調達」しようとしている。熱心に活動する人も、無関心を決め込んでいる人も、同様に政治に取り込まれている。今春のコロナウイルスをめぐる状況を思い出せば、実感できるだろう。

このことに自覚的になり、政治を乗りこなそう。そのときの羅針盤として機能すべき、現在風前の灯である〝リベラル〟な価値観を再生するための企てが本書である。

私が議論の対象にしたいのは、与党でも野党でも特定の政治家でも政党でもない、その先に広がる、いまだ日本政治、日本社会が獲得していないリベラルの地平だ。

本書を始めるにあたって、私は、語義どおり「明るく」「リベラルに」、民主的熟議の主語としての「私たち」の潜在的一員であるあなたに語りかけたい。もちろん、「覚悟」も「本気」もいらない。

Welcome to politics!

第一章

君たちは「アイデンティティ」を知っているか

左上=警察の残虐行為に対する抗議行動(2020年7月、米ロサンゼルス、UPI/ニューズコム/共同)、
左下=セクハラや性的暴行に抗議するデモ行進(2017年11月、米ロサンゼルス、ロイター/共同)、
右=フランスの極右政党、国民連合のマリーヌ・ルペン党首(2019年5月、仏パリ、ロイター/共同)

1　アイデンティティとは何か

†個人が政治に動員されるとき

ニュースの見出しに踊るアイデンティティのメニューは多様だ。「保守層」「子育て世代」「社会的弱者」「若者」「無党派」「非正規」「フェミニスト」「戦争を知らない世代」「ネオコン」「反緊縮派／緊縮派」あるいは「リベラル」。

こうしたニュースを見聞きしたとき、自分のことだと感じて身を乗り出すことは決して多くない。ニュースの大半は、受け手の大半にとって、その主語に「自分が含まれている」のか「含まれていない」のか判然としない。本当は自分が含まれているにも拘らず、他人事として受け止めることも多い。そして我々は、そのニュースと自分の距離を測らぬままに、新聞をめくり、リモコンの操作でチャンネルを変え、スマホの画面をスクロールして、ニュースを消化していく。

しかし、実際のところ我々は、「政治的なるもの」からそのアイデンティティの一部を切り取られ、名付けられ、分類され、そして動員されている。そして、我々はそれを認識している場合もあるが、認識していないことも多い。

認識している場合、いわゆる「意識高い系」の市民運動を例にとれば、政治からのアイデンティティの承認により、政治参加のインセンティブが高まる。このこと自体は決して悪いことではないだろう。「子育て世代」として保育園問題に声をあげる、「若者」代表として地球温暖化防止デモを主催する、「フェミニスト」として#me tooデモに参加する、「保守層」として憲法改正の署名を集める、「リベラル」として護憲の署名を集める……。そして「政治的なるもの」は、アイデンティティごとに細分化された主張に取り組む姿勢を見せることで、彼ら彼女らを支持層に取り込んでいく。「政治的なるもの」が用意したアイデンティティの器に、個人が自ら動員され身を投じることにより、政治と個人のウィンウィンの関係が成り立っていく。

一方で、いや、私は政治に動員なんてされていないという読者も多いだろう。しかし、この場合の動員とは、「政治的なるもの」に参加させることだけを意味しない。参加させないという消極的動員も含まれる。味方にならない戦力は、せめて敵方の戦力にならないように、ゲームに参加させない。これもまた「政治的なるもの」による合理的戦略だ。だからこそ、「政治的なるもの」はご丁寧にも、「ニヒリズム」（無党派層ないし政治的無関心層）というアイデンティティの器をも用意した。政治的な行動をしないというルートへの「動員」だ。そしてこの「動員」数は相当に多い。

その上、こうした「政治的なるもの」による個人の「動員」には、共通の致命的な問題がある。消極であれ積極であれ、この既存のルートに乗せられているうちは、選挙・政局闘争にひっぱられて、憲法、税と社会保障、あるいは働き方の問題など、現実の政治課題はほとんど1ミリも動かないということだ。

私は、この閉塞状況に極めて深刻な危機感を持っている。だからこそ、政治家や政党や一部のメディアなどが形成する「政治的なるもの」を一掃し、本当の「政治」をスタートさせるための打開策を提示したい。しかし、そのためには、「政治的なるもの」と対峙させられている「個人」の本質を考察する作業が欠かせない。民主主義体制のもとで、本当の「政治」をスタートさせる主語は「個人」でしかありえないからだ。

そこで、まずは歴史をさかのぼり、「個人」が「アイデンティティ」を獲得していくプロセスをみていこう。そして、いかに「政治的なるもの」と「アイデンティティ」とが偽装のウィンウィン関係を形成するに至ったかを理解しよう。そこから、ほんとうの「政治」を創出するだけのパワーを持つ「アイデンティティ」を再起動させていくのだ。

さあ、出発だ。

†我々はどこからきて、我々は何者で、我々はどこへ行くのか

そもそもアイデンティティとは何か。辞書で調べるとこう書いてある。

【identity】who a person is, or the qualities of a person or group that make them different from others（ケンブリッジ英英辞典）

和訳すれば、「その人が何たるか（その人がその人であるゆえん）、人や集団をその他の人や集団と差異化する性質」といった具合だろうか。

この定義は極めて興味深い。その人が何たるかは、他の人との差異によって決定づけられるという含意。共通項よりも差異。普遍化よりも個別化。これは、現在リベラルを襲うアイデンティティ・リベラリズムの病理の根源を端的に表している。

自己のアイデンティティを認識する術が、他者との差異を強調することだとすれば、共通の価値を探るための相互理解、対話、連帯からは遠ざかる。私とあなたは性別が違う、人種が違う、世代が違う、家族構成が違う、性的指向が違う、信じるものが違う……差異によるアイデンティティの確認を繰り返すほどに、結局「あなたとは違う」ことがアイデンティティ形成の本拠地になっていく。違うところからきたあなたと私。違うところにいるあなたと私。だとすれば、ここから先も、あなたと私の進む道は交わらない。かくして、アイデンティティは人々の共通項を見出すための普遍的な概念たりえないことになってしまう。

†アイデンティティ＝自分と世界とのギャップ

ここで、アイデンティティを別の切り口から解き明かすために、政治学者フランシス・フクヤマの議論をたたき台にしたい。彼は、その著書『歴史の終わり』（渡部昇一訳、1992年）で、ソ連の崩壊そして民主主義・自由経済体制の勝利をもって社会体制の在り方に決着がついたと高らかに謳った。共産主義、ファシズム、リベラリズムという世界を席巻した3つのイデオロギーの中で、生き残ったのはリベラリズムだった。そう、確かに1989年時点では勝者だったのだ。

しかし、フクヤマ自身、近著『Identity〜the demand for dignity and the politics of resentment』（山田文訳、朝日新聞出版、2019年）の中で、アイデンティティ概念の芽生えから発展、そしてこの概念が政治化していくダイナミズムをとらえつつ、アイデンティティの政治がむしろ分断を生み出しリベラリズムを脅かすリスクを極めて深刻に描き出している。かつてリベラリズムの勝利宣言の旗を振ったフクヤマが、リベラリズムに内在していた爆弾を解き明かす作業は大変興味深い。本書はリベラル衰退の原因の解明と再生をめざすものであるから、最初の伴走者としてフクヤマを取り上げたい。その作業のスタートが、「アイデンティティ」

概念への再訪である。

フクヤマはあえてアイデンティティ概念に特定の定義を与える。

アイデンティティ＝「自分のなかの真の自己と、その内なる自己の価値や尊厳を十分に認めようとしない社会的ルールや規範から成り立つ外の世界とのギャップから生まれる」

アイデンティティそのものではなく、それがどのように芽生えるのかという生成過程に着目した定義づけである。

前提におかれるのは、社会に規定されない「本当の自分」の存在だ。つまり、会社員としての自分、親としての自分、地域の世話役としての自分、そのどれでもない「本当の自分」、自分だけが規定する人格である。そして、社会が求める役割としての自分とは別に、「本当の自分」の存在を認識したとき、そのギャップが認識されることになる。さらには、「本当の自分」を自分が認識するだけでは足りず、「本当の自分」に対する社会からの理解と承認を求めるようになる。そこから生まれた現代政治の一形態が、アイデンティティの政治といってもよいだろう。

フクヤマによれば、アイデンティティ概念は、3段階を経て現代社会の「アイデンティティ」なるものに昇華してきたと説く。大切なのは、アイデンティティ概念が市民社会の近代化とともに立ち上がってきたという経過である。そして現在我々は、その概念がさらなる変容を遂げつつある次の段階へと向かう時代に生きており、自分の生きる社会が人々のアイデンティティとどう向き合うかの岐路に立たされている。アイデンティティ概念の変容が善きものになるか悪しきものになるかは、我々次第だ。

加えて、本書ではリベラリズムの核心である「個人（individual）」概念の限界と再構築を目指すが、再構築にあたっても、アイデンティティ概念を丁寧に解剖する必要がある。というのも、現在の法秩序は、この「個人」概念を土台にすべてが作り上げられている。透徹した意思による自己決定、理性的な対話と熟議、自己のしがらみとは関係ない投票行動……しかし、本当に我々はそんな「個人」だろうか？

本書の大きなテーマの一つが、このように近代が想定した「強い個人」概念と不合理で弱い「生身の個人」の葛藤である。「個人」概念と対峙する生身の個人を理解するためには、生身の我々のアイデンティティの理解が不可欠である。

では、アイデンティティ概念の生成と発展を見ていこう。ソクラテスやマルティン・ルター、ジャン＝ジャック・ルソーなど、時代を超えた思想家たちが登場し、アイデンティティ概念を発見し深化させていく過程を追体験してほしい。

†ホップ！：内なる気高さを知っているか

アイデンティティ概念の三段階をホップ・ステップ・ジャンプに喩えるなら、その記念すべき第一歩を踏みしめてみせたのは、かのソクラテスである。ソクラテスはそれを「テューモス（thymos）」＝気概（spirit）と名付けた。「欲望」や「理性」とは異なる一種の「気高さ」である。

例えば、駅のホームから転落した人を助けようと自らを危険にさらして線路上に降りていくこと。すさまじい非難とプライバシーの侵害を覚悟の上で性被害を公表し裁判で闘うこと。こうした振る舞いは、およそ欲望を満たしたり、経済合理性を追求したりする目的からは説明できない。人間には、欲望や理性の奥底に、人間を人間たらしめる核としての「気高さ」を求める心があり、その心に突き動かされて行動に出ることがあるのだ。そうした気高い行動は、人種や国境や文化や時代の違いを超えた人間としての普遍的な核であり、「魂の独立の一要素」である。ソクラテスは、これをテューモスと名付けた。

こうしたテューモスは気高すぎて、とても自分の中には見出しがたいとの向きもあるだろう。しかし例えば、深夜のラーメンの誘惑に負けた明朝、重たくきしむ胃をさすりながら「食べなきゃよかった……」と、「自分の弱さ」に対して自己嫌悪に陥る。この「自分の弱さ」に対する「自己嫌悪」の存在こそが、ソクラテスの呼ぶ「テューモス」である。すなわちテューモスとは「あるべき自分自身の魂の気高さ（気概）」であり、この気高さがあるからこそ、その気高さに従って行動できなかった自分に怒りを向ける。欲望の呼び声に負けて夜中のラーメンを食べてしまった自分に対し、「夜中にラーメンを食べるべきではない」という気高い自分が叱咤するのだ。あなたも私も「気高さ」をもっているかどうかは分からない。しかし、気高くあるべきと信じる心としてのテューモスなら、自分の魂のどこかにあると感じられるのではないだろうか。

テューモスは、自分自身による「意識高い系」の自己規律的な規範であるとともに、そんな自分の価値や尊厳が肯定的に評価されることをも切望する。人間は、自分を律する「気高さ」への誇りを持つだけでは立っていられない弱さをも内包しているから、自身が「気高い」と感じるその内なる自己への外側からの承認を欲するのだ。善行をなすとき、「おてんとさま」だけではない誰かに気づいて知って欲しいという、あの気持ちである。

これが、アイデンティティの萌芽だ。

テューモスについては、「誰にでもある」という点が重要である。たしかに、気高さという尊厳は、ソクラテスの時代以降も特定の身分にある人のみに認められると考えられていた側面は否定できない。しかし、「個人の尊厳」を語るにあたって、アイデンティティの核心的な承認要求が一部の〝高潔な〟身分と論理必然的に連動すると捉えてはならない。

後述するとおり、近代社会を経たリベラルな「個人」概念の問題は、生身の人間の「卑近な」承認欲求と尊厳をそぎ落としてしまったことにある。アイデンティティの核心は、燃え盛る火の中に人を助けに飛び込む人にも、ラーメンを夜中に食べてしまう人にも、尊厳の承認要求が「誰にでもある」という点である。

外側の自己と内なる自己が区別され、前者より後者の方が貴く価値があるのだという規範が生まれ、その価値への承認を求めるとき、「アイデンティティ」概念が立ち上がった。

この感覚を現代の我々に置き換えることは案外簡単だ。相槌を打つのも疲れる上司に笑顔で対応したり、金勘定が嫌いなのに値段交渉の取引ばかりしていたり、社会的な「上着」に合わせて振る舞いを変え、一日を終える。帰りの電車の窓を見ると、別人のように疲れ切った自分が映っている。そしてつぶやく。「本当の自分はこんなじゃない」。このとき、あなたは裏側から「本当の自分」に遭遇している。

†ステップ1:「ほんものの自分」とルター

フクヤマはマルティン・ルターについて、「初めて内なる自己を言葉で表現し、外面の社会的存在よりも内なる自己に価値を置いた西洋思想家のひとり」と説く。内面の個人的な信仰こそが本質なのであり、外側に可視化される行為は結局物事の外面にしか影響を与えることができないというルターの思考は、結果的にカトリック教会の欺瞞《ぎまん》を表出させ宗教改革へと結実した。しかし、本書でフォーカスしたいのは、「内なる自己」を初めて表現した存在としてのルターである。

ルターが表現した「内なる自己」は、**社会の近代化**によって大きく歩みを進めることになる。産業革命だ。技術の発展と都市の独立によって、人・モノ・情報の流通が発達し、新たな階級と階級間の流動性が生み出され、それは新しいライフスタイルを可能にした。

とりわけ印刷技術の発展は、人間を時間と場所の制約から解放し、多様な価値観や思想に触れる機会を創出した。この技術革新により、人は生活圏を越えて、様々な「他者」と出会うことになる。この出会いは、「内なる自己」との出会いでもあった。今ある自分は、もしかしたら外的要因の制約の中で誰かに押し付けられた作り物の自分ではないのか？「作られた」外側の自分の深層に、本当の自分が隠れているのではないか？

自己が内と外にフワッと分かれていくイメージだ。

生まれながらに職業や階級が決まっていたり、性別や地域によって人生のレールが敷かれている時代には、そもそも「自分とはいかなる人間なのか」という内なる自己への自問自答は生まれにくい。目に見える人生の他の選択肢がないからだ。

しかし、市民社会の近代化に伴う技術革新や経済構造の変容によって、選択肢が多様化すれば、選び取る自分が何者なのかという問いに意味が見出される。代々にわたる家業を無批判に継承している自分が、他の職業や自由な選択をする他者を目の前に「なぜ自分はその職業に就くのか」という自問自答が生まれる。

日本国憲法22条が、職業選択の自由と居住移転の自由を同時に規定しているのは、日本では従来生まれた場所と職業がリンクしており（「呉服橋」などの地名に顕著である）、自由な移動（これも社会の近代化の象徴）と職業の選択の自由化が強く連関していたことを想起させる。多様な価値に触れることによって、「内なる自己」が発見され、自問自答は深まっていく。その結果、外的世界に溶け込んでいる「外側の自分」と、「内なる自己」とのギャップはどんどん明らかになっていく。そして、明らかになればなるほど内と外のギャップはどんどん開いていく。

生まれながらの外的な環境や状況（しがらみ）が、「内なる本当の自分」らしく生きることの障害になっている。そんなとき、人はどう考えるだろう。

「おかしいのは、外側を規定している環境や状況だ。これを変えなければならない」

ジャンプ！①：カルメンが歌う「意思決定」の普遍性

ここで、外側に規定された人生を断固拒否し、鮮やかに「内なる自己」を生き切った1人の女性に登場してもらおう。カルメンだ。カルメンに教えられることは2つある。ひとつは、「内なる自己」の追求は誰にでも認められるものであり、一部の者の特権ではないということ。もうひとつは「内なる自己」の尊さは、意思決定の内容の合理性で測られるものではなく、意思決定の自由そのものの尊さにあるということ、である。

ジョルジュ・ビゼー（1838―75）のオペラ『カルメン』のラストシーンを思い出してほしい。主人公のカルメンは、かつて愛し合ったドン・ホセに復縁を迫られる。しかし、もはや愛情が消えうせたカルメンはきっぱりと拒絶。胸に短刀を突き付けられてなお、殺される覚悟で叫ぶのだ。

「生きようが死のうが誰の言いなりにもならない！」

主人公のカルメンはロマである。ジプシーという蔑称もあるが、放浪者・漂流者・部外者であり、その風貌も褐色で黒髪の縮れ毛など白人社会から異質な者が多かった。18、19世紀のヨーロッパでは犯罪者一味扱いされることも多く、いわれのない迫害や弾圧を受けていたという。20世紀においても、ナチスドイツは、ロマに劣等民族のレッテルを貼り、選挙権剥奪、非ロマとの結婚禁止、商売の禁止、学校入学の禁止、ドイツ国内での移動の禁止など、幾多の権利迫害を行った。現在でも、世界中に点在するロマは、各コミュニティで差別されることをおそれて、公的な市民登録をせず移住生活を強いられるなど、生活自体に構造的な困難を抱えている。

外部からの差別だけではない。ロマはロマ内部の掟も厳しいことで知られていた。ロマ同士でのお見合い結婚が推奨され、ロマの女性はロマ以外の男性と結婚することは許されず、とりわけ若い女性がロマの集団を離れて自立して働くなどということは認められていなかった。若いロマの女性にとって、夫からもらった指輪は絶対服従の証であり、家族のために人生を捧げる義務の象徴であった。古色蒼然とした日本社会の「イエ」制度下の家族像とも重なる。

そう、現実には当時、カルメンに自由な人生は許されていなかった。集団行動を離れて自立しロマ以外の男性との恋を謳歌する自由も与えられていなかった。カルメンがカルメンとして存在できなかった時代だった。

だからといって、このオペラを非現実的な夢物語として捉えるのは表層的にすぎる。カルメンは、生身の女性の形をとりながら、実のところ当時存在しなかった「自己の意思決定の自由」を体現するアイコン（象徴）なのだ。「平和」は目に見えないが鳩のモニュメントを見ればそれが思い浮かんだり、目に見えない「日本国民の統合」を天皇陛下が体現するように。「自己の意思決定の自由」という目に見えない人間の尊厳を、カルメンは象徴し体現する。

だからこそ彼女は、自身の力では左右しえない生まれ、身分、民族その他一切の帰属関係を断ち切るかのように、ドン・ホセからもらった指輪を目の前で投げ捨て、「自由に生まれ、自由に死ぬのさ」と歌い、彼の狂気の刃に消えていく。

彼女にとって、ロマという自己の少数民族性は、その属性がもたらす多数派民族との対外的対立も、ロマの掟という対内的束縛も、どちらも所詮「外側の自分」でしかなかった。自分が自分でいられるために、彼女の「内なる自己」が本質的に要求するものは、意思決定の自由だった。殺されても意思決定が自由であることを望み、意思決定が自由であること自体が彼女の内なる尊厳を支えていた。その結果が合理的なのか、経済的効果を生むか、客観的妥当性があるか、それらは全くの無価値だった。カルメンにとって生きるに値する尊厳とは、「生きようが死のうが誰の言いなりにもならない！」という一点に集約されている。

一方で、自身の社会的身分や家族・婚約者の存在、そして新たに出会ったカルメンという「外面」に縛られ振り回され続けたのがドン・ホセである。彼はカルメンに愛を伝えながら、しかし自身の属する軍隊の帰営のラッパの音色とともに宿営地に帰ろうとする。そこでカルメンは優柔不断のドン・ホセに歌うのだ。

「あたしを追うはず　愛しているなら
そこなら誰の指図もうけない　従うべき上官もいない

帰営のラッパも鳴らない　恋人に別れの時を告げるラッパは
開けた空　放浪の生活　世界中どこでもふるさとよ　掟なんてあんたの思うがまま
そしてなによりも酔わせるのは　自由！　自由さ！」

外面に縛られて自分らしさを見失うドン・ホセからの求愛。そんなドン・ホセに、内なる自己とその自由を尊厳の核心に置くカルメンからの痛烈なアンサー・ソングである。外面の自己よりも内なる自己の方が尊いのだという価値観がくっきりと浮かび上がる。

外側の自己に対する内なる自己の優位性。そして内なる自己の承認は、一部の者に許される特権ではなくあらゆる人間に認められるべき価値であること。この「内なる自己」の普遍化を西洋思想史の理論的支柱として打ち立てたのが、『社会契約論』で知られるジャン＝ジャック・ルソーであり、彼に続くイマヌエル・カントそしてゲオルク・ヴィルヘルム・ヘーゲルであった。

とはいえ『カルメン』が発表されたのは、こうした近代啓蒙思想家たちの理論に未だ社会が追い付いていない19世紀後半である。女性の自由や自立が厳しく制約されていたこの時代に、ビゼーはあえて社会的少数者・被迫害者のロマであるカルメンに、死してなお守り抜く人間の尊厳として「自由」を謳わせた。これは、19世紀にあってカルメンを自由のアイコン（象徴）として時代に際立たせようとしたビゼーの粋な挑戦であっただろう。そして、闘牛士の歌の熱狂と歓喜が背景に響く中、「外側の社会」に束縛され続けたドン・ホセにカルメンが刺殺されるのは、ビゼー一流の時代へのアイロニーかもしれない。

結局人間は、社会に規定された自己によって「内なる自己」を殺してしまうのではないか……。そして、現代社会でカルメンの死を目撃した観客は思う。本当に死んだのは、自由を貫き通したカルメンの尊厳ではなく、生きて自首したドン・ホセの生き方ではないかと。

†ジャンプ！②：法と政治を通じた承認欲求の「普遍化」

ここまで、ソクラテスによる内なる自己の「発見」（ホップ）、ルターによってそれが「表現」され（ステップ）、啓蒙思想家たちによるその主体と内容の「普遍化」（ジャンプ①）までの流れを見てきた。「内なる自己」が意思決定する自由を有することそれ自体が尊く、広くすべての人間がこの自由を享受すべきであるという思想が確立してきたといってよいだろう。そして、アイデンティティは、国家権力に対して政治過程における承認を求めることで、法や制度を通じた普遍化（ジャンプ②）という最終段階に至る。

ヨーロッパにおいて絶対王政が倒れ、とりわけフランス革命から200余年の間にあまた起こった自由と権利のための闘争（民主化運動）は、自由が自己完結しないことを前提に、政治権力に対しその自由の保障の制度化を求める運動であった。いかに自分自身が「内なる自己」

を充実させたとしても、政治権力の客体である限り侵害のリスクにさらされる上、「内なる自己」の公の承認は担保されない。だからこそ、革命以降の民主化運動は、市民が政治過程に参画することを求め、政治的文脈の中で自由や権利が保障されるよう法制度化を望み、ひいては「政治的な人格が承認されるよう求める」運動となったのだ。

この法制度化の果実がまさに近代以降の憲法典である。信教の自由や表現の自由といった権利のカタログが書き込まれ、これらの権利は誰に対しても平等に保障されることを謳った。あわせて参政権の規定も盛り込まれ、市民一人ひとりが政治に参加し、政治権力の一部を分かち担うことが約束された（人権保障）。これらの権利保障をより確かにするための手段として、憲法は、その運用を委ねる国家権力に権限を与えることによって権力の存在を正当化するとともに、その作用を組織ごとに分割することによって権力統制を予定した（統治機構）。

加えて、憲法での権利保障の基礎単位が「個人（individual）」と設定された。教会や封建領主及びギルドといった中間団体は一度解体され、人は身分や帰属から解放されたまっさらな「個人」となる。公的なものはすべて「国家」が吸収し、それと「個人」が一対一で対峙する構図の初期設定はここだ。本書では究極的に対立関係にあると見る「アイデンティティ」概念の創出と「個人」概念の析出が重なるのは大変興味深い。

フクヤマは「フランス革命以降の民主化運動の核には、国家に基本的な尊厳を認めさせたいという欲求があった」とし、「民主主義国家であるための最低条件は、政治的選択の能力を持つ平等な大人として、国民を効果的に承認することにある」と断ずる。公からの承認を求める我々の欲求と、それを満たす国家という相互関係の中に、民主主義や民主的政治プロセスの意義を見出しているのである。

さあようやく、テューモスから始まった内なる自己の尊厳と承認欲求が政治的プロセスに反映される過程までできた。人間の魂を構成する要素のうち理性でも欲望でもない「気高さ」とその承認を求める側面としてのテューモス。宗教改革や啓蒙思想の時代を通じて、このテューモスを原型とする内なる自己と外側の自分との区別が生まれる。そして社会の近代化によって生き方の選択肢が多様化し、人は社会から規定される外側の自分とは異なる「ほんとうの自分」への探究を始める。そして、「ほんとうの自分」は、民主化運動を通じて、自らを政治的な人格として承認させるための法制度へと反映させていく。

ここに現代に通じるアイデンティティ概念が「確立」したのである。

2　アイデンティティの危機

†個人の解放がもたらした混乱

さて、我々一人ひとりがその尊厳を尊重され、「ほんとうの自分」を探究する善き人生の旅に出られるようになったのは大変喜ばしいことだった。憲法典や法制度にも支えられて、我々は、外的条件に左右されずに、自分らしく人生を謳歌する自由を手にいれた。西洋社会においては、それまで支配的であった教会的価値観からの解放であり、キリスト教を通じた支配的な共通価値からの解放でもあった。ニーチェいわく「神は死んだ」。そして神の死により生まれた道徳の隙間で、人はより自律的に思考し、生き方を自由に構想できるはずであった。まさに身分留保なしのまっさらな「個人（individual）」概念の誕生だ。

しかし問題は、この「個人の解放」が必ずしも「個人の幸せ」と同義ではなかったことにある。

これまで社会に存在した画一的な価値観が、個人単位に分解されてバラバラになったとき、社会の基本的な合意の作り方を考え直す必要に迫られたことは想像に難くない。

のみならず、個人の解放が「個人」そのものにもたらした問題があるのだ。フクヤマも同根の問題意識を有する。「人間はきわめて社会的な動物であり、周囲の規範に合わせようとする感情を持つ。安定した共通の道徳的地平がなくなり、競合する価値体系が不協和音を生むようになったとき、選択の自由ができてうれしいと喜ぶ人はあまりいない。むしろ強い不安と疎外感を覚える人がほとんどである。ほんとうの自分が何者なのか、わからなくなるからだ」。この状態を「アイデンティティの危機」と呼ぼう。

ここに生身の個人のアイデンティティと、リベラルな「個人」概念の深刻な乖離が始まり、現代に至るまで埋められない溝が生ずるのである。

†タテ(垂直)の承認の断絶

キリスト教が支配的であったとき、またそれに支えられた王政が隆盛であったとき、人々は抑圧されていたかもしれないが、何も考えずに生きていくことが可能であった。人は各々生まれ持った属性に沿って敷かれたレールを生きていけばよかったし、それ以外のレールは存在しなかった。中間団体や王による上から下への固定的な「タテ(=垂直)」の承認関係が、生まれる前から存在していたようなものである。

しかし、「個人の解放」の号令とともに、人々は、これまでの抑圧的で画一的な価値が自明であった環境から、色彩豊かな多様な価値の洪水に放り出されることになった。そのとき、多様な価値のフルーツバスケットを前に、自分らしさを選び抜く強さを持てる個人はごく一握りであった。むしろ、これまで見たことのない色彩の豊かさを前に疎外感と不安感を覚えたじろぐ人々も多かったのだ。今までのタテの承認関係は断絶されてしまった。歴史的な文脈で論じてきたが、これは現代社会を生きる我々にも、もろに当てはまることだ。

この「たじろぎ」がリアルに表れた場面をドキュメンタリーで見たことがある。北朝鮮からの脱北者だ。韓国に脱北した彼は、生まれて初めて経験した自由民主主義国家において、多様な生き方の選択肢を前にまさに茫然自失の表情を浮かべてインタビューに答えていた。彼はこの地での「ほんとうの自分」を見つけることができず精神を病んでいくことなる。

自分で自分を獲得できるほど人間はそんなに強くなかった。

この「たじろぎ」「疎外感」「強い不安」を一篇の詩に託し、そして哀しくも美しい演奏を遺してこの世を去った音楽家がいる。ヘルベルト・ケーゲルだ。ドレスデン出身のケーゲルは、東西冷戦中に東側で活躍した指揮者であり、東西ドイツが統一した直後の1990年に拳銃で自ら命を絶った。

自殺の原因については諸説ある。東西ドイツ統一により自身の指揮の仕事が激減し、家族は離散し、精神を侵されたとも伝えられる。しかし、ケーゲルが敬虔《けいけん》な社会主義者であったことを見落とすわけにはいかないだろう。東ドイツが西ドイツに統合されるという形式のドイツ統一により、自身の拠るべき価値であった社会主義そのものの崩壊と東ドイツという寄る辺の解体を体感し、疎外感と不安感に苛《さいな》まれたであろうことは想像に難くない。

最晩年のケーゲルが息子に送った一篇の詩が残っている。シュトゥルムという詩人によるその詩は「私はもう長い間さまよった。そうしたら、おまえがやってきた」と始まり、最後にこう締めくくられる。

「もうあと少しばかり行かねば。
——私も気持ちはとても沈んでいる——
おまえはもっと先へ行かねばならない。
私はもはやこれ以上進めないけれども。」

この詩は、ケーゲルの幼少期から晩年までを追った伝記の中に収められている写真に読み取ることができる。そして、その写真に目をこらせば、最後の「私はもはやこれ以上進めないけれども」の部分に、おそらくケーゲル自身の筆で下線が引いてあることがわかる。

自らの命を絶つ前年の1989年10月、ベルリンの壁崩壊前夜、ケーゲル最後の来日公演でドレスデンフィルを指揮した録音が残っているから是非聞いてみてほしい。ベートーベン「田園」は始まった瞬間から異様な静けさで、最終楽章に至っては、みるみるテンポが落ちて、最後はすべてが止まってしまうような、まさに「私はもはやこれ以上進めない」というセリフそのものの世界観で幕を閉じる。アイデンティティの揺らぎと切迫した危機感を耳で感じる一枚である。

北朝鮮にしても東ドイツにしても、独裁国家ではアイデンティティは画一化されやすい。国家は、独裁者が示す価値以外の価値を認めないし、警察や軍隊など国家の「暴力装置」を使って国民一人ひとりをその価値に染め上げていくからだ。国民は、独裁者から押し付けられた価値に奉ずることを強いられ、多様な生き方は許されない。一方で、国家によって染め上げられたアイデンティティを疑いなく生きてさえいれば、リベラルな体制で生じるような承認欲求についての「欲求不満」は生じない。結果、自分は何者かというアイデンティティを多様な選択肢の中から考え選ぶ機会はないし、人間に本来備わっているはずの「選球眼」的能力も育たない。

東ドイツの超密告監視社会や北朝鮮のように粛清が日常化している社会を知る我々からすると、非人道的独裁国家から自由民主主義的価値に基づく社会に「逃げてこられて」良かったではないか、と考えがちである。しかし、先述の脱北者もケーゲルも、決して自由民主主義的ではない価値によって内なる自己が規定され、統合され、そして支えられていたのだ。

仮にあなたがこうした環境でのみ生きてきて、ある日突然今まで信じてきた価値が消失し、「これからは好きなように生きてください」と言われたらどうなるだろうか。抑圧的で非人道的な価値であったとしても、これまでの人生の接ぎ木であるそれを失ったとき、途方に暮れて立っていられなくなるのではないか。あなたも私も、そんなに強い人間ではない。

絶対王政に代わって承認主体となった自由で民主的な「国家」は、一人一人の生き方を個人の自律に委ねているため、独裁国家と比べて、タテの承認関係が薄弱である。自由民主主義国家の方がむしろ個人の承認欲求を満たせないという皮肉が生まれたのだ。

†ヨコ(水平)の承認関係の断絶、現象としてのショッピングモール

前項では、個人の解放とそこで個人が直面した不安感や疎外感を前提に、これに対する国家によるタテの承認関係の断絶を論じた。各人が各人の人生を構想する自由民主国家だからこそ、公権力という上からの承認において断絶が起こった。では、上下の垂直関係ではなく、ヨコ=水平の承認関係はどうなったのか。これはまさに地域コミュニティや共同体と個人との関係である。タテ=垂直の承認関係が機能しないのであれば、それを補う寄る辺としてヨコ=水平の承認関係が機能すれば、アイデンティティの危機は免れそうである。しかし、結論から言えば、ヨコ=水平の承認関係も断絶された。

リベラル・デモクラシーによって普遍化された「個人(individual)」や「自由」の概念は、全人類に認められるものとして世界中に輸出された。人種や性別だけでなく、地域や空間も越えて妥当するとされたリベラルな概念は、国境、国家、ひいては主権のハードルを下げることも含意した。人・モノ・金の流通がこの概念に相乗りして、自由な経済活動と密接に結びつい

た。グローバリゼーションである。そしてグローバリゼーションの波が、我々が寄るべき場であった様々な共同体やコミュニティを無機質に押し流していった。

法哲学者の谷口功一教授が、著書『ショッピングモールの法哲学』（白水社、2015年）で、ショッピングモールの縦横無尽の進出と共同体の喪失について論じている。これは私が本書で考えているリベラル・デモクラシーの社会設計とグローバリゼーション及びそれによるアイデンティティの危機の文脈と通ずる。

谷口は前掲書で、アメリカでの大規模ショッピングモールがモンスターのように郊外に拡大し、小さな地域コミュニティの商業圏を破壊し、共同体の基盤を焦土化する「スプロール（拡大）化現象」に関するマイケル・サンデルの議論を紹介する。サンデルは、日本でも「白熱教室」で一躍一般の人々にも有名になったが、彼はリベラリズムのエゴイスト的な自己像を批判する「共同体主義」の立場だ。

アメリカでは、このモンスター（大規模ショッピングモール）の地域コミュニティへの上陸に反対する、「スプロール・バスターズ（Sprawl busters）」と呼ばれる市民運動が展開された。運動の眼目は、「消費者的価値（consumer value）＝金目の価値」に対する「市民的価値（civic value）＝人格的・公共的価値」の優位である。つまり、大規模ショッピングセンターという無機質な経済的合理性や利便性及び巨大資本への依存・優先（＝金）ではなく、地域コミュニティとそこで醸成される市民の連帯や価値の共有（＝人格）を優先すべきだ！　というコンセプトである。運動家アル・ノーマンによる次の言葉に集約されている。

「私は、安い下着よりも、活き活きとしたコミュニティ（viable community）が欲しいのだ」

谷口はこれを、「規制緩和」の文脈で、日本の１９８０年代以降の大規模量販店の地方都市への拡大という「スプロール現象」と対照する。

すなわち、１９８９年の「日米構造協議」を通じてアメリカは、自国の貿易赤字解消のために日本の経済構造における市場の閉鎖性がハードルになっていると断じ、市場開放（規制緩和）を迫ってきた。ここでもまたアメリカへの隷従か、というため息はおいておこう。

日本では、地域共同体での商業圏を守るため、「大規模小売店舗法（大店法、１９７３年）」によって、いわゆるスーパーマーケットの進出等を規律していたが、アメリカに端を発した規制緩和の国際的圧力により、改正を迫られる。この流れの中で成立したのが、大規模小売店舗立地法・中心市街地活性化法・改正都市計画法で、これらを総称して「まちづくり三法」と呼ばれた（いずれも１９９８年成立）。

†「活き活きしたコミュニティ」より「安い下着」

この後も問題にするが、そもそも日本人の気質として、「公」に関することは「お上（公権力）」が決めてくれる・決めてほしい、という性質が強い。このことは、土地や公共設備についても例外ではない。

「まちづくり三法」は土地利用の「規制権限」が市町村に留保されており、市町村ごとの開発意欲や受理取扱いの一貫性のなさ等規制権限の「弱さ」という構造的問題があった。2006年改正によって規制が強化されるにあたって、「駆け込み着工・出店ラッシュ」が起こり、2009年末には全国のショッピングセンターが3013店舗と激増した。

アメリカから周回遅れで大規模ショッピングモールによる地域共同体の破壊という現象が起こったとともに、注目したいのは、規制緩和の際に都市をどのようにデザインするのかというビジョンが欠落していたことである。地方自治体は、大型資本による資本投下と大量消費に目がくらんで、上記のとおり、無計画・無作為に大型ショッピングモールを乱立させた。

第六章でLAフィルが発信するLAという都市の「個性」と「公の器」としての役割を論じるが、都市は、人々のリアルな共通体験や思わぬ価値観と出会うような〝場〟である。個人のアイデンティティ同様、「都市（地域共同体）のアイデンティティ」が存在するのだ。アメリカは、住宅や商業施設はもちろん、大学、教会、スポーツ、芸術（劇場）等々の文化という構成要素をどう配置しコラボレートさせ、都市が個性を持つかを設計している面があるし、そのために、公による土地の利用制限や公的な負担金を課すようなシステムも見られる。

日本では、ビジョンなき規制緩和と遅れてきた大規模ショッピングモールの拡大によって、商店街等の地域の商業圏はもちろん、個性的で共同体の核となるべき「都市」概念は解体され、均質化と過疎化によって、都市のアイデンティティは失われてしまった。しかし、グローバルな市場での目先の利益のために「官」でも「民」でもさして問題視されることなく、いまだに口先だけの「地方創生」やこれと逆行する「コンパクトシティ」構想が平気で嘯《うそぶ》かれている。

このことは谷口が引用する英米法学者の寺尾美子氏の議論に端的に見て取れる。

寺尾は、日本における公共的な土地利用についての根源的な病理として「日本のデモクラシーは、被治者である人民が同時に治者であるという、治者と被治者が一致した状態、つまり自己統治に達していない」点を指摘する。どういうことかというと、民主主義は、選挙で代表者を選ぶことにより、自分たちの代表者の決定は自分たちの決定とみなすシステムである。内閣総理大臣や国会議員、警察や裁判官などをメディア越しであれ見ていると我々は権力に統治されている側（被治者）であるとの意識が強くなるが、そうではなく、その権力の源泉は我々にあり（治者）、権力を通じて我々が我々自身を統治している（自己統治）という建前のシステムだ。しかし、日本人は、この「治者」と「被治者」が完全に分離している。「公」は決して私たち一人ひとりとは重ならない。「公」はどこまでいっても「お上」である。

その結果、グローバリゼーションの波とアメリカに押し切られる我が国の「お上」は規制緩和でめちゃくちゃな都市設計をし、適切な規制措置もとれず、最終的に、我々一人ひとりが寄るべき重要な価値であった地域共同体を瓦解させたのだ。

一方で、日本における都市概念の喪失や、地域共同体の崩壊は、公権力だけの責任ではないことは強調したい。我々一人ひとりが、本来自分自身の決定に関わる問題をすべて「お上」に任せ、それをチェックすることもなく、誤解を恐れずいえば「目の前の日々の生活」というキレイゴトにコーティングされた目先の金目の話に屈し続けた結果、ヨコ＝水平の承認関係として自分たちが寄るべき「共同体」という価値をみすみす売り渡したのである。

我々は、「活き活きしたコミュニティ（共同体）」よりも、「安い下着」を選んだのだ。

†タテとヨコの崩壊の交差点……移民の話

自由民主主義国家との関係で個人の解放による不安感と疎外感に苛まれ（タテ）、グローバリゼーションによって寄るべき共同体を喪失した（ヨコ）、このタテとヨコの交差点にいるのが、特に欧米で問題となっている移民問題である。

特に、西ヨーロッパにおける移民コミュニティで育った第二世代のイスラム教徒において、深刻なアイデンティティの危機については、多く言及されるところだ。

彼らは、ヨーロッパで生まれ育つことによって、自分たちの親世代の特殊なイスラム信仰を否定する。一方で、キリスト教を中心とするいわゆるヨーロッパ社会の文化的マジョリティにはなれないため、今現在生活している社会からも受け入れられない。イスラム教徒の若者の失業率は30％を超える。

自分の親という自らのルーツを否定しつつ、移ってきた現在の生活コミュニティの文化には完全に受容されずに逆に否定される。寄るべき場所が失われ、ここに、アイデンティティの危機が生ずる。職を失ったり軽犯罪や薬物に手を染めていく中で、ネット空間や周辺化された同じ境遇の人々を通じてイスラム主義に触れ、そこにアイデンティティを求めるのである。

興味深いのは、ビーチや職場で、あえてブルキニやブルカを着用するのは、もちろん信仰心でもあるのだが、宗教的なそれよりもアイデンティティとして、「個人的な理由」で着用するという指摘である。

アイデンティティの危機とイスラム主義が結合し、現実社会への不満がテロという形で噴出することもありうる。近年のヨーロッパで起こったイスラム主義によるテロの主犯者の境遇は皆前述のような似た傾向を示しているという。「イスラム教の過激化ではなく過激派のイスラム化」という指摘もあるとおり、純粋な宗教的発露ではなく、アイデンティティの危機による個人的・心理的要素が多分に存在するという事実を見逃してはならないだろう。

一方、移民や民族文化的マイノリティの存在によって「周縁化した」として、そのような人々への敵意を剝き出しにするのが、欧米における白人労働者階級である。

彼らはほんの数年前まで、イギリスやアメリカの中心、「政治的ミドルクラス」を占めていた。しかし、かつては産業ごとの組合によって強力な集票組織であった彼らもまた、現在は人口動態や教育環境の変化による非専門職・非管理職を担う白人労働者の激減と組合活動の弱体化によって、主要な政党やメインストリームから「無視」されていると感じ、その政治的なはけ口を見つけるために排外主義的・経済保護主義的で過激な主張を繰り返す。彼らもまた周縁に追いやられ、「マイノリティになってしまった」という喪失感からアイデンティティの毀損や危機を回復するために、拠り所を探し、中心から振り落とされ取り残されたことに対する「不満」を原動力に結集する。

負のパワーによって結集したアイデンティティは、必ずと言っていいほど目に見える「敵」を設定し求心力としているため、非常に攻撃的で非対話的な手法をとらざるを得ない。それぞれの集団ごとにまったく違う方向を見、交わることがないのだ。

大事なのは、アイデンティティの危機が「感覚」であるということだ。もちろん実態も伴ってはいるのだが、移民も白人労働者も、純粋な「数」でいえば、マイノリティとは言い切れない側面を持つ。それにもかかわらず、「周辺に追いやられた」という「感覚」を有するというのが、アイデンティティの危機の特徴でもある。科学的根拠や客観的裏付けよりも、「そう感じてしまう」という我ら生身の人間の〝弱さ〟と向き合うことなしに、現代社会が抱える病理の処方箋は見つからない。

移民コミュニティも、白人労働者階級という新たなマイノリティも、グローバリゼーションと個々人の疎外感や不安感というここまで見てきたタテとヨコの結節点で生まれたアイデンティティの危機であり、それぞれのアイデンティティ危機同士の対立ともいえる現象である。彼らは本当に敵対しているのだろうか。何らの対話もなく、お互いを「敵」とみなしてはいないか。

しかし、ここまで見てきた通り、アイデンティティ集団同士の壁は極めて高く、強固である。しかも、彼らが自分たちの境遇を改善するために政治的プロセスという道を通過しようとすれば、党派性や集票のためのプロモーションに煽られることは必然である。その壁はますます、乗り越えられないほど高いものになってしまう。

3　多様化と細分化が生む「お手軽」な政治

†承認欲求を満たすのは誰か

リベラルな社会が予定した「強い個人」が前提とするほどに「強くなかった大多数の生身の人々」は、アイデンティティの危機を埋め合わせ、その揺らぎを抑え込むための「何か」を求めた。

フクヤマが紹介する社会学者フィリップ・リーフ（1922―2006）は、この何かを「セラピー的なもの」と称した（『*The Triumph of the Therapeutic*（セラピー的なものの勝利）』1966年）。リーフは、キリスト教的な価値の衰退によってアイデンティティが揺らぐ人々に対し、その揺らぎをおさめる有効な手立てをセラピスト的手法になぞらえた。たしかにセラピストは、漠然と一般論を語り続けるだけでなく、患者一人ひとりの心にあいた穴の大きさや傷の症状に応じて、診断と処方箋を変えていく。アイデンティティの危機で傷ついた尊厳を手当てしていくのにも、各人の求める安らぎを与える手当てが必要だとして、その手法の社会的ニーズをとらえたのだ。

また、アメリカの歴史学者で社会批評家のクリストファー・ラッシュ（1932―94）の議論も興味深い。多様な選択肢への個人の解放は、本来、自分が主体的に意思決定できる存在であることとそのものに自尊心を持てる人間を予定していた。しかし、実際の人間は、その意思決定を他者に評価されることによって自尊心を満足させようとし、むしろ他者への依存が強まったと分析する。決められる自分が素晴らしいだけでは足りず、そう決めた自分を素晴らしいとほめてくれる他者を必要とするのが人間だ、ということだ。ラッシュはこれを、個人の解放による人々の「ナルシスト」化と評する。ナルシストは「自分が全能だという幻想にとらわれているくせに、その実、自分の自尊心を確認するのにも他に頼らなければならない。ナルシストは、喝采を送ってくれる聞き手がなくては生きていけない」のだと。

両者の議論の共通項は、ここまでの問題意識と呼応する。つまり、個人の解放により、人々は拠るべき価値観を失って他者依存を深め、本来予定していた「普遍的な」尊厳とは異なる、極めて個別化された限定的な範囲における尊厳の承認を求める存在と化した。これをラッシュは「ナルシスト」化と呼び、そのナルシシズムを満足させるものがリーフの言う「セラピー的なもの」である。

†アイデンティティの政治

人々の心にぽっかりと穴があき、依存対象を探す個人が極めて狭い範囲で集団化する。限定的で一部の集団の尊厳を承認することは、人々の普遍的な尊厳を承認するよりも、はるかにコストがかからない。ここに目をつけたのが、「政治的なるもの」だ。細分化された集団に対して個別の承認を与えることで「票」を獲得し、権力の正統性を調達する。もちろん、アイデンティティの承認を求めてナルシスト化した個人にとっても、お手軽に自尊心を調達できることになるからウィンウィンだ。かくして、「政治的なる場」はナルシストたちがセラピーを受ける場として機能し始めた。これがアイデンティティの政治だ。

しかし個人の承認欲求はインスタントに充たされる一方、社会は細分化された集団の殺伐とした集合体と化していく。普遍的な「人間の尊厳」を承認するプロジェクトなど、個人にとっても政治権力にとってもどうでもよい話となる。人々の多様化が細分化・個別化を生み、これを利用することによって権力の源泉を調達する「政治的なるもの」が存在する限り、このアイデンティティの政治は加速する。

そして現在に至るまでの間、アイデンティティの政治は、ナルシストたちのパターンに応じて4つのセラピーを用意してきたのだ。ナショナリズム、アイデンティティ・リベラリズム、ポピュリズムそしてニヒリズムである。

†お手軽なセラピーとしてのナショナリズム

人は、皆一人で皆不安なのに、「自分だけが不安なのではないか」という不安（孤独）に駆られる。

この不安感や孤独感が、人々を、「何か共通の価値でつながることができないか」という共同のアイデンティティによる再統合に突き動かす。しかし、一回ちぎれてしまった細胞が再びくっつくときに歪んでしまうように、自分の中でバラバラになってしまって浮遊しているアイデンティティをもう一度統合しようとするときに、自分の中でバランスよく統合できるとは限らない。自身がそのときに置かれた経済環境や、人的関係等から、直情的に自身のアイデンティティを選び取ってしまうこともあるだろう。

……「仕事をクビになった」「人種が違う人の犯罪に巻き込まれた」「どうして自分だけがこんな境遇なんだ」……いくら近代化したとはいえ、人々の視野はそう急には広くはならない。時代を経てもそういうものだ。人々は、このアイデンティティの危機から生じる不安感や疎外感の原因や解決策を示してくれるインスタントで即効性のある自己統合のためのイデオロギーを求める。

人々のインスタントな欲求に応え、近代から現代への移行期におけるアイデンティティの危機において人々の不安と承認欲求を補ったものの一つが、ナショナリズムである。

共同体から放り出された個人は、自己統合のために「血」や「土地」や「言語」という極めて分かりやすいカテゴリーでのアイデンティティの再統合に飛びつく。これが集団化すると、偏狭ともいいうる「民族ナショナリズム」を形成する。

ナショナリズムも、アイデンティティの政治の一形態なのである。近代から現代に至る過程で、不安で孤独な個人を統合するダイナミズムの中で湧き出た民族ナショナリズムは、ナチズムやファシズムとも結びつき、世界大戦をも引き起こした。

†ポピュリズムとアンタゴニズム

そして2020年の現在、ファシズムやナチズムといったナショナリズムの亜型に勝利したリベラリズムが生んだ病理であるグローバリズムやエリート主義への反発として、右派・左派を問わず、ポピュリズムが台頭している。これは、後に見る通り、リベラルな「個人（individual）」概念を前提とした世界観から追いやられ落第とされた人々の「敵対性（アンタゴニズム）」の受け皿としてポピュリズムが機能したからである。

ここで重要なのが、アイデンティティの危機を埋め合わせるために提供される価値観は、特定の宗教やイデオロギーを奉じる集団であったり、特定の国家、地域、民族、宗教という「限定的」なものであって、「人類普遍の……」ではないことだ。

これは皮肉なことである。ここまで見てきた通り、アイデンティティ概念自体、我々一人一人の中にある内なる自己の尊さの認識とその普遍化の過程で、人間の尊厳は広く人類全員に認められるべきだ、という価値観から生成した。また、そう信じられてきた。

自由民主主義国家が誕生し、我々は「自分らしく生きる」ためには、目の前に多様な選択肢がなければだめだと考えたし、実際、市民社会が技術革新や商業革命によって近代化される中で、手に取る商品から職業までが飛躍的に多様化した。

内なる自己や、人間の尊厳にとって、選択肢の多様化は良いものだと思われてきた。しかし、その生き方の選択肢の多様化が、人々を混乱させ、不安にさせ、そして、疎外感を与えてしまった。多様化は細分化を生み、人々をバラバラにした。

人は、選択肢が多ければ、嬉々としてその中から自分がもっとも「自分らしく」いられる選択をできると信じていた。しかし、我々はそんなに独立して合理的な判断ができる「強い個人」ではなかったのである。人が自分らしく生きるために設定された「個人（individual）」像は、現実の個人を苦しめることとなった。

その結果、あまねく人の尊厳の承認を求めるエンジンとなるはずだったアイデンティティ概念が、むしろ、それとは相反する身近な「限定的で一部の」集団のアイデンティティの尊厳の承認を求めるエンジンとして誤作動し始めてしまった。「こんなはずじゃなかった」というやつである。

後述の通り、憲法学者の蟻川恒正教授は、アイデンティティと「個人」について、「ある人のアイデンティティ意識が何らかの文化的集団への帰属を源泉とするものである場合」、公共空間では、その「自分が所属する集団のしがらみ」からも自分を引き剝がして、自らが強く結びついていると考えているの文化的なアイデンティティに根差した主張を自分で抑制することができる個人こそ、自律した「個人」だという。

しかし、自身の帰属意識を「公的な場」からすべて「私的な場」に押し込めようとして湧いて出てくるのが「敵対性（アンタゴニズム antagonism）」である。怒りや憎しみや嫉妬といった、我々の生身の身体からは切っても切り離せない否定的なものであり、また、負のパワーこそ我々の行動を駆り立てる強力な原動力となる。蟻川らの言説で区別すれば「公的でないもの」、「公共空間にあるまじきもの」、「公共性にふさわしくないもの」の集合体だ。

この「敵対性」は現実に社会のいたるところに生身の我々とともに存在するばかりか、リベラルな価値観に押し込められたがゆえに、むしろ敵対性の結集とそのやり場のなさを爆発寸前まで充満させることとなる。

「敵対性（アンタゴニズム）」を「現代民主主義の差し迫った問題」と断ずる政治学者の山本圭准教授は、合理的な「個人（individual）」像を前提にしたリベラル・デモクラシーの社会設計にあって、「マイノリティに排外主義的な態度をとり、分断と憎悪を煽る右派的な言説が一定の影響力を持ってしまうのは、政治的情念の受け皿の不在を示すもの」とする（山本圭『アンタゴニズム』共和国、二〇二〇年）。

リベラリズムが想定した公私二元論的な「公」に〝塩対応〟され「公共的」な存在とみなされなかった周辺の人々の「敵対性」は、左右のポピュリストやラディカルで排他的な政治勢力を通して、皮肉にも「公共性」を得て、「公」に文字通り「席」を獲得した。

ポピュリズム政党といわれる極右勢力の台頭や、トランプ大統領のような露悪的言説を厭わないリーダーの出現は、リベラル・デモクラシーの社会設計によって生まれたと言ってもよい「合わせ鏡」の現象なのだ。

我々は、我々の社会が生身の人間であれば不可避的に有する「敵対性」によって常に「公私」の境界線を揺るがされ、また溶解させられようとしている社会に生きていることを真正面から受け容れねばならない。「敵対性」を「自律的個人ならば持ち込んではいけないもの」といって斬り捨てていては、行き場のない敵対性のフラストレーションを増幅させるだけである。人間社会に渦巻く敵対性を、自明のものとして社会制度に取り込むことは有意義になりうるとしても、敵対性のみに基づいて設計・改変された社会では、もはや個々人はコロッセウムに放たれたライオンとグラディエイターと化してしまう。そこには理性的対話や安定性は存在し得ない。

今や、二次元の「公私」の概念では切り分けられない、三次元のような多元的・立体的でグラデーションの細かい社会設計を企図しなければならない。そしてまた、旧来のリベラル・デモクラシーにおいては「公共性がない」とされる〝生身の敵対性〟をも社会や民主主義の「弾力」にできるような、「清濁併せのんだ」包摂的な新たなリベラル・デモクラシー像が目指されねばならない。なぜなら、敵対性やポピュリズムを伴う民主主義も、それが民主主義の一形態である限り、これらを排除することは不可能なのだから。

†リベラリズムが求める無理ゲー

近代リベラリズムは、普遍的な「自然権」概念を前提に、あまねく人類に権利保障するためのフィクションとして、我々一人ひとりが人種も国籍も言語も性別も捨象した「個人(individual)」であるという初期設定をした。

ここで設定された個人は、かなりの人格者である。巨人ファンが阪神ファンから高橋由伸の悪口を言われても怒らない、そのくらいの人格者である。しかし、人間はそこまで強い存在ではなかったというのはこれまで見てきたとおりである。

それでもなお、リベラルは人間の本性へのシビアな視点を詰めないままに、「自分とまったく相反する価値観も寛容に受け止めつつ、絶妙なバランス感覚を持ちながら、自分らしく生きる」理想的な個人像を設定し、モデルチェンジを怠った。生身の人間とのギャップを埋めるためには、具体的にいかなる社会的政治的実践が必要なのかという議論は放置された。

その結果、リベラルであろうとする人々は、「自分らしく生きる」ことのみに焦点を定め「相反する価値観を寛容に受け止めて、自らの価値観とバランスし決着点を見出す」ことを後回しにしたまま現在に至っている。そして「自分らしく生きている」ことを承認されるべく、自らのうちにあるはずの多様なアイデンティティの中から、政治的文脈のなかで有効（お手軽）に他者とつながることのできる一点を切り出して、自分の尊厳にタイトルをつける。「労働者である私」「子育て世代の私」「おひとりさまの私」「LGBTな私」「障がいを持つ私」「外国人である私」……。その細分化されたアイデンティティの一員として社会からの承認を求め、「政治運動」へと吸収されていく。もちろん、政治の側は大歓迎だ。「細分化されたマイノリティを承認する勢力」を演じるだけで、彼ら彼女らの票が手に入る。

本来政治には、相反する価値観をバランスし決着点を見出すという難題が課せられているはずだが、この難題に取り組む必要すらないのだ。いや、むしろ決着させようとすれば、「敵と妥協した裏切り者」との誹《そし》りを受けるリスクすらある。だからこそ、ひたすらに個別のアイデンティティ集団を個別に承認する作業で必要十分なのだ。

相互の矛盾関係や財政上の制約を乗り越えて決着点を見出すことはほとんど求められないし、むしろ忌避される。なんともインスタントなウィンウィンの関係で、セラピー効果は抜群だが、課題の解決にはつながりにくい。

†「個人」から脱落した者たちの行方

アイデンティティの根底としてテューモスという誰にでもある「尊厳＝気高さ」への志向から、リベラルな「個人」概念に至るまでを検討してきたが、では、両者がミックスされた「個人の尊厳」をどう考えるべきなのか。この点、憲法学者の蟻川恒正教授の議論が興味深い（蟻川恒正『尊厳と身分』岩波書店、2016年）。

蟻川によれば、「個人の尊厳」というときの、「個人」よりも「尊厳」にアクセントをつけて解釈すべきという。我々が「個人（individual）」概念を獲得する以前、「尊厳」は人一般には与えられておらず、身分の高い人間にのみ与えられていた。教会などの中間団体や階層、身分から解放され、皆が「個人」と扱われた場合、身分に張り付いていた「尊厳」も無意味化してしまう。そこで、個人の尊厳と言う場合、「皆が高い身分になった」と考えるべきだという。比喩的に言えば、「全員がマリーアントワネットになった」というのだ。

では、「高い身分」の人に求められるものは何か。「ノーブレス・オブリージュ（高位の者に無私の行動義務を課す倫理的規範）」という言葉にもあるとおり、より厳しく自身を律して名誉ある生を生き抜こうとし、より重い義務を引き受けることが求められるのであり、これを履行するからこそ、「尊厳」が与えられる。「高い身分に属する者に対して保障された憲法上の権利は、社会公共のための義務の履行を、その権利行使の目的ないし性質に内在させていた」。だから、「個人」の権利行使においても、ただ自分勝手な行使は控えられるべきで、社会公共のためになっているかという観点から厳しく吟味される。「なんとなく投票する」ことは許されないし、ましてや漫然と権利行使を怠ることなど、「尊厳」が与えられるべき「個人」の行動としてはあり得ないのだ。

蟻川は、この義務を果たさない人は「尊厳ある主体とは言えない」とまで断ずる。

「個人」概念とリベラルな立憲主義との関係は樋口陽一名誉教授の説明に詳しい。それによると、近代憲法の考える自由とは、「自由、個人おのおのが自分の意見をもち、必要があるときは損得勘定ぬきでそれを言い表わし、そのことによって世の中を動かしてゆく、という意味での自由」であって「そのような厄介な生き方に耐えるよりは、「みんなに合わせて」暮らしていった方が楽だ、という誘惑は強い」だろう。だからこそ、「本当の自由とは、人間の本性からいえば相当に無理をしないと、その重さに耐えられないという性質のものなのである」（樋口陽一「憲法を学ぶにあたって」同編『ホーンブック憲法（改訂版）』北樹出版、2000年）。

このような「強い」個人は、「中間団体、民族、身分、階級など、人の所属する集団のしがらみからの自由、自分のことは自分で自由に決める」ことができ、逆に、「自分の所属する集団のしがらみに縛られて、自分のことを自分で決められない」のが「弱い」個人である（長谷部恭男発言、及び樋口陽一発言『憲法問題13』三省堂、2002年、72頁）。

ここでも、かなり意識高い系の「個人」が想定されている。

これを受けて、蟻川は、アイデンティティと「個人」について、「ある人のアイデンティティ意識が何らかの文化的集団への帰属を源泉とするものである場合」、公共空間では、その「自分が所属する集団のしがらみ」からも自分を引き剝がして、自らが強く結びついていると考えている文化的なアイデンティティに根差した主張を自分で抑制することができる個人こそ自律した「個人」だ、という。つまり、近代リベラル・デモクラシーにおける「個人」概念の析出というプロジェクトは、〝アイデンティティ封じ込め作戦〟だったということになる。

さあ、ここからが問題だ。

たしかに、西欧啓蒙思想を出発点として王政を打倒し、中間団体を駆逐することによって、我々はここに見た憲法学者のいう「個人」像を打ち立てた。

しかし、人権論における覇権を手にした「個人」概念は、ヨーロッパから世界へと輸出され、それは経済のグローバル化とも相まって〝リベラル・モンスター〟と化し、生身の人間が寄るべき共同体をも破壊した。「強い個人」は言う、「そんなものはいらん！　自分の所属や身分など関係なく、君らしい選択を自律的にできるはずだ！」……これが生身の人間には到底無理だったのだ。

寄るべき止まり木を失った生身の個人は、自分のことを自分で決めきれるほど「強く」ないし、合理的でもない。そこに止まり木を提供したのが、先に見てきた、それぞれ「共感」を提供してくれる文化的なアイデンティティである。何らかの物語を共有・共感できる人々同士で連結し、バラバラのアイデンティティ集団を形成した。すなわち、理想的で非現実的な姿勢を強いる「個人」概念が、アイデンティティ・リベラリズムを産んだのである。

バラバラのアイデンティティ集団が求めたのは、「尊厳」を得るために必要な崇高さでも名誉でもなく、直截的な「承認」だった。公的な「承認」を我先に求めようとすれば、各アイデンティティ集団同士の「差異」を強調し先鋭化することになる。リベラル勢力がこれを政治的資源(動員=票)にしようとすれば、バラバラのアイデンティティ集団の連合体でしかなくなり、相互の理性的対話はどんどん困難になる。その結果、属性への帰属意識から離れた皆が共有できる包摂的なアイデンティティへの合意形成は不可能になってしまう。

蟻川や樋口の議論は、近代「個人」概念が生んだ「個人」概念からの(私もあなたも含めた)〝脱落者〟たちに対して、「個人」概念でもう一度ひっぱたいて「自分を律しろ!」と言っているようなものだ。個人概念による問題点を個人概念で解決しようとしては、ただの循環論法であり、何の対処にもなっていない。

リベラルこそが、リベラル・デモクラシーの前提とされた強い「個人」概念と、これによって振り落とされ不安や疎外感ひいては「敵対性」に満ちた生身の弱い個人とを「調停」する責任がある。補助輪を用意する責任があるのだ。樋口、長谷部、蟻川らの姿勢はあまりに無責任である。

リベラルな「個人」概念からの脱落者たちのフラストレーションを政治的に一気にくみ上げるという点において、ナショナリズム、ポピュリズム、アイデンティティ・リベラリズムはすべて相似形である。「個人」概念とこれを前提にした権利のカタログのモデルチェンジが迫られているのだ。

4 よみがえる「国家の論理」

†エゴイストでいられなくなった現代の「市民」

ここまで、「政治的なるもの」と「個人」の間における「承認」と「票（権力の正統性の調達）」の交換、この交換により成立する細分化されたウィンウィンの世界、この閉塞的なウィンウィンゲームの総体としての「アイデンティティの政治」をみてきた。

国家からの個人の解放は、いつのまにか、解放された個人による承認の要求と、その要求に呼応する政治の関係に引き直され、ひいては承認欲求を満たすことにより権力の正統性を調達した国家権力が個人の承認主体として回帰してくる。以前逃れようとした「国家」に承認を求めるという倒錯感。「国家の論理」から一回りして「新・国家の論理」に行きついた皮肉ともいえよう。

この間、国家と個人の間にいかなる作用が働いたのか。憲法学者の石川健治教授の議論を紹介したい。石川は、ドイツ法学の泰斗ゲオルグ・イェリネックをストーリーテラーとして、この現象を「国家の論理」の崩壊の観点から論じている。

イェリネックは、中間団体の解体と個人の解放により、国家は個人を承認する唯一の存在となったと説く。すなわち、国家は、国家と個人の中間で「公共」を担ってきた教会や封建領主といった中間団体から「公共」を吸い上げ、個人に対する唯一の承認主体となる。そして、その承認の結果、「国家は、人間の自由な活動を尊重し、そこには介入しないことを約束」した。

石川は、この「国家の論理」が維持されている状態においては、国家は人々が「負荷なきエゴイスト」として振舞えるように努めなければならず、すなわち国家権力自身が我々個々人の価値観や道徳観に対して中立であるべきで、そうふるまうよう自分で自分に枠をはめている（自己拘束）という共通了解が存在していたと指摘する（石川健治「承認と自己拘束」『岩波講座・現代の法1』岩波書店、1997年）。

「負荷なきエゴイスト」という言葉には、これまで再三見てきたリベラルな「個人（individual）」概念への否定的なニュアンスも見てとれる。すなわち、我々は革命や民主化運動を通じて、階級をはじめとする様々な属性から自らを断ち切り、まっさらなフィクションとしての「個人」概念を獲得した。しかし、このことによって、人々は自分が他者との関係性の中で成り立っていることや共同体などの公共インフラによって生かされていることを忘れてしまったのではないか。その結果、社会的な問題に対してコミットしようとする市民としての責任感や、社会における自分の役割を引き受けるというメンタリティを喪失した利己的なエゴイストになってしまったのではないか、と。

ところが、幸か不幸か「国家の論理」は変容を迫られることになる。市民社会における個人の選択肢の爆発的多様化。そして、グローバリゼーションによる国境を越えた人・モノ・情報の移動の急加速。従来の「国家像」は溶解していく。先に見た国家対個人というタテ＝垂直の「承認」の射程は、三次元・四次元的に複雑化した市民社会には及ばなくなる。

ここに、国家対個人の垂直的承認関係という国家理論は崩れはじめ、溶解していく国家は、国家自身に課していた自己拘束の一端を我々個人にも課しはじめる。つまるところ「もう俺たち国家だけで、バラバラの君たちの価値観や暮らしを守るのは限界だよ。君たち自身でも、社会が成り立つように自分たちで自分たちを規律してよ」と我々にボールを投げてきたのだ。

もはや市民社会を維持するために、我々はエゴイストではいられなくなった。そこで国家が我々に課してきた「規律」とは、「公徳心と普遍性」に責任を持つことである。……難題だ！

†公的な「意識高い系」であれ!!

あらためて「国家の論理」を整理しよう。リベラルな国家像は、目に見える役割として、教育、警察、交通網整備、福祉、公衆衛生などハードなインフラからソフトなインフラまで、国民生活のための様々な社会整備を引き受ける。一方、目に見えない役割として、国民生活における個々人の「生き方」には介入しない。

マルクス主義に好意的なツイートをしても、イスラム教への忠誠を誓っても、政府批判のデモに参加しても、そのことによって国家から何らかの不利益を受けることはない(はずだ。現在世界中で疑わしい状況が起きているが……)。我々の世界観や道徳観はプライベートでは人を傷つけない限り自由であり、リベラルな国家の多くは、憲法典にこのルールを権利のカタログとして列挙した。そして、自由な個人たちが形成する社会を維持するため、国家は数多の利害調整を引き受けてきた。だからこそ、我々はエゴイストでいることができたのだ。

しかし、「国家の論理」の崩壊により、国家はそのあまたの利害調整のすべてを担いきれなくなった。もはや我々はエゴイストではいられない。我々の利害調整の少なくとも一部を、我々自身が担わざるをえなくなったとき、求められたのが「公徳心」と「普遍性」だ。

すなわち、広く皆に関わる事柄についての討議に参加し、他者を独立した人格として認め、頭ごなしに否定せず、私欲ではなく公益のために思考すること（公徳心）。そして、自分という個別具体的な「当事者」にしか通じない「物語」ではなく、自分を超えて他者と広く共有できる価値＝共通言語を尊重するということ（普遍性）である。

つまり、国家が裁定に入らなくても、社会における個人と個人が、同じ目線で相互に尊重し扶助しあう、そうしたマインドとアクションが求められるということだ。

公的な意識高い系であれ！　と叱咤激励を受けることとなった我々には、さらなる課題が降りかかる。叱咤激励を受けて頑張っても、もはや国家に我々の承認欲求を満足させるだけの力はない。国家対個人のタテ＝垂直の承認関係に満たされなくなった個人は、その承認をヨコ＝水平の承認関係の「基地」に求めるが、この基地も荒廃していることに気づく。

個々人がエゴイストとして自由を謳歌している間に、家族や地域コミュニティや職場などの共同体は分解し、水平の承認関係を満たす役割を果たせなくなっていたのだ。リベラルな国家と個人像が目指した理想に向かう営みそれ自体が、むしろリベラルの目標とした社会像や生身の人間をズタズタにしてしまう。リベラルの逆噴射だ。

†「支持政党なし」が最大勢力になる理由

公的に意識高い系であることが求められる上、自尊心を満たすだけの承認は与えられない。

こうした状況で何が起きるのか。

こんな重荷は背負いたくない！　エゴイストでいさせてくれ!!

国家が負ってきた自己拘束の分担により、非現実的なまでに高邁《こうまい》な存在であることを求められた個人は、拒絶し、反発する。この拒絶と反発こそが「非政治の立場」そして「アイデンティティの政治」を生んだのだ、と石川は分析する。すなわち、公徳心への反発が、政治に対してニヒルな無関心を決め込む態度を生む。そして普遍性への反発が、広く社会全体が共有できる価値などは置いておき、むしろ他者との差異を強調して「違う自分」たち集団への承認を求める態度となって現れる、と論じるのだ。

この石川の論理は、ここまでの本章の議論を束ねるものである。

リベラルな国家観が描き出そうとしてきた国家と個人の関係は、必然的に、人々の脱政治化＝政治の拒絶（政治的ニヒリズム）と、前節まで議論したアイデンティティの政治化＝普遍的連帯の拒絶を生む、という帰結を導くことができそうである。おそらく日本では、「支持政党なし」が最大政党であることを考えても、市民の政治参加等の公徳心を背負いきれない生身の個人の多くが、避難所としての政治的ニヒリズムに滞留しているように感じている。

個人の解放にもかかわらず、選択肢の多様化の前で立ち尽くす個人は、その不安感や疎外感の充足を「セラピー的に」求める。一方、不安や孤独で満たされない承認欲求が肥大化し彷徨《さまよ》う個人は、ナルシスト化し、特定の当事者にしか共有されない物語をベースに狭く限定された集団の一部の承認を求める。

その結果、我々は、冷戦構造が崩壊し、グローバリゼーションの名の下で国家が溶解していくなかで、社会を維持するために個々人が奮い立って負担すべき「公民」としての高貴でやせ我慢的なふるまいを求められることをも拒絶する。

同時に、リベラルな社会が抱える矛盾も露呈する。リベラルな国家は価値中立を装い、人種や階級や職能と言った属性から解き放たれた個人を設定したが、我々はそんなに強くなかった。「国家の理論」の崩壊に伴い、国家が担ってきた社会維持のための自己規律を分担させられたとき、我々個人はそれを拒絶した。そうとなれば、その空白地帯はやはり国家にやってもらうべく、国家権力の拡張と介入が生まれる。本来国家の介入を拒むリベラルな思想が、リベラルな思想を貫徹しようとしたことによって、国家の介入を必然的に許した。

リベラルがリベラルでいようとした結果生まれた矛盾である。現在の日本のリベラル勢力の閉塞状態を打開するためには、何としてもこの矛盾を解消するステップへと前進しなければならない。

第二章

包摂から排除へと屈折するリベラルの軌跡

「5・3憲法集会」に参加した野党党首たち（2018年5月3日、東京都江東区、朝日新聞社）

1 「当事者」への配慮が、「非当事者」の排除となる

†21世紀の境地

個人が解放され、自由を謳歌するはずが、多様性を前に寄って立つべき軸を見失った結果、アイデンティティの危機・国家の理論の崩壊を招いた。リベラルな強い「個人（individual）」は、不安感や疎外感に苛まれた生身の人々の受け皿になれず、むしろ彼らの「敵対心」と「無関心」を増長させた。21世紀、国家がその役割を縮小させた中で、特に我々に課された普遍化要求への拒絶がアイデンティティの政治を生み、社会の分断を招いている。

本章では、その中でもとりわけアイデンティティ・リベラリズムが陥る隘路《あいろ》と弱点を深掘りしたい。特に我が国においては、政権与党の惰性による一強体制を許している原因がリベラルの弱体化であると考えるからである。

健全なオルタナティブを育むためには、リベラルのモデルチェンジが目下の急務である。逆説的だが、多様性を冠するリベラルこそ、特有の「潔癖性」を有しており、自身の立場の正しさを純化しがちなところがある。このリベラルの「潔癖性」も、アイデンティティ・リベラリ

ズムに親和的という落とし穴があったかもしれない。本章では、リベラルに内在する「自傷性」を解きほぐしたい。

†当事者による「生ける経験」が跋扈しても……

ハーバード大学のヤコブ・ホーエガーは「Lived Experience vs. Experience」という図式を提示する。前者は他者とは共有できない主観的な「生ける経験＝体験」であり、後者は他者と共有できる客観化された「経験」である。「体験」が再現性のない個別の物語であるのに比して、「経験」はいわば科学実験のように再現可能だともいえる。ドイツにおける「Erlebnis（体験）」と「Erfahrung（経験）」との区別に由来する概念だ。

「体験」には当事者がいる。我々は各々当事者として、この体験を積み重ねて人生を紡いでいく。そして、その体験は、「実際に体験した自分にしか分からない」からこそ素晴らしく、価値がある！　そう位置付けることで、人は自らの人生に特別な価値を付加していく。つまり、自分の人生が特別であると感じられるためには、自分の体験が、そう簡単に他者によって再現され普遍化され「経験」へと変換されてしまっては困るのだ。

このように、「体験」は一人ひとりの主観的で個別の体験を基礎にするから、他者との「差異」が強調されることになる。しかし、この「体験」を他者にも再現可能なように普遍化し

「経験」とする過程がなければ、他者の集合体である社会を連帯させるための共通理解は進まない。ここが問題だ。

「体験」ベースで共通項をくくっていけば、人や集団のカテゴリーはどんどん細分化していく。たとえば、「人間」から「女性」に、女性から「子どものいる女性」に、子どものいる女性から「働きながら子育てする女性」に、働きながら子育てする女性から「非正規で働きながら子育てする女性」に……。「体験」は人間の属性をどんどん因数分解していく。

その過程で、集団の垣根を越えた「経験」を介して相互理解を深め価値観を共有する可能性が失われていく。それどころか、「女性」と「男性」、「子どものいる女性」と「子どものいない女性」、「働きながら子育てする女性」、「正社員として働きながら子育てする女性」と「非正規で働きながら子育てする女性」というように、むしろ「体験」の有無をめぐって分断が深まっていく。ここでの主体（主語）は、ある特定の物語の「本人＝当事者」であって、普遍的な「個人（individual）」ではない。

そして、体験をベースにした「当事者」同士の連帯は、「あなたはそれを体験したか？」「体験していなくても共感できるか？」というように、体験あるいは共感の存在を要求する。こうした主観的な「想い」の結びつきは、強固で先鋭化しやすい上、その「想い」の外にある人々との理性的な対話をしばしば困難にするのだ。

昨今、国会の場に「当事者」（女性、障がい者、ＬＧＢＴ……）を増やそうという動きが盛んであり、この動き自体には私も大賛成である。しかし、国会が特定の体験で結びついた「当事者」たちの集合体になってしまうことには注意も必要だ。「あなたには分からない」という他者との本質的差異を強調することが、個別化されたアイデンティティの力の源泉になってしまえば、共通項を探し相互理解に基づいて理性的な討議をなし、結果的に善き妥協を得るという政治過程自体が崩壊するおそれもある。

近代啓蒙思想や革命を通じて獲得した「個人」概念は、むしろ「本人としての体験」を一度自分の思考の外に置くことを想定していた（それ自体が非現実的で問題だったことは論じたとおりだ）。「体験」を共有していない人々、すなわち自分とは立場や価値観が違う人々とこそ対話をはかり、理性的に協議していく、そうした存在こそが本来の「個人」であったのだ。

この「個人」とは対極にある「本人による体験」を強調しすぎると、それはたちまち排除の論理に転じる。つまりその体験を共有しない外側の人々に対して、こう言葉が投げかけられるのだ。

「どうせ君にはわからない」

†特定の「体験」と「物語」を共有できなければ

本来、「民主主義」や「人間の尊厳」そして「個人（individual）」という概念は、もともとは誰でも入れる市民会館や公園、広場のように、多様な人々を包摂する空間としてのプロジェクトだった。しかし、「個人」概念にふるい落とされた人々によるアイデンティティの政治（アイデンティティ・リベラリズム）は、この空間を会員制のバーに変えてしまった。会員資格は、「非正規で働く子育て中の女性」であるとか「戦争を経験し集団的自衛権に反対する護憲派」であるとか、細分化された個別の「体験」「共感」の共有である。それらを共有していない者は、入場すら許されない。

ここに、興味深いレポートを紹介しよう。Yahoo! JAPAN ビッグデータレポートチームがビッグデータを利用して、政治的トピックに関する人々の属性別関心分布を分析した報告である（2017年4月〜18年5月調べ）。「森友・加計学園」についてはシニア層の関心が圧倒的であり、ヤング層の関心は薄い。男女を比較すると、「働き方改革」については男性の方が関心が強く、「少子化・子育て」については女性の関心が強い。「原発」や「基地」問題についてのエリア別の関心分布をみると、辺野古の「基地」問題については西日本の関心が高いのに対し東日本の関心は低く、宮城県の女川原発や福島原発をはじめとする「原発」問題については東日本の関心は高いが西日本では低い。明らかに政治的トピックに関する関心分布は、年齢、性別、地域など自分がおかれた属性によって大きな関心の偏りがみられる。

そして、このレポートは、「『自分と関係のある問題にしか関心がないのでは？』という……予測は、悲しいかな、的中してしまったようだ」と結論づけている（安宅和人他『ビッグデータ探偵団』講談社現代新書、２０１９年）。現代社会の人々の関心事が、身の回り半径数メートルの近視眼的な範囲にとどまっている傾向を裏付けるものだといえよう。我々が「自分と自分の帰属する何らかの属性」にしか気をとめていないという事実は、我が国においてもアイデンティティの政治が蔓延する前提が存在することを明らかにしている。

一方で、近代「個人」概念は、自らの属性のみにとらわれることなくフェアで合理的な判断をなす存在としてあまりにも理想的に設定されてしまった。その上、あくまで理想として捉えるべき「個人」概念が、体現すべき存在として人々に押し付けられた結果、実現不可能な目標として実現に向けた努力すら放棄され敵対性と無関心を増幅させるという反作用が生まれた。

フェアで合理的な「個人」などという夢物語の概念に基づいて、人類としての幅広い相互承認を見出すなんて不可能だ！　そんな絵に描いた餅を追求するよりも、分かる人には分かる「体験」という共通の物語で人を束ねて、限定された特定のアイデンティティの承認を求める闘争の方が、政治戦略としても現実的だ！　意識的か否かは別として、こうした判断と実践がなされた結果が、現在のアイデンティティの政治である。

そして、それは、「ポリティカル・コレクトネス（ポリコレ）」概念と結びついた。特定の集団の尊厳を傷つけたり、差別や偏見に基づいていると「みなされた」表現や言動は許さない。文学表現で使われていた言葉も、障がいをもつ人々への無理解であるとして禁止される。「マンホール」も男性優位を示す言葉として、「メンテナンスホール」と言い直される。オペラや戯曲などですら、過去の時代を背景として過去に創造された芸術作品にもかかわらず、現在の価値観と強引に照らしあわされ男女差別の観点から批難されたりする。

行き過ぎたポリコレは表現を萎縮させ、リベラルが目指す多様で寛容な社会を自ら掘り崩し、息苦しい社会を作ってしまう。アメリカの右派は、このリベラルのポリコレを恰好の攻撃材料として標的にした。トランプ大統領の誕生をアシストしたのは、皮肉にもリベラルのポリコレの風潮であることは間違いない。

傷つけられるべきではない私（＝当事者）の権利や自由、ひいては尊厳が少しでも傷つけられたなら、脊髄反射的に抗議・攻撃する。そこには合意を醸成するための理性的な話し合いのプロセスがない。本来普遍的であるはずの尊厳が、同じような体験をした人（当事者）にしか共有できないカスタマイズされた尊厳になってしまう。

コロンビア大学歴史学部教授のマーク・リラは、『リベラル再生宣言』（夏目大訳、早川書房、

2018年）において、このアイデンティティの政治を近時のリベラルが陥った病として厳しく批判し、こう説く。

アイデンティティ・リベラリズムは、市民が分断された「社会の新たな現実に適応する必要」に迫られた結果、市民の連帯よりも、「極端とも言えるほど個人の属性に注意を向けることに注力した。「ごく少数の人たちが自分たちの集団の範囲を自ら定義した上で、ただその小さな集団の利益だけを排他的に追及する」ことによって、「自分たちと大きく異なった人たちを説得して、共通の利益のための努力に参加してもらう、という困難でさほど魅力的とは言えない仕事に取り組もうとする人は少なくなった」

我々がすべきは、生身の個人の「体験」VSリベラルな「個人」の調停である。

†配慮よりも、ビジョンを

リラは、アイデンティティ・リベラリズムがもたらす社会分断の象徴として、アメリカ民主党のウェブサイトを挙げる。このサイトには、総合的な国家ビジョンに関するペーパーの代わりにPeopleと題されたリンクのリストがあり、クリックすると特定のアイデンティティを共有する合計17の集団のために作られた専用ページに飛ぶ。女性、ヒスパニック、LGBT、アフリカ系アメリカ人……。リラはこれを「何かの間違いでレバノン政府のウェブサイトにアクセスしてしまったと勘違いする人もいるかもしれない」と皮肉たっぷりに揶揄する（確認したが、現在のサイトはもう少し体系的なメッセージを発信しているようだ）。そして、この喩えののち、こう結論付ける。「アメリカの二大政党の一つがアメリカの将来はこうあるべきというビジョンを示す場にはなっていないのだ」と。

この指摘は、現在の日本政治にもそのまま当てはまる。たとえば野党第一党（2020年8月現在）である立憲民主党は、「性暴力被害者のための刑法改正」「保育士の処遇改善」「選択夫婦別姓の実現」「給付型奨学金の拡充」など個別の「当事者」に関わる細分化された政策を列挙するが、本来政党が担うべき統合的政策形成機能を果たしている気配はない。この政党に政権を任せた場合にどのような国家像を描いてくれるのかというビジョンが伝わってこない。

アイデンティティ・リベラリズムは、権利を制約されている特定の集団を「弱い」集団として特別の配慮をしようとするが、「弱い集団」間の利害調整や、「弱くない」集団への配慮に欠ける。その上、「配慮」は必ずしも「解決」を伴わない。特定の「弱い」集団の承認欲求をセラピー的にその場しのぎで満たしても、多くの場合真の解決には向かわない。

そもそも、属性に関係なくすべての人が普遍的な尊厳を保ちながら生きていくことができるというリベラルな社会を本気で実現しようとするなら、本来政権交代（新陳代謝）が必要なのだ。そして、政権交代のためには、幅広い人々に訴えうる統合的な国家ビジョンの提示が不可欠だ。それをやらないのであれば、政権交代への意欲はその程度のものと見透かされても仕方ない。アイデンティティ・リベラリズムは、自分たちの要求を政治権力や民主政の過程で実現させることとは正反対の行動をとっている。

リベラルの野党勢力は、もっともっと良い意味で「自分たちが平均的な日本人のための政党である」とより多くの人に思わせる努力をしなければならない。

2 それでも連帯するために

†残念な「鉄の三角形」

政党がアイデンティティの政治に走ることは、その姿勢として問題というだけでなく、社会やひいては個人間を分断してしまう点で、極めて罪が重い。

ハーバード大学ロースクールのキャス・サンスティーン（憲法学）も、個々人が自らをある特定の集団の一員であるとみなすとき、集団分極化は著しく進むと懸念を表明する。さらに、アイデンティティの政治は、政治権力側からも「あなたたちは他とは違う」という差異を強調する。その結果、人々は自分の属している集団とその他の集団が「違う」と強く認識するようになり、ひいては、属する集団の外側からの発信によっては自身の価値観を変えることをためらうようになり、ついには変わることができなくなる。

アイデンティティの政治によって、他者の価値観や見解の影響を受けて、自身の価値観や見解を変化させていく余地がどんどん狭くなっていくのだ。本来、民主主義を選択した社会（我々のことだ）では、異なる価値観同士の話し合いと妥協と合意形成によって、共通の問題に対処することが予定されているはずだ。しかし、アイデンティティの政治は、民主政に不可欠な理性的な対話を不可能にしてしまう。

政治勢力に密接な「よく組織された利益団体」によって市民の感情が煽られ、個々の人々はアイデンティティを再発見する。特にアイデンティティの政治の文脈において、人は外的な要因で後付け的にアイデンティティを獲得して、集団内の同じような価値観の人々の「エコー・チェンバー」（小部屋での反響）でより強固になる、というサイクルを、サンスティーンは危惧する。この、利益団体、アイデンティティの再発見そしてエコー・チェンバーを「もっとも残念な」「鉄の三角形」と評する。日本でも、この現象は与野党問わず見られるが、本書では特に野党リベラル勢力にこそ、アイデンティティ政治からの脱却を求めたい。

アイデンティティの政治やグローバリゼーションへの処方箋として構築すべきは、誤解を恐れずに言えば、ナショナル・アイデンティティである。これは民族的なアイデンティティや狭矮なナショナリズムでもない。

我々がこの社会に生活していれば、自分が属する（と思いこんでいる）集団のアイデンティティや属性とは無関係に、他者と共有している価値や政治的立場があったはずだ。どんなに人々が多様化しても、細分化しても、これらを緩やかに連帯させ、差異ではなく共通の相互理解に目を向けさせる、そんな「包摂的な」ナショナル・アイデンティティである。これは、グローバリズムともポピュリズムとも対抗関係にある。現在の日本政治には、この観点が決定的に欠けている。

†ナショナル・アイデンティティが必要な6つの理由

ナショナル・アイデンティティを再構築すべき理由として、前章で取り上げたフクヤマは6つの理由を挙げる。

①まず、何より国民の物理的安全のためである。ナショナル・アイデンティティを喪失し、国内の分断が深刻化すれば、行き着く先は内戦である。シリアやリビアはもちろんだが、アイデンティティの闘争をしている香港もこの例から漏れない。歴史上、大国同士の争いの手段として、大国が小国の独立運動を支援するのは、人為的な分断によってナショナル・アイデンティティを破壊するためだ。

②2つ目は政府及び公的権力の質の維持のためである。真に包摂的なナショナル・アイデンティティがない社会では、公的な職務に属する人間は、自分に近いアイデンティティ集団に有利になるように公的資源を投入したりするだろう。お友達優遇、どこかの国でよく聞く話だ。憲法にある「全体の奉仕者」「全国民の代表」の概念を体現させ下支えするのは、公権力従事者たちが共有すべき善きナショナル・アイデンティティの存在である。

③3つ目は経済の持続可能な発展のためである。ナショナル・アイデンティティにより、国民一人ひとりに自らが社会の成員であるという意識と、誰もが社会の成員であるという意識が涵養《かんよう》されれば、上位1%の富裕層のために99%が搾取されるような社会構造を転換するきっかけが摑《つか》めるかもしれない。また、特定の民族や宗教に偏って便益がもたらされるような経済政策ではなく、普遍的な市場で公正なルールにのっとった商取引が行われるようになる。これらは、経済の調和的で持続可能な発展に不可欠だ。

④4つ目は、広範囲の「信頼」の醸成による社会の共通課題への理性的な討議のためである。特定のアイデンティティ集団内部の信頼は、強固かもしれないが極めて限定的で広がりがない。各アイデンティティ集団の数だけカスタマイズされた信頼が存在し乱立しても、集団間での協働にはつながらない。一方、共通のナショナル・アイデンティティという信頼に支えられた人間同士の間では、同じチームのメンバーとして、協力や対話という交流が交わされる。こうし

た広範囲の信頼の醸成は、経済交流や政治参加を含め、各自が社会の構成員という自覚をもって当該帰属先の社会を成り立たせるために必要不可欠だ。

⑤5つ目は、経済格差を是正する社会的セーフティネットを維持するためである。特定のアイデンティティ集団ごとに分断されている社会では、「互いのことを資源を奪いあうゼロサムの競争相手とみなす可能性が高い」。しかし、社会のメンバー各自にナショナル・アイデンティティの下に集ったチームのメンバーだという意識があれば、弱者を支援するための税制そして社会保障に関する政策は、社会の共通理解に支えられて実現可能となるだろう。

⑥最後が、自由民主主義そのものを可能にするためである。自由民主主義社会というチームのメンバーは、自身の権利自由を放棄することと引き換えに、公権力にその他の重要な権利自由を守ってもらうという〝抜き差しならない〟契約関係にある。これはナショナル・アイデンティティがあるからこそ、成立する取引である。個別のアイデンティティや利害関係を超えて、集団的決定をしなければならないのが自由民主主義のサガ（運命）だが、そのためには、党派性をぐっとこらえて、まったく別の価値観への寛容さが求められるのだ。

加えて、このナショナル・アイデンティティが包摂する「愛着」の二面性が極めて興味深い。自由民主主義を機能させるための「愛着」のような感情は、一方で民主主義の正当性に欠かせない熟議や理性的対話を妨害することがある。しかし他方で、「愛着」の感情があるからこそ、国の制度の機能不全に絶望してもその理不尽に耐えて、まだこの国の未来をどうにかしようともがく。

この感覚は、現在の日本社会に置き換えても通用するのではないか。政府が憲法や法律解釈を融通無碍《むげ》に変える。正義や公正という概念が失われ、権力者に有利なルールメーキングが常態化する。その「お手盛り」によって公僕に死者が出ても、これらを是正するシステムを我々日本人は持っていない。それでも、多くの人が日本での暮らしを望み、絶望の中にも希望を見出そうとするのは、何らかの形でこの国に愛着があるからである。

そしてその愛着はたぶん、「国家」といった堅苦しいものではなく、つらいときに語り合える仲間がいたり、守らなければならない家族や大切な人がいたり、ふと疲れた時に寄るビアバーがあったり、そんなささいなことから醸成されるものなのだと思う。それで十分なのだ。それこそが、ここまで論じてきた地域コミュニティや共同体、属性を超えた人的つながりや他者との共通体験なのだ。暮らしの中のささいな愛着にこそ、包摂的なナショナル・アイデンティティを再構築するきっかけがある。

†崇高な理想と極端な現実

グローバルな価値を奉ずる人々は、ナショナル・アイデンティティを古臭いものと言うかもしれない。しかし、国境を越えてヒトをモノを横断させた結果何が生まれたか。「連帯」という名の理想をナイーブに実行した結果、グローバル経済の仮面をかぶった強欲資本主義による深刻な格差が生まれた。対グローバル経済の防波堤という名目で、企業は莫大な内部留保を積み上げ、国内では適切に金が回らない市場が形成された。国境のハードルを下げるほどに、移民とそれに対する排外主義が跋扈《ばっこ》する。

新型コロナウイルスに起因するパンデミックも、未熟なグローバリズムがそのスピードを加速させて解決を困難にしている。その上、このパンデミックは、否が応でも人々に、自らの安全を「国家」に委ねざるをえない究極的な場面があることを体感させた。新型コロナ対応前半戦で、WHOという国際機関(=グローバル)が、中国(=ナショナル)という一国に対して過度に配慮して具体的な対策を不可解なまでに断行できなかった姿勢は、グローバリゼーションの幻想の向こう側にある限界を可視化したともいえるだろう。

こうしたグローバリズムのマイナス面を乗り越えるために、仮にグローバルな政府や国際機関を構想したとしても、そのグローバルな政府に対する民主的な手綱を引く主体が想定できない。だとすれば、グローバルな政府は我々に対して民主的な説明責任を負わないことになり、早晩腐敗するだろう。

そして、少なくともこの「グローバル政権」は、すでに経済的覇権を握って世界の支配を始めている。テクノロジー独裁を進めるGAFAやパナマ文書に見るタックスヘイブンなど、現在のグローバルな経済（無）秩序の拡大は、多くの普通の人々を不信と不安に駆り立てている。そしてその不信と不安こそがトランプやブレグジットを生んだのだ。国境を越えて迫りくる経済覇権から自らの生活を守るために、「国境」を強調して「国家」の保護を約束する指導者や政治的選択を望んだのだ。トランプにせよブレグジットにせよ、とても極端な選択肢であったが、それを支持した人々は決して極端な人々ではなかったことに留意すべきだ。

偏狭な排外主義や、国内外での拝金主義という歪んだ形で国家観が噴出しないためにも、適切なナショナル・アイデンティティの再形成が急務である。

民主主義は、最終的には「私たち」による集団的決定を伴う。民主的決定に従う観点からも、決定する「私たち」がより広い範囲を包摂した方がよい。細分化された小さな「私たち」のままでは、先鋭的な対立や闘争を経て結果的に多数派の決定がなされた場合、この決定を尊重するマインドを共有することは難しい。民主的決定のたびに社会は分断・細分化され、決定自体がどんどん相対化していく。そんな社会は空中分解してしまう。

民主主義を採用し続けるのであれば、この「私たち」をいかに広く設定できるか。「包摂的なナショナル・アイデンティティ」という提案には、その含意がある。

嬉々とした歴史の逆行

フクヤマは、アメリカのナショナル・アイデンティティについて、アメリカ連邦最高裁初代長官であったジョン・ジェイの定義を紹介している。ジェイは、『ザ・フェデラリスト』（斎藤眞他訳、岩波文庫、1999年）において、アメリカ人のアイデンティティを①共通の宗教、②民族、③共通言語、④同じ共和主義の理念を信じる気持ち、と定義づけた。

これは、移民の国アメリカのアイデンティティとしてかなり狭いし、ともすれば排他的である。これほどの共通点がなければアメリカ人じゃないの？　と思わず言いたくなる。しかしアメリカは、南北戦争や多様な移民の往来、そして公民権運動などを経て、現在ではヒスパニック、黒人、アジア人などで40パーセントを占める多民族多宗教国家を形成してきた。すなわち、ジョン・ジェイが建国時に語ったアメリカ国民としての条件①②は克服され、現在でも妥当するのは③言語と④民主政治への愛着だけであるという。

これはアメリカだけではなく、国境の壁が低くなり人の往来が激しくなった現代においては、どの民主主義国家にもあてはまる傾向であることは間違いない。民主的な政治運営システムと法の支配による立憲的な権力の統制、そして、一人一人が個人として尊重されるという政治理念が、それぞれの国独自の地域性や歴史的経緯、文化的思想的蓄積や政治風土と相まって、ナショナル・アイデンティティを形成させるのだ。日本においても、皇室制度やアニミズム思想などハード（制度）なものからソフト（慣習）なものまで、人々を豊かに包み込む包摂的な価値観が存在したはずだ。

しかし、昨今幅を利かせているアイデンティティの政治は、このナショナル・アイデンティティの歴史を逆行させてしまっている。つまり、ジョン・ジェイのいう①及び②の段階に逆行してしまっているのだ。

これは何も左派リベラルだけの話ではない。安倍晋三政権（私は真の右派・保守だとは思わないが）やそれに近しい勢力を支えるのは、日本会議や神社本庁であり、どれも宗教的な本籍地とも呼ぶべきものを有している。また、これらの勢力に所属する議員たちは、21世紀の現代にして、「男女平等は、絶対に実現し得ない、反道徳の妄想です」「LGBTには生産性がない」（杉田水脈）、「子どもを4人以上産んだ女性を表彰してはどうか」（山東昭子）等々挙げればキリがないが、驚くべき回顧主義にとらわれている。また、民族主義的な発言として、「言いたくないが、言った本人は元々日本人じゃない。キャンペーンガールだった女性が帰化して日本の国会議員になって、事業仕分けでそんなことを言っている。そんな政治でいいのか」（平沼赳夫）、「2000年の長きにわたって、一つの民族、一つの王朝が続いている国はここしかない」（麻生太郎・副総理兼財務大臣）などが挙げられる。加えて、政権周辺を擁護する御用インフルエンサーたちは、こぞって日本や日本人(日本民族)を自画自賛する一方で、いわゆる「嫌韓」「嫌中」の価値観を露悪的に表明する。

こうした精神構造は、まさにナショナル・アイデンティティ獲得段階の①宗教ないし②民族要素への強調に該当するものであり、嬉々として歴史を逆行する姿には目を覆いたくなる。

†「多様性至上主義」の死角

左派リベラルも、限定的な集団のアイデンティティを個別に肯定しながら、そのバックボーンに多様性を謳う。たとえば、立憲民主党の綱領の冒頭では「多様性を認め合い」と掲げ、ホームページには「ジェンダー」「高齢者」「児童」というバラバラのアイデンティティが躍る。しかし、フクヤマはこう指摘する。「多様性そのものはアイデンティティの土台にも多様性自体の土台にもならない」。つまり、多様性=アイデンティティというのは、アイデンティティを持たないことがアイデンティティであることと同義なのだ。

本来であればリベラルこそが、多様な我々が根底で連帯するために、相互理解の助けとなる包摂的なアイデンティティを必死で模索すべきだ。しかしこの国のリベラルは、その努力を放棄し、その空白に「多様性」というマジックワードをかぶせて隠蔽してきた。私は、こうしたリベラルの態度こそが、ぽっかり空いた共通の価値の空白に、人種や民族、あるいは宗教による狭い狭いアイデンティティの参入を許してきたと考える。

　これは、価値相対主義の罠にも通じていく。価値相対主義は、客観的に正しいとされる理論や価値は存在しないことを前提に、それぞれがそれぞれの価値観を否定しないし立ち入らないという帰結をとる。しかし、法哲学者の井上達夫名誉教授は、価値相対主義が成り立つためには、そもそも価値相対主義は絶対である、という「価値相対主義絶対主義」をとらなければならないことから、相対主義（なんでもあり）が絶対主義（これだけが絶対）に転じてしまうという自己論駁性《ろんばくせい》を非難した（井上達夫『共生の作法』創文社、1986年）。そして、それぞれの価値観を客観的にはかる物差しは存在しないこととすれば、特定の価値による独善を抑制することはできない。井上がこのことを「これは正しい、なぜなら私（我々）がそれを欲するからだ、ピリオド」と書いているとおり、個々の価値観は全能化してしまう（井上『他者への自由』創文社、1999年）。

　何らの共通の価値を設定しない剝き出しの多様性も、これと同じことが言える。それぞれの奉ずる価値はそれぞれで尊重されるが、そのそれぞれが独善化し排他的になって交わりを拒否した場合、もはや「多様性」の概念には、これを連帯させる力はない。

アイデンティティ・リベラリズムは批判すれども、その基礎にある「周縁化」されて傷ついた人々の権利自由を否定してはならず、むしろその権利を回復しなければならない。傷ついたアイデンティティを承認し、差異ではなく共通点を見出し、共に連帯して解決する環境を作るのは、社会の責任である。

だから、アイデンティティの政治の隘路《あいろ》に迷い込み、解決の道筋を見失っている当事者がいても、それを批判するのは間違いだ。むしろ、我々一人ひとりが「当事者」の「物語」を共有しつつ、その中で普遍化できる要素を抽出し対話する語り部にならねばならない。「生ける経験（＝体験）」を「共有できる経験」に解放するのだ。

そして、これには国家による解放のための行動が不可欠である。彼らが狭いアイデンティティ集団を形成せざるを得ない現在の法的・制度的な原因を解明し、ただちに是正すべきである。差別、ハラスメント、ヘイトスピーチ……場当たり的なものではない抜本的な法制度の改革が必要である。また、承認の問題を突き詰めると経済的な問題に起因することも多い。必要な経済的支援は速やかに行うべきだし、ベーシックインカムの制度も本気の検討に値するだろう。政治権力は、動員とのバーターで承認するのではなく、積極的なケアで応えなくてはならないのだ。だからこそ、法や制度といった一般化・普遍化可能な文脈で包摂的なケアを具現化させるべきである。これは、後に論じる法の支配や立憲主義とも深く関わる。

一方で、今一度、理念のもとに市民が集うことができる包摂的なナショナル・アイデンティティを、政治の側から提示する必要がある。私は特にリベラルの側からこそ、ナショナル・アイデンティティを示すことが重要だと考えている。

グローバリゼーションの波とアイデンティティの政治を呼び込んだのはリベラルにこそ大きな責任があるのだ。その狭間で、国家や都市（地域共同体）のアイデンティティは崩壊し、市民が連帯する場が失われ、弱い生身の「個人」は彷徨《さまよ》うこととなった。今こそリベラルの側から、幅広く市民を連帯させる包摂的なナショナル・アイデンティティを提示し、我が国において傷つき喪失されかけている「個人（individual）」「都市（地域共同体）」「国家」を再定位すべきである。民族や宗教にとらわれない包摂的なナショナル・アイデンティティである。

ここまで見てきたように、アイデンティティは後付けで作ることが出来るし、外から規定されたりもする。ということは、多様な我々が何らかの価値観を共有し、社会が抱える共通の課題に取り組んでいけるようなアイデンティティを再構築することも可能なはずである。

3　リベラルの敵はリベラルにあり

†香港デモは、けっして他人事ではない

では、いかなる方法でナショナル・アイデンティティを構築していくのかといえば、実のところ自明ではない。この点、興味深い実践例が存在する。香港だ。

２０１９年、香港で、刑事事件被疑者の中国本土引渡しを内容とする「逃亡犯条例」改正についての、大規模デモが若者を中心に巻き起こった（この問題及び香港政治経済の歴史的経緯については、倉田徹・倉田明子編『香港危機の深層』東京外国語大学出版会、２０１９年に詳しい）。

イギリスからの中国への香港返還以降、定期的に、香港民意研究所（旧・香港大学民意研究計画）では、「自分を何人だと思うか」を問う世論調査を行っているが、２０１９年6月17〜20日の調査で、①「香港人」52・9％、②「中国の香港人」23・5％、③「香港の中国人」12・3％、④「中国人」10・8％、⑤混合アイデンティティ（「中国の香港人」＋「香港の中国人」）35・8％で、「香港人」と答えた回答者の割合が、返還後最高を更新した。これは、香港特有のアイデンティティの在り方を示している。

香港における「香港人アイデンティティ」と「香港独立」は別個のものであるのに、中国大陸が、それらをあえて混同し、「独立」への動きとして弾圧したことによって、むしろ、「香港人アイデンティティ」が強固に形成されていったという逆説がある。リベラルな民主派は、戦

略的にも「独立」の主張には慎重で、2019年からの抗議行動に参加した若者への取材でも、彼らが掲げる「光復香港・時代革命」というスローガンは、香港「独立」を目指すものではないという。

結局のところ、香港人アイデンティティとは、英国統治下で根付いていった「自由」や「民主」そして法治の精神を指し、中国に帰属しながらにして「一国二制度」という「肉」を斬らせて、「より民主的な自治」という骨を断つ、という極めて高度で複雑な制度的核心を支えているものだ。つまり、個人と地域（＝市民社会）のアイデンティティが深く結びついている。

そしてまた、中国大陸の中央政府の中央集権的「国家建設ナショナリズム state-building nationalism」が強まれば、これに呼応するように香港の「周辺ナショナリズム peripheral nationalism」が強化されているとの指摘もある。

世界が時間をかけて広く緩やかに「民主化」の方向に向いてきた中で、かなり例外的に「民主」（今までの香港）から「全体主義」（中国中央政府）へと逆行させられることへの闘いが今香港で行われている。

香港では、「香港人である」という個人のアイデンティティ＝地域のナショナル・アイデンティティという特殊な事例だ。つまりは、一国二制度が維持できなかったり、自由な経済秩序を支えた法の支配や最低限の民主的な仕組みが毀損《きそん》されていけば、「香港人」というナショナルなアイデンティティが毀損され、ひいては個人のアイデンティティも毀損されるため、これらのアイデンティティを賭けた闘いになっているという特異な例なのだ。

また、国際金融都市香港にあって、実は住民の90％以上が「華人」である。圧倒的マジョリティである華人と非華人との分断も深刻である。特に、インド、パキスタン、ネパールなどにルーツを持つ南アジア系の人々に対しては、彼らへの教育システムの不備もあり、貧困、薬物及び反社会的勢力とのつながりによる偏見や差別が根強い。「香港人」アイデンティティ内部での差別であり、分断である。

中国大陸との闘いだけでなく、香港内部にあっても、人種を超えた「自由」や「民主」の一点でアイデンティティを共有できるのか。ヨーロッパから脱出した人々が建てたアメリカが「アメリカ人」アイデンティティとして独立宣言で謳った価値に集えるように、中国大陸から「逃亡」した人々による「香港人アイデンティティ」が真に包摂的なナショナル・アイデンティティたりうるかが問われている。

２０１９年からの香港の闘争は、日本にとっても大変示唆的である。敗戦国として、戦勝国、とりわけアメリカから与えられた日本国憲法体制におけるハリボテの民主主義を演じてきた日本。香港も、自分たちの主体性とは別に、社会主義国家中国にあって、英国植民統治を通じて、そして冷戦下での米国との絶妙なパワーバランスの中で「与えられた自由」という側面が強かった。香港では、この「与えられた」自由や民主が脅かされていることと市民は闘っている。「与えられた」としても、それが血肉となり、香港のアイデンティティを形成していたからこそ、これらの価値をかけて人々は闘っている。特に、経済的格差に苦しめられ、社会的な階層の流動性が失われつつある若者たちの閉塞感が、闘争の核を担っている。

2020年6月30日、習近平国家主席は香港への「国家安全法」を施行し香港の民意と関係なく、香港における自由の行使を直接制限できる体制を構築した。これに対して世界的な議員連盟（IPAC）及び国内の議員連盟（JPAC）の設立等による中国包囲網の動きに携わることができたが、ここで交流し関係を築いた在日香港人の友人たちの覚悟と悲壮感は凄まじいものがある。明日、自分が、家族が、友人が、不当に逮捕されるかもしれないのだ。実際、この直後の8月10日、香港民主化運動の象徴たる周庭（アグネス・チョウ）や香港紙の創業者である黎智英（ジミー・ライ）らが逮捕された。リベラルは、法律家は、日本は、そして私は何ができるのか。発信すること、抗議すること。できることをやるしかない。

さて、日本はどうか。演じてきた民主主義や立憲主義がハリボテであったことは、平成30年間を通じてより明らかになり、もはや根本的なテコ入れをしない限り、それらの価値は維持していけないことは自明だ。

特定秘密保護法、安保法制（集団的自衛権の行使容認）、共謀罪、生前退位に関する皇室典範特例法、出入国管理法改正、閣議決定による東京高検検事長の勤務延長、そして新型コロナ特措法での緊急事態宣言にかかる国会の承認etc……その他権力の私物化事例は数えればキリがないが、与野党関係なく、これに対する本質的な危機感は日本社会からは感じられない。我々は知らぬ間に、自由のベースラインをどんどん後退させている。

リベラル勢力（含む野党）も、安倍晋三総理大臣や自民党という「属人的な」批判に終始するばかりで、制度的に権力を縛る具体的提案がされることはなく、「与えられた」民主主義や立憲主義が血肉になっているとは到底考えられない。私が知りうる限り、日本のリベラル勢力が香港の今回の問題に対して関心が薄いことも、日本における民主主義や立憲主義への意識の低さと無関係ではないと考えている。

†敵はどこにいるのか

リベラルは社会的な問題とあれば「安倍政権が悪い」と主張しているが、本当の敵は安倍晋三総理大臣ではない。リベラルは自分たちが作り出した理想的で独善的なリベラル・モンスターによって食い殺されようとしている。リベラル・モンスターは表情も感情もなく、冷血で対話もできない。もはや人の形もしていない。この、リベラルの分身たるリベラル・モンスターこそが本当の敵である。そこを見誤れば、安倍総理がいなくなったとしてもリベラルは負け続ける。

リベラルが無批判かつ無邪気に主張し続けた様々な価値観が、グローバリゼーションやアイデンティティの政治を産み、他者を尊重し思いやるための「共同体」や「個人の尊厳」を歪めてしまった。加えて、リベラルが、その高すぎる理想を説教台から語るエリート主義（愚民思想）に陥ったことによって、怒りや不安で満たされた人々が排外主義的な価値観のもとに結束した。愚民思想が蔓延すると、生活者たちは、自分たちはリベラルに信用されていないと判断し、もはやリベラルな価値観のもとでは結集しなくなる。リベラルに対する不信は必然である。

政治学者のパトリック・デニーンが逆説的な言い回しで「リベラリズムは失敗した。リベラリズムを実現できなかったからではなく、リベラリズムに忠実だったからである。成功したために失敗した。リベラリズムが「完成形に近づき」、秘められていた論理が明らかになり自己矛盾が目に見えてくると、リベラリズムのイデオロギーは実現されているが、その主張通りにならないという病弊が生じた」と痛烈に指摘しているのは、私の見解と同趣旨だろう（『リベラリズムはなぜ失敗したのか』角敦子訳、原書房、2019年）。

リベラルは、非現実的な「個人」像から脱却し、共同体や文化に根差した顔が見えて温もりを感じる生身の個人による政治（「個人（individual）2.0」）の構築を模索すべきだ。そのためには、「国家」の概念も適切に再定位しなければならない。

スティーブン・レビツキーとダニエル・ジブラットは、『民主主義の死に方』（濱野大道訳、新潮社、2018年）の中で、民主主義は「相互的寛容＝競い合う政党がお互いを正当なライバルと受け容れるという理解」と「自制心＝組織的特権を行使するとき、政治家は節度をわきまえるべきであるという考え」という不文の規範によって支えられているとする。これを「硬い」法制度との対比で「柔らかいガードレール」と呼ぶ。

日本社会においても、我々国民に信じられてきた政治制度や法制度における様々な柔らかいガードレールがあったはずだ。しかし、今やこのような善意のガードレールはおおよそ撤去されかけている。柔らかいガードレールが機能しないのであれば、それが担っていたものを「硬い」ガードレールとして再構築するしかない。第五章で論じるが、法規範の内容を明確化または拡充し、これにアクセスできる人々、具体的には司法を含めた具体的な権利救済システムへのアクセスの範囲を限りなく広げるべきだ。失われた不文律は成文化し、足りないものは改正して再構築すればよい。頑なで非現実的な個人像は、国家の水面下での拡張と介入を許し続け、権力及びその周辺のバランスを崩壊させている。この、国家と個人の「建前」を前提とした歪《いびつ》な関係も再度線引きが必要であろう。

生身の弱い個人を前提とした場合、国家及びこれに準じた存在によるある程度のサポートが避けられない。後述する「ナッジ」も部分的な導入であれば効果的かもしれない。しかしこれは常にパターナリスティックな後見的介入の危険を有している。サポートの名で我々の私生活に介入し、すかさず公権力は我々を動員させる。

これを先回りして、国家が介入することを前提に、権利自由を侵害したときのオプションを豊富に用意する必要がある。新たに規定すべき権利・自由があるならば積極的に認め、肥大化し歪んだ国家権力をリバランスするため、特定個人の権利侵害がなくとも法や公権力の行為の違憲・違法を争える憲法裁判所のような機関の設置を検討すべきである。裁判所や検察官、またはプレスなど権力と対峙することが予定されている機関の独立性を担保し、国家は社会をより強く逞しくするために、社会に対する適切かつ積極的な投資（関与）もすべきであろう。

†連帯と自律に向けての処方箋

こうした理念を無理に統一的な理論で串刺しにしたり、急ぎキャッチコピーを貼りつけて分かりやすく世に訴えることは我慢しよう。共産主義も、ファシズムも、そしてリベラリズムも、理論の貫徹を現実の問題解決より優先して人々を不幸にしてきたのだ。一つの理想や理論で社会すべてを設計し描写できる（むしろ、したい）という傲慢と欲望を捨てなければならない。野球でもフォームはどんどん変わっていくし、楽譜の解釈次第で演奏のテンポは変えていい。「変わっていくこと」自体の尊さは本書の重要なテーマでもある。

まずは「ナショナル・アイデンティティの構築」という理念に基づいた政治実践を重ねよう。その先に統一的な理論が見えてくる。

包摂的なナショナル・アイデンティティが共有されれば、冷たく感情も表情もないリベラル・モンスターを打ち砕き、幅広い人々の連帯と相互理解を育むことができる。そのカギのひとつは、個人が寄るべき場としての共同体や文化の再興である。そして、もうひとつは「強くて合理的で公共心にあふれた個人」から「弱くて不合理で孤独な生身の個人」という「個人2.0」概念を前提としたシステムへのモデルチェンジである。

このことを、私は強い個人と弱い生身の個人との「調停」と呼んでいる。次章のデータ社会で具体的な例を示すが、生身の弱い個人を前提に憲法の権利のカタログを拡充する必要がある。各自が迷い込んだアイデンティティの隘路、そして否応なく巻き込まれるグローバルな秩序から、生身で弱い「個人2.0」を救済し、誰もが自分らしく命が開いていけるような、そんなビジョンと制度を提供しなければならない。

ナショナル・アイデンティティは、国家が適切に機能する（させる）ことを前提としている。コロナ禍を経た我々は、ナショナルな枠組みが適切に機能しなければ「生きていけない」事態すら経験した。また、都市（地域共同体）のアイデンティティの再生も急務である。

新型コロナの状況とそれへの対応を見れば明らかなとおり、グローバリゼーションによって人・モノ・カネとともにウイルスは国境を越えてデリバリーされた。そんな中、日本では過疎とも思われる地方都市では感染者が極めて低い現実があった。グローバリゼーションに耐えうるために構築した無機質な東京一極集中の限界と問題点も明らかになっただろう。憲法92条以下の「地方自治の本旨」の再定位として、地方都市のアイデンティティを見つめなおし、地方の過疎化や高齢化こそデジタル技術等のテクノロジーによってサポートすべきではないだろうか。

政治理論を専門にするジョンズ・ホプキンス大学准教授ヤシャ・モンクも、ポピュリズムやアイデンティティの政治を問題視する著書『民主主義を救え!』（吉田徹訳、岩波書店、2019年）において「包摂的なナショナリズム」を提唱し、右翼的排外主義と左派のアイデンティティ・リベラリズムを克服するために「包摂可能な愛国主義のための新たな言葉を編み出さなければならない局面」であるという。

ここでも想定されているのは、民族的・宗教的なナショナリズムではない。我々はリベラルな「個人」にしがみつくでもなく、ナショナリズムとも折り合いをつけながら、個人、都市（地域共同体）、国家のアイデンティティを再構築するという難問に向き合わねばならない。モンクも、ナショナリズムは「半分野生、半分飼いならされた動物のようなもの」という。そして、「可能なかぎり飼いならさなければならない」として、ナショナリズムとの適切な距離感を示唆する。ただし、ナショナル・アイデンティティに個人が呑み込まれては本末転倒である。そのためにこそ憲法の権利のカタログのラインナップをより拡充し憲法裁判所等のシステム及び自由のセーフティネットを担保、死守すべきだ。

ナショナリズムも、リベラルな立場からうまく付き合いながら社会をゆるやかに統合するツールにすることは必ずできる。「ナショナリズム」という言葉のニュアンスに反射神経的に反応してはならない。我々は、今まで前提としてきたリベラルな強い「個人（individual）」概念や、ともすると猛獣化する「ナショナリズム」という概念のステレオタイプを捨て、どちらも一度ご破算にして、グローバリゼーションとアイデンティティの政治に引き裂かれた「生身の個人」から再出発だ。

具体的なチャレンジについては、第五章、第六章の〈実践編〉をお読みいただくとして、次章からは生身の個人が〝丸腰〟で置かれている現状を、データ社会の観点から、少し掘り下げていきたい。

†今こそ民主主義を蘇生せよ

現在起きていることは、国家権力による個人の客体化、細分化、分断、そして弱体化だ。そのことにより、明らかに国家権力が個人を統治しやすい環境が作り出されている。以前、森喜朗首相（当時）は、衆議院選挙の直前、国民（無党派層）には「寝ていてくれればいい」と本音をもらしたが、この本音は今も国家権力の本音そのものだ。

しかも、現代社会にあっては、ネット空間の広がりにより、国民一人ひとりに対し、「その人好み」にカスタマイズされた「居心地のいい」アイデンティティが提供されている。人々は無意識のうちに、ネット空間によって個人を規定され、細分化され、結果として無意識のうちに分断されている。

統治しやすくするための個人の客体化、細分化、分断、その結果としての弱体化……。国家権力が求める「統治しやすい」環境をネット空間が強力にアシストしている。「政治的なるもの」とデジタルテクノロジーは極めて相性がよいのだ。そして、この組み合わせは民主主義を破壊しかねない。このリスクをコントロールし、デジタル・デモクラシーにより民主主義のバージョンアップを図ることは果たして可能なのか？

こうした観点から、AIとアイデンティティー、そしてデジタル・デモクラシーについて次章で論じる。

第三章

アルゴリズムが脅かす 個人と国家の「自己」決定

ケンブリッジ・アナリティカの事件について報じるニューヨークの新聞
（ニューズコム／共同通信イメージズ）

1　AIが提供する超個人主義

†タダ（無料）より怖いものはない

現代社会においては、18世紀、19世紀の「市民社会の近代化」とは比べ物にならないくらい、価値観や情報が多元化・多様化した。特に、現代に生きる我々はインターネットやサイバースペースとの接点無しには生きられない。

朝起きてすぐにスマホを握りしめ、今日の天気を確認し、仕事の出先までの経路を検索する。今日のニュースをスクロールし、気になる記事はタップする。日用品から本やCDなど趣味の物までワンクリックで購入するし、隙間時間にはお気に入りのアーティストやお笑い芸人の動画を見て楽しむ。家族や友人、仕事仲間とのやりとりもSNS頼り。そして、こうしたサービスは多くの場合、「無料」なのだ。

なぜ、こんなに便利なサービスが「無料」なのだろうか。それは、我々が無意識のうちに対価を差し出しているからに他ならない。我々は「無料」のオンラインサービスの対価として、自分のありとあらゆる個人情報をサイバースペースに差し出している。この膨大な情報（ビッグデータ）をもとに、AIやアルゴリズムは、現実世界に実在の「あなた」をサイバースペースにおいて「あなたのような人」に置き換えていく。現実の人格ではなく、「デジタル人格」だ（現実との双子の意味で「デジタル・ツイン」と言ったりする）。

おそらくデジタル空間における私の情報を分析すれば、30代の日本人男性で、渋谷と霞が関や永田町を行き来し、好きなお酒はアメリカのクラフトビール（特にヘイジーＩＰＡ）。クラシック音楽、特にエサ・ペッカ・サロネンやサイモン・ラトルに夢中だが、ＭＬＢやＮＢＡの追っかけでもある。仕事は法律関係で、思想はリベラル系の改憲派だが巨人ファン、自民党も立憲民主党も支持していないであろうということくらいまでは容易にわかるはずだ。

そして、このような年齢、場所、性別、職業、選好の人であればどのような情報（政治的思想から日用品まで）を好むかが選別され、私好みにカスタマイズされて提供される。こうして我々は、まるで他のみんなが同じ情報に接していると思い込みながら、「個別化」されていく。このデジタル空間に創出された「自分のような人」は、どこまで「自分」なのだろう。

AIやアルゴリズムによって、自分の知らないうちに、自分の選好にあわせた情報の泡の中に閉じこもり（フィルター・バブル）、小さな部屋の中で同種の「心地よい」情報と価値観が反響し（エコー・チェンバー）、どんどん「自分」が「自分のような人」に染め上げられていく。

現代社会におけるデジタルテクノロジーが、ここまでみてきた「個人」像やアイデンティティに与えるリスクをいかに認識すべきだろうか。

†AIとハムスターの回し車

知らぬ間に自分がある特定の傾向の価値観に押し流されて過激化して行く様子を滝（カスケード）に例えて「サイバー・カスケード」と表現したのは、憲法学者のキャス・サンスティーンであった。彼の紹介するMITラボ創設者のネグロポンテの言葉を借りれば、私たちは常に「デイリー・ミー（日刊「私」）」をアルゴリズムによって作成してもらい、日々届けてもらっている（『#リパブリック』伊達尚美訳、勁草書房、2018年）。

問題は、これが本当に自分の意思で選び取った好みなのかということだ。

ある特定の人についての膨大な情報を食べたアルゴリズムは、その人に対し、好む可能性が高いと判断した情報を流し込む。その人は、自分の好みだと感じて消費する。このことの繰り返しによって、「自分の好みのようなもの」が再生産され固定化していく。逆に、アルゴリズムにより、その人が好む可能性が低いと判断された情報や価値観、趣味とは触れ合う機会がどんどん減っていく。

そして我々は、自分が選び取っていると思っている目の前の選択肢が、実は限りなく狭く画一的なものになっているのに気がつかない。AIは、私の価値観の幅を広げるために、反対の価値観や選好に関する情報をさしはさんでくるような気の利かせ方はしない。我々は知らないうちに自分が好きだと思っている情報や価値観のみの洪水の中で、自己決定している。我々は、お釈迦様の手のひらにいる孫悟空、あるいは回し車を走るハムスターになってはいないか。

そう、私たちは現代のネット社会の中で、知らないうちに自己を規定されてしまっている。自己決定の自由が認められ選択肢が多様化したはずの社会で、実は、アルゴリズムが提供した「自分好み」の幅の狭い選択肢の中から「自由に決定した気になっている」のである。

†アルゴリズムに「先回り」された結果人生は……

憲法学者の宍戸常寿教授は、この状態をもって「先回りされる個人」と評する（宍戸常寿「通信の秘密に関する覚書」『高橋和之先生古稀記念現代立憲主義の諸相（下）』有斐閣、2013年）。我々は先回りされることによって、知らぬ間にスマホのクリックや検索履歴を通じて構築してきた過去の自分に捉われる。

近代個人は身分から解放されたはずなのに、実は、アルゴリズムが敷いた「自分のような人」という新たな身分（外から決められた定型的な帰属）へと吸い込まれて行っている。

思えば、選択する権利は、間違う権利を保障しているということであり、終局的には我々一人ひとりが「変わりうること」を保障しているということだ。

一見、今までの自分からすれば「間違った！」と思ったことでも、後から振り返ればその間違いという不合理が、自分自身を変えるきっかけになっていたかもしれない。自分自身が他者や、まったく知らない価値観に出会って変わること、その勇気をもてること、これ自体が生きることのダイナミズムだったはずだ。憲法学者の山本龍彦教授も、「選択環境の個人化は、こうした変化を妨げるリスクを抱えている」と指摘する（山本龍彦「個人化される環境──「超個人主義」の逆説？」松尾陽編『アーキテクチャと法』弘文堂、２０１７年）。

ここで山本教授は、昨今の極めて多様な選択肢の存在とそこからの選択環境自体が「その人限定」に創り上げられた（個人化）状態を「超個人主義」として、近代憲法が想定した「個人主義」と対置させる。この対比は、本書でのリベラルな個人概念の限界とこれに代わる生身の「個人2.0」と同じ問題意識を共有しているものと考えられる。今目の前に提示されている選択肢を超えて新たな選択肢を創り出したり、選択肢自体を疑うことすら可能にすることこそ自由の本質だとすれば、果たして我々は現代社会で「自由」な「個人」と言いうるかさえ疑わしい。

法哲学者の大屋雅裕教授は、このようなアルゴリズムのもとでの「自己決定」も「私自身のもの」と考えることは可能だとしつつも、「私があらたな存在へと変化していく可能性、これまでの自分とは異なる運命を選び取る自由は緩やかに窒息させられていくのかもしれない」と語る。従前のリベラルな強い「個人」による「自己決定」とは前提が地殻変動的に異なってきているのだ。

人が「変わりうる」機会を奪われるということは、生きるダイナミズムを奪われることに他ならない。本書の重要なテーマの一つである、「変わりうること」の尊さからしても、昨今の状況を指をくわえて見ているわけにはいかないのである。

†行動経済学によるナッジは救世主か

元々は建築学で使われていた「アーキテクチャ」という概念が、近時、我々の行動を一定方向に導く方法という文脈で使われる。飲食店の客の回転を向上させるために座りにくい椅子と暑めの温度設定にするというのはアーキテクチャだ。そして、この個々の具体的な無意識下で我々の行動を少しずつ変容させる働きかけを nudge（ナッジ）という。

もともとは「肘で軽く突く」という意味だが、行動経済学の文脈でいえば「人々が自分自身にとってより良い選択を自発的に取れるように手助けするあらゆる要素・手法のこと」とでも定義づけられようか。

これを我々の利益のために積極的に活用しようとしているのが、前出のサンスティーンである。サンスティーンによれば、ナッジの活用によって、たとえば健康に良い食品を取りやすい位置に並べたりとか、アムステルダム・スキポール空港の男性用トイレの小便器にハエの小さな絵を描いたことにより用を足すときの集中力が上がり飛沫の汚れが80%抑制できたりする。これらは我々がナッジされている例だ。我々が選択する自由は確保しながら、ある種我々の選択の前提に介入して誘導し影響を与えることから、サンスティーンはナッジを個人の選択の自由を尊重するパターナリズム（後見的介入）である「リバタリアン・パターナリズム」と呼ぶ。

サンスティーンは、ナッジを様々な政策形成に応用すべきといい、実際オバマ政権下で行政管理予算局・規制問題室（OIRA）室長としてナッジを活用した政策を実践した。近時、日本を含めた各国でもナッジの政策への応用のためのチームや機関が立ち上がり、現実の政治に利用されている（実践例の調査結果につき、キャス・サンスティーン／ルチア・ライシュ著『データで見る行動経済学』遠藤真美訳、日経BP社、2020年）。

ナッジに着目すべき理由はいくつかある。

まず一番重要な点は、人間の合理性の限界に向き合い、これをテコに、不合理な選択（体に悪いものを消費する、同じ色の服ばかり買う、自己の利益にならない政策を掲げる政党を応援するetc……）をしてしまう我ら生身の人間の選択の自由をそっと補強（補助）しようとする点である。つまり、本書が問題視してきた、合理的でとても強いリベラルな「個人（individual）」像の限界に向き合っているのと同義だ。

サンスティーンによれば、「私たちの誰もが間違うことなく適切に考えて選択しており、経済学者が示す教科書的な人間モデルに合致する」存在として「ホモ・エコノミクス」と称した。これは、リベラルの「個人」概念におよそ近い。他方、生身の個人と対応する、不合理で弱い個人をホモ・サピエンスと呼んでいる。そしてこの一層目の「ホモ・エコノミクス」は、超人的であるがゆえに、ナッジを無視し影響を受けないという（リチャード・セイラー、キャス・サンスティーン『実践行動経済学』遠藤真美訳、日経BP社、2009年）。

ナッジは、そもそも人間モデルとしてホモ・エコノミクスを想定していない。人間は不合理で弱いホモ・サピエンスだというところから出発して、アーキテクチャ、ナッジを利用して、むしろ人々の自由や自律を確保・回復しようとする戦略である。これは、「強い個人」概念から生身の個人へのモデルチェンジを提唱する本書に示唆を与えてくれる具体的方法論といいうる。

しかし、ナッジには懸念点もある。規制を受ける個人が、規制に従うか否かを選択する機会、「市民的不服従」の余地がないことや、アーキテクチャが民間事業者等により行われると、法的規制とは異なって民主的正当性を問えない可能性がある。また、いくらソフトで押し付けではないとしても、どうしてもある程度の「価値の注入」の危険が付きまとう。

その人が「善い」と考えることと、他者やひいては国家が「善い」と考えることは一致しないどころか、他者や国家が「善い」と思う価値観で染め上げることすらできてしまう。

パターナリズムは、その人の自己決定を制限してでも、後見的に介入することで「君のためになる」ことを前提としている。

そして、ナッジを行うのが誰か、そのアーキテクチャを設計するのが誰かという論点に移った瞬間に、政治的文脈では現実的な導入は難しいのではないだろうか。

たとえば、経済や環境のような数値で客観化され、検証可能な分野であるとか、または行政事務手続的なことなど形式的なプロセスでの利用（書類の簡素化やデフォルトの設定として個人に有利に設定されている等）は考えうる。しかし、政治的な価値観や思想に関わることについては、基本的には政府や公権力にその操作のハンドルを渡すべきではない。

政治的思想等に関しては、ナッジはあまりに政府を信頼しすぎている。当然、本書の立場では公権力全般（内閣から裁判所まで）への不信を前提としているので、ナッジを採り入れるというのは、かなり限定的な文脈に限られるであろう。

前掲書によれば、日本はナッジに対して慎重派に分類されている。日本では政府が信頼されていないからという指摘もあるが、我が国ではそもそも人は「現状維持」を志向しやすいという「現状維持バイアス」が特に強く働いている可能性が高い。

野党がそのパイを縮小している数年間に、社会は安倍自民党一党による統治がデフォルト状態で初期設定されてしまった。民主党政権の失敗で、変化によるリスクの見積もりを高く算定しすぎていることもあり、安倍政権（自民党）という現状維持バイアスが極めて強い。

そう考えると、日本人はむしろ政府を信用しているし、諸外国と比べて権力に「従順」な国民ではないだろうか。このような現状と国民性を踏まえて、ナッジの議論をせねばならないだろう。

†ＡＩ×グローバリズム社会は、何を変容させるか

こうなってくると、ＡＩとの関わりから逃れられない現代社会において、ひたすら「強い個人」を掲げるだけのリベラルな社会運動では、到底リベラルな社会の到来は望めない。アルゴリズムが静かにそして傍若無人に支配するネット空間において、人はナッジなどに影響されず自律的な判断をすべきであるという「べき」論はほとんど意味を持たない。そこで、ここでは「べき」論をいったん脇において、現実に今起きている問題に焦点を当てたい。

本章においては、「個人」や「民主主義」といった近代立憲民主主義の前提が、ＡＩ社会を前にどのような変容を迫られているのかをみていく。前半では、これまで検討してきた「個人」との関係において、ＡＩがその尊厳を揺らがせ、プライバシーに分け入り、さらには差別を固定化させていくリスクを検討する。

そして後半では、ＡＩが民主主義に与える影響を分析する。アルゴリズムを通じたナッジが

個々人の投票行動に影響を与え、ついには選挙結果そのものを左右する現状。さらには、「国家」単位を超えたグローバリズムに民主的統制手段が存在しないことのリスクを検討したい。

データは国籍を持たず、国境を越え、ひいては国家主権をも飛び越える。現在データ帝国を築いている主体は、GAFA(Google, Apple, Facebook, Amazon)や、それにIBM、Microsoftを足したG—MAFIA、加えて中国の三企業BAT(Baidu, Alibaba, Tencent)を加えたBIG9と呼ばれる民間企業だ。こうしたBIG9に対して、我々は選挙権を持たないし、民主的責任を問うこともできない。もはや支配権は我々の手から離れつつある。

これに対して、世界各国は、まさに各国のナショナル・アイデンティティに基づいた法的規律を実行し始めている。官民の情報共有を前提に中央集権的情報統制で効率を追求してくのか、あくまで人間の尊厳を基底にした情報保護政策をとりながら共通の価値観を持つ国家間のデータ共有で対抗するのか。

少なくとも基本的人権の尊重と民主主義を前提とする日本で前者の道をとることは考えにくいが、それにしてもいかなるアイデンティティに基づいて「データの世紀」を乗り越えようとしていくのか。ここでも、ナショナル・アイデンティティが求められている。

BIG9が拠点をおく米中の狭間にいる我々だからこそ、追求できるナショナル・アイデンティティがあるはずだ。ポピュリズムや排外主義に陥らず、かつ安易な反グローバリズムに走ることのないよう、包摂的なナショナル・アイデンティティを見つけ出す絶好の機会とすればよい。

2　デジタル人権保障の要請

†AI vs「個人の尊重」(憲法13条)

憲法学者の山本龍彦教授は、著書『AIと憲法』において、AI社会と憲法学との接点についてこう語る。「AIの事前予測に基づく個人の効率的な「分類」(仕分け)と、それによる差別や社会的排除は、「個人の尊重」(日本国憲法13条)や「平等原則」(14条)を規定する憲法上の論点そのものと言える」「選挙におけるAI利用の是非も、民主主義や国民主権(憲法前文、15条1項、43条1項、44条)を規定する憲法上の論点そのものと言うことができよう」

まずは、AIと「個人の尊厳」の緊張関係を具体的にみてみよう。

日々行われているAIによるプロファイリング(傾向分析)と行動予測は、様々なデータから判明する要素の組み合わせにより、ある共通の属性・傾向を有する集団を対象として行われる。前述のとおり私であれば、「男性、30代、渋谷区在住、法律職、移動手段は主に車、クラシック音楽と巨人ファン、リベラル系、改憲派、クラフトビール好き……」といった具合に、膨大なデータの中から様々な属性を抽出し組み合わせて「セグメント（集団）」化される。そして、このようなセグメント（集団）の購買傾向として、スーツよりTシャツを好むという相関関係が見出せれば、私のスマホにはスーツではなくてTシャツの広告が送りつけられる、といった具合だ。

このとき、あくまで対象となるのは「効率的に仕分けされた〝私のような〟集団」であって「私」ではない。だから、仮にあなたが私と同じセグメントに入っていたら、あなたにもTシャツの広告が送りつけられるだろうが、あなたはスーツの方が好きかもしれない。AI予測と自己認識のギャップがTシャツとスーツの違いで済めばよいが、教育、雇用、与信など人生の重要場面で生じれば事は重大だ。

セグメントに基づいて「〇〇〇という条件を持つ人は△△△という傾向がある」ことを理由に入学や採用や借入を拒否されるようなことがあれば、あなたの人生を決めるのはあなたではなくなる。むしろ、あなたの人生を決定づけるのは、あなたが属する「セグメント（集団）」の「傾向」に基づくAI予測ということにもなりかねず、「あなたがあなたというだけで尊重される」という個人の尊重原理（憲法13条）と厳しく対立する。自分が自分である所以は、決して属性だけをかけ合わせたセグメント（集団）では捉えきれないのに、AIはあなたの個性を捨象してしまうのだ。

加えて、我々は①AIの判断を過信しすぎてしまうという「自動化バイアス」問題（AIがA氏を採用すべきという結論を出してもなおB氏を採用できるか）と、②AIが学習レベルを上げればそのアルゴリズムの構成は極端に複雑化し、なぜAIがそのような判断をしたのか技術者ですらわからないという「ブラックボックス化」問題を抱えている。

AIの下した決定に人間の最終関与が担保されず、説明責任も果たされず、したがって有効な異議申立ても不可能であったなら、私たちは社会のなかで「個人として尊重」されようがない。同時に、もはや我々はデータ社会が創出する「私のような人＝バーチャル私」というデジタル人格権を別途法的に規定する必要はないのか。デジタル人格が不正確だった場合、それに基づいて人生における重要な決定がなされたとしたら、それによって、リアルな自分の尊厳を傷つけられているだろう。

私は、このことは、本当は憲法改正議論の中でされるべき議論だと考えている。なぜなら、日本国憲法をはじめとした近代立憲主義を前提とした憲法典から確実にはみ出している領域だからである。

†匿名であってもプライバシーは侵害される？

さらに、匿名化されたデータであってもセグメントが極めて細分化されていったり、他のデータと突き合わされた場合には、最終的に対象が特定されてしまうというリスクも看過できない。私自身を例にとった前述の特徴に、位置情報の詳細など数個の特徴を追加すれば、「私のような人」は「私」にまでたどりつくだろう。そして、その「私」と病歴、職歴、家族構成など他人に勝手に開示されたくない核心情報とが組み合わされれば、当該プロファイリングはプライバシー侵害を構成する可能性がある。

こうしたプライバシー侵害の典型事例として、山本教授は、アメリカの有名小売チェーンターゲット社の事件を挙げる。ターゲット社は、妊娠初期の女性の購買傾向をマグネシウムのサプリメントや大きいサイズのコットンなどと分析し、同意なく特定顧客の購買履歴データセットと照合することによって、当該顧客の妊娠の有無と妊娠予定時期を予測したのである。そして、その妊娠・出産時期にあわせて、ニーズにあったベビー商品用のクーポン等を送っていた。

このように、妊娠しているか否かという極めて高度なプライバシーでさえ、購買傾向分析と購買履歴データとを組み合わせることにより、特定個人と照合できてしまうのだ。

日本の個人情報保護法でも、妊娠の有無など「要配慮個人情報」そのものの取得には同意を要するが（17条2項）、購買履歴などを利用したプロファイリングによる迂回的予測の手法をとった事実上の要配慮個人情報取得については、いまだに規律がされていない。

日本の憲法学では、プライバシー権は「自己情報コントロール権」であるというのが通説的理解である。長谷部恭男教授は、この権利の内実を「人が自己に関する非公開の情報を相互に打ち明けることで信頼する少数の人と親密な人間関係をとり結ぶための前提条件となるし、また、自分が何者であるかを自ら構想し描き出すための基礎ともなる」（長谷部恭男『憲法　第7版』新世社、2018年）ものと説く。情報の開示範囲や開示相手を自らコントロールする権利としてのプライバシーの保障のためには、上述のような迂回的要配慮個人情報取得についての規律が必須であろう。

†データ社会が生む差別構造

AIは、データ供給量が増えるほど、その予測精度は向上する。しかし、入力データに偏りがあれば、その偏りもまた予測結果に反映される。すなわち、入力するのが人間であれば、その人間社会に潜む差別の構造もまた予測結果に構造的に埋め込まれる。こうして人間社会における差別構造が、AI予測を通じて、デジタル社会において再生産され固定化されていくと「バーチャル・スラム」の誕生だ。

たとえば、既存の採用履歴データに女性の絶対数が圧倒的に少ないまま、新規採用にＡＩを利用したらどうなるだろう。そのＡＩ評価において女性という要素が極めて不利に働くことは容易に予測できる。近時、日本の医大入試における女性受験者の差別が明らかになったが、この合否データをそのままＡＩに入力して「優秀な受験者」を判断させれば、優秀な女性受験者のもとにどんどん不合格通知が届くことになるだろう。これらは既存の人間社会における性差別が、ＡＩに再生産されかねない具体的なリスクだ。

「人種」や「所得」といった差別バイアスについても、同様のリスクがある。ＡＩが広く利用され始めているアメリカの刑事司法においては、犯罪が起きやすい地域として黒人や低所得者層の居住地域が特定される傾向があったり、再犯を起こしやすい人として黒人やヒスパニックが特定されやすい傾向が生じている。こうしたＡＩ予測の偏りは、特定の地域や人種に対する社会的差別を強めていくことにも直結する。

人間社会における差別の構造がＡＩによって表出するのは、なにも公的な活動に限らない。Google Photo の画像認識システムが、アフリカ系女性の画像をゴリラと判定したというエピソードは象徴的であるが、この原因はシステムの基礎として入力されていた画像データが白人に偏っていたことであった。意識的かどうかは別にして、データ入力を決める人間の差別意識がＡＩに投影され、それを放置すれば、差別は再生産され固定化される。

また、デジタル空間にアクセスしにくい人々は、そもそもAIが前提とするデータに現れないため、デジタル空間には存在しないことにもなりかねない。次から次へとバージョンアップを促すデジタルツールについていけない高齢者であったり、あるいはスマホやPCを持てない低所得者を、いかに公正な形でAI予測に反映させていくかということも、バーチャル・スラムを防止するための課題だ。

このように、社会的・歴史的に存在する差別構造は、AIが前提とするデータ自体に偏りを生む。AIは偏ったデータをそのまま承継し、学習してアルゴリズムを構築してしまう。その結果、社会的・歴史的に存在する既存の差別構造を固定化・再生産するばかりか、新たにAIによって差別構造が生み出されるかもしれない。

†バーチャル・スラム

中国では、高度なネット監視社会のもと、国民一人ひとりが「過去に行ったこと」によって採点され、その点数によって「将来行えること」が決まる。よい行いをすれば加算され、悪い行いをすれば減点だ。そしてはじき出された点数によって、組めるローンが決まり、就職先が左右され、市のレンタサイクルを何分間借りられるかすら決められる。このようなスコアリング社会では、生身の自分の価値よりも、デジタル世界の「自分のような人」につけられた点数こそが人生を左右する。採点の根拠は明らかにされず、いったん低スコアに甘んじれば、そこから抜け出す方法はＡＩにしかわからない。

このように、スコアリングによって「ダメ」レッテルを貼られた「低スコア」の人々がＡＩの支配する世界で排除され、差別的取り扱いを受け続けるスパイラルからスラムを形成することを「バーチャル・スラム」という。ＡＩによって、人々の罪悪感や後ろめたさとは無縁のところで「自動的に」二級市民が生産され続ける。中国では、このようなＡＩによる「格差」がもはや現実化しているが、対岸の火事とは言っていられない。デロイトトーマツコンサルティングの試算によると、「30年までにG20（20ヵ国・地域）で最大５・４億人の「バーチャル・スラム」が生まれる」という（２０１９年４月）。

本来、権利や自由とは、たった１人で多数決をも覆すためのロジックであるから、ＡＩ社会が目指す情報コストの削減や予測精度向上による効率化とは相性がよくない。しかし、ＡＩが学習の基礎とするデータを、個人の尊厳や人格の対等性の観点から、人種や性別などによる差別の影響を弱めるよう設定し直せば、むしろ既存の差別的社会構造を脱却してフェアな社会を創出できるチャンスかもしれない。

そのためには、ＡＩの学習データの偏りなどについて定期的な点検が必要だし、ＡＩに関わる人材の多様性も欠かせない。ＡＩにデータを入力したり点検したり、その方針を決定したりする人材が、都市部に住む若年の男性ばかりであってはいけないということだ。ＡＩ人材の構成が性別や年代などで偏ればデータ自体も偏らざるを得ない。本項でもおわかりのとおり、人間が扱うＡＩの「中立性」という幻想を捨てなければならない。ＡＩ人材の絶対数が少なく多様性にも乏しい日本の課題と解決策については、後にまた述べよう。

†リクナビ内定辞退率漏洩事件

ところで、ＡＩやデータと我々の自由にまつわる嘘のような本当のできごとは、海外だけで起きているのだろうか。

実は日本でも、ジワジワとこの手の問題が噴出してきている。その象徴的な一例が、２０１９年「リクナビ内定辞退率予測データ販売」事件である。

リクルートホールディングス傘下のリクルートキャリアが運営する就活情報サイト「リクナビ」は誰もが知る国内最大級の就活サイトだ。私自身、弁護士としての転職活動に登録したことがあるし、就活生で使ったことがない人はほとんどいないのではないか。

リクルートキャリアは、リクナビに登録した就活生の閲覧履歴と過去の就活生の傾向とをマッチングさせて内定辞退率を予測し、５段階評価にしたデータセットとして５００万〜６００万円程度という値段で、大手企業38社に販売していた。

就活生の就職応援を建前にする企業が、実は就活生の内定辞退率を企業に売り渡していたというこの事件は、「就職」という人生の岐路に立つ大勢の若者にショックを与え、一時大きく報道された。

報道によると、この事件には次のような背景がうかがえる。

2014年ころ、就活マーケットが売り手市場になってから、企業側は、就活生の内定辞退に頭を悩ませるようになった。せっかく良い学生をとったとしても逃げられる。予め逃げる可能性が高い就活生が予測できれば、採用活動を効率化でき、コストが削減できる。一方、リクナビ側では、ライバルの「マイナビ」との競争が熾烈《しれつ》を極めており、競争で優位に立つための一手を焦っていたとの調査報道もある。短期的な「利益＝金目」の話に乗っかって、大切なコンプライアンスがそっちのけになった。

就活市場で効率化を図りたい各企業と、同業での競争で優位に立ちたいリクルートキャリアの「経済的利益」をめぐるウィンウィンの構図が、個人のプライバシーやそれを守る法ひいては社会的存在としての企業倫理を容易に飛び越えさせた。あわせて内定辞退率予測を買った企業側も、自社に応募してきた学生の個人情報等をリクナビ側に提供していたという。日本の企業の経営者層が致命的なほどに高齢化しており、デジタルコンプライアンスの意識が極めて鈍いこともまた、このような取引にゴーサインが出て、その後の対応も後手後手となった原因だろう。

結果的に7万4878名の学生が、同意なきまま内定辞退予測の算出対象となっていたことが明らかになり、2019年9月、厚労省はリクルートキャリアに対して職業安定法に基づく行政指導を決めた。

ここで厚労省の行政指導を評価すべきは、形式的には同意がある学生についても問題だと整理されたことである。「本人の同意がなかったり、同意せざるを得ない状況だったりという状況で内定辞退率などの情報が企業に提供されることは、学生の立場を弱め、就職活動を委縮させる」と指摘し改善を求めたのである。本来、自律した「個人」が下した自己決定としての同意があったのなら、それは有効で尊重されるべきはずだ。しかし、この件では「リクナビを利用しなければ就活戦線に事実上参入できない、つまり同意せざるを得ない」のであって、自律的な自己決定に基づく同意とは評価できないと判断したのだ。

同意に至ったプロセスを緻密に分析することによって、形式的な同意主義を否定したこの見解は、他のプラットフォームにおける同意の在り方についても重要な示唆を与えてくれる。

Google にしろ Facebook にしろ Amazon にしろ、代替可能な同規模の検索エンジンやコミュニケーションツールやネットコマースが事実上存在しない状況では、利用規約に何が書かれていようとも、「同意」をクリックせざるをえない。プライバシーに関するデータを売り渡す踏み絵に「同意」しない限り、通常の社会生活が営めないのであれば、もはや自己情報のコントロールのための自律的な意思決定など画に描いた餅だ。

この点、日本の公正取引委員会にあたるドイツ連邦カルテル庁が、サービス提供と引き換えに同意を強いるFacebookの明らかな「強者の立場」に着目し、独禁法上の「優越的地位の濫《らん》用《よう》」という構成で歪んだパワーバランスを是正しようと動いている。わが国でも同様の理論構成を用いて、巨大なデジタルIT企業から個人の自律を守ろうとする動きも見え出した。

現代デジタル社会において「あなたは自由に合理的意思決定ができる強い個人のはずだ」という建前を貫いていたら、逆に個人の自律を守れない。むしろ法制度上の補助輪を付けることによって、個人の自律を実質化するということの試みは、「強い個人」から生身の「個人2.0」へとマイナーチェンジする上でも、極めて示唆的な法運用である。

また、日本で可視化されたデータをめぐる問題は、リクナビ事件だけではない。様々なポイントカードや交通系ICカードあるいはゲームアプリなどを通じて把握された位置情報が、令状なしに捜査機関へとデータ移転している問題も起きている。あるいは、タクシーの助手席後部座席に備え付けられたタブレットによって乗客が撮影され、属性が把握され、広告が最適化されている問題もコントロールする必要があるだろう。

AIとプライバシーの緊張関係は、日常生活のなかに無自覚のうちに潜んでいる。もはや、海外における対岸の火事ではないのだ。

†表現の自由とデジタル規制

人生を左右する採用活動まで、身近な自分の日常の情報選択を集積したビッグデータの食い物にされるまでになっている。それでは一足飛びに規制すればよいという話なのだろうか。我々はどのような利益を考慮、バランシングせねばならないのか。

憲法学者の駒村圭吾教授は、表現の自由が保障される根拠として、個人がその世界観を表明することは深くその個人の人格の在り方と関わっているという「個人の自律」の観点（個人的視点）と、我々が民主主義社会を維持する上で、多様な価値観が社会に出回っていること自体に意義があるという「多様な情報の流通」（社会的視点）を挙げる（いわゆる大学法学部一年生レベルで表現の自由の保障根拠として習う「自己統治」と「思想の自由市場」という概念を民主主義的側面から統合したもの）。そして、当然、「個人の尊厳」を中核的価値とする日本国憲法の価値体系からすれば、「個人の自律」が「多様な情報の流通」に優先する（駒村圭吾『ジャーナリズムの法理』嵯峨野書院、2001年）。

この視点からすれば、たしかに多様な情報の流通は実現した。しかし、多様化したことで、逆に、我々個人は外からAIやSNSサービスによって知らぬ間に自己を規定されてしまっている。「多様な情報の流通」が「個人の自律」の内実をスカスカにしてしまって、むしろ、自律的な個人でいられなくなっているのだ。

ここで問題なのは、多様な情報が流通していること自体が重要で、それが政府等によって仕分けされてしまうことは許されないとすれば、その切り分けは我々「個人」が行わなければならないし、先述の通り近代立憲主義思想が前提とした「個人(individual)」は、その切り分けがスイスイできる「強い個人」像を前提としていた。

しかし、本章冒頭で論じたように、今や、高度なネット社会において、この前提が崩れようとしている。我々は「強い個人」ではない生身の「弱い個人」であり、しかも、現代データ社会ではアルゴリズムに先回りされ、もはや自律や自己決定さえままならない。

ただし、この「弱い個人」を前提にネット空間を規律するとしても、つまるところネット空間での「表現の自由」規制を検討せざるを得ないことになる。特に機能的脆弱性を有し、かつ萎縮的効果も高い表現の自由という人権を制約するには、相当な慎重かつ緻密な立論が求められる。技術はもちろん時代や風潮といった目に見えない要素によっていかようにも変化できるネット上での表現行為を、ハードな法規制という手段で規律し交通整理するのはかなりの困難を伴うだろう。

この交通整理をするにあたって有用な思考枠組みを提供してくれるケースと法理を紹介・検

討したい。

†我々は「囚われて」いる

ここで紹介したい判例は、大阪市交通局が運行中の列車内の車内放送で商業宣伝放送を実施したが、通勤のために市営地下鉄を利用するAさんが、商業宣伝放送によって「聞きたくないものを聞かされない」権利が侵害されているといって訴え出た事件である（最高裁昭63・12・20）。

この事件、法学部一年生も携帯する重要判例を集めた『判例百選』にも載っている有名判例だ。タイトルは決まって「囚われの聴衆」という論点についてのカテゴリーで紹介される。

ある送り手からの表現に対して受け手が「聞きたくない」「見たくない」と考えた時、たとえば渋谷のスクランブル交差点に自分の嫌いな有名人のポスターがでかでかと貼ってあったり国道をおかしなアナウンスを流しながら走る車に遭遇したとき、一瞬不快な思いをするが、通り過ぎれば良いし、「見なきゃいい」とやり過ごすことができる。つまり、公共空間では、あなたの「聞きたくない」「見たくない」自由の行使は「我慢せよ」ということになる。

しかしである、その表現から逃げられない＝「聞かざるをえない」場合、「囚われの聴衆」の出番である。

「囚われの聴衆（captive audience）」の法理とは、ある表現行為に対して受け手がその表現から「逃げられない＝受領することを強制される」という点で「囚われている」状況では、その表現自体を制限することを正当化する、という法理である。簡単にいえば、その情報を受けるか受けないかの選択権がない＝「拒否できない」ときに、発信自体を制限しよう、という理屈だ。

上記判例は、Aさんの請求は退けられた。しかし、裁判官が判決に対して「結論としては賛成するけど、結論に至るロジックでちょっと物言いさせてくれや」という「補足意見」がついている。東大法学部で教授として英米法を担当した伊藤正己裁判官執筆によるものである。それによれば「人は、法律の規定をまつまでもなく、日常生活において見たくないものを見ず、聞きたくないものを聞かない自由を本来有している」ことを前提としつつ「問題は、本件商業宣伝放送が公共の場所ではあるが、地下鉄の車内という乗客にとって目的地に到達するため利用せざるをえない交通機関のなかでの放送であり、これを聞くことを事実上強制されるという事実をどう考えるかという点」であり、「これが「とらわれの聞き手」といわれる問題である」（傍線引用者。以下同）

「人が公共の交通機関を利用するときは、……選択の自由が全くないわけではない。しかし、人は通常その交通機関を利用せざるをえないのであり、その利用をしている間に利用をやめるときには目的を達成することができない。比喩的表現であるが、その者は「とらわれ」た状態におかれているといえよう。そこで車内放送が行われるときには、その音は必然的に乗客の耳に達するのであり、……実際上このような「とらわれの聞き手」にとってその音を聞くことが強制されている」という。ここには、たしかに自分の意思で公共交通機関に乗らないという選択はできるが、実際それは困難で実質的に選択権はないという「強制＝拒絶できない」という論理がある。

憲法学者の横大道聡教授によれば、アメリカでの同法理の発展の経緯を踏まえて、同法理は「私人の表現が「囚われの聴衆」に向けられた場合に、当該表現を規制して受け手の「表現からの自由」の利益を守る政府利益の正当な規制利益が存している場合を指す法理」との理解を示している（横大道聡「「囚われの聴衆」についての一考察」小谷順子他編『現代アメリカの司法と憲法』尚学社、2013年）。つまり、保障される程度が高いとされる表現の自由を制約してでも受け手の「表現されない自由（情報受領拒絶権）」を守る場面に機能する法理なのだ。

†ネット情報空間と我ら「囚われの聴衆」

上記判例は、聞きたくない「音」に関する例であったが、アメリカでは「映像」やインターネットを通じた「メッセージ」についても、公道から見えるドライブインシアターでのヌード上映や、「子ども」を保護するための品位を欠く表現または職場ミーティング中の政治的・宗教的表現等々広く適用すべきという議論もあるようだ。

では、現代社会におけるネットの情報空間ではどうだろう。本項で「囚われの聴衆」を取り上げたのは、我々がスマホやパソコンであらゆるサイトをクリックし、また、広告やメッセージを受け取る現代ネット環境が、実は古典的な「囚われの聴衆」と類似の状態になっているのではないかと考えたからだ。

我々は、日々自分のスマホやパソコンでネット空間を泳ぎながら、様々な商業的宣伝（営利的表現）や、ひいては政治思想的なメッセージ（政治的表現の自由）を知らず知らずのうちに受け取っている。これには当該表現の「送り手」が存在し、我々は「受け手」である。その意味で、我々は日常的に、ネット空間において表現の発信から受領という、広く「コミュニケーションの自由」の循環の中にいる。

AI・ビッグデータ・アルゴリズムが形成する情報空間での情報やメッセージとの接触は特殊だ。近代法が考えてきた「個人」や「自己決定」の概念を揺さぶる。

最初は完全な「自己決定」によってスタートしたあらゆる「クリック」が倍速で蓄積・解析され、自分のパソコンやスマホ画面は自動的にデータ解析により予測・提供された「自分好み」のいわばDaily me（「日刊自分」）で埋め尽くされる。「先回り」されていくのだ。

さらにそこから「自己決定」によるクリックを続ければ、アルゴリズム空間における「あなたのような人」はどんどん精度を上げて創り上げられていき、あなたが自己決定した当初のクリックの集合体から導かれた「あなたのような人が好むもの」に染め上げられていく。もはやこの段階では、自分が本当にその選好を有しているのかすら判断がつかない。

つまり、AI・ビッグデータ・アルゴリズム空間では、自己決定という名のクリックの蓄積によって、いつの間にか自己決定が「他己決定」に取って代わられていく（Daily me から Daily you へ）のである。果たしてこれを自己決定と呼ぶかは別として、自己決定から他己決定への移行を拒絶する契機（きっかけ）がまったくなくコントロールもできない、すなわち、選択権がこちらに留保されていない状況が現実として存在する。

これは、「囚われの聴衆」法理が予定する「情報の受け手側に拒絶する選択権がない場合には表現が制限されうる」構造と、類似の構造があるのではないか。たしかに、「囚われの聴衆」法理では、「聞きたくない見たくない」が前提で、フィルター・バブルでは「聞きたい見たいものしか聞けないし見られない」が前提なので、まるで逆の状況とも思える。しかし、そこに、「自律的な自己決定」や「選択」をするきっかけが自分の意思とは無関係に奪われているという状況は同じなのだ。

先に引用した伊藤正己裁判官の補足意見（傍線部）において、「交通機関」を「インターネットでの情報通信」に取り換えてみるといかがだろうか。たしかにネットを使用しないという「選択の自由がないわけではない」が、ネットを利用しない日常生活など想定できるだろうか？　我々は友人に連絡したり、生活品を購入したりスケジュールを管理したり、取引先の事務所へのルートを調べたり、もはやネットを「利用せざるを得ない」という「「とらわれ」た状態におかれている」といいうる。

†リベラルな「強い個人」＝大人、生身の「弱い個人」＝子ども

しかも、近代法が予定していた「強い個人」像との関係でいっても、生身の人間はそんなに強くないのであって、「強い個人」が大人だとしたら、生身の人間は子どもである。囚われの聴衆法理が典型的に認められてきた類型である、強くない子どもへの拒絶できない情報発信（わいせつ画像など）を規制する文脈に限りなく近づく。

前出の蟻川恒正教授は、アメリカのスティーブンス判事執筆にかかる２０００年の判決を引きつつ、１人の人間に不快ではない方法で「近づく・接触しようとすること（accosting）」は権利侵害とみなされないが、この「申し入れ」が拒否された場合、粘ることやしつこさ、「追いかけること（following）や付け回すこと」は、正当化されざる迷惑や妨害となると指摘する（蟻川恒正「表現の自由」法律時報72巻11号、２０００年）。

この指摘は、前掲伊藤裁判官補足意見の「およそ表現の自由が憲法上強い保障を受けるのは、受け手の多くの表現のうちから自由に特定の表現を選んで受けとることができ、また受けとりたくない表現を自己の意思で受けとることを拒むことのできる場を前提としていると考えられる」との見解と裏表だ。表現の送り手の自由が保障されるのは、その送り手の発信を、受け手が自由に選択できる環境が確保されているからこそだ。追いかけて、まとわりついて、「拒否させない」状況をつくるのであれば、当然、そのようなしつこい表現の発信は、制限されうる。

アルゴリズムによるあなたへの情報の発信は、まさに、あなたの基礎データやクッキーでの検索履歴を通じてあなたを「追いかけ」、「付け回す」ことによって、さらなる情報を収集・解析して、「あなた好み」の情報を先回りして無限ループ的に浴びせ続けるのだ。これによって、我々の「個人の尊厳」が浸食されている。

囚われの聴衆法理によって守ろうとされる〝拒絶〟権の根拠はプライバシー権なのか、広くコミュニケーションのあらゆる過程の自由なのかの争いはあるものの、要は自分が自分らしくいるために「情報」を自律的に選択する権利を認めることによって、ひいては個人の尊厳(「ほんとうの自分」)の一線を守ろうという発想である。囚われの聴衆法理は、現代社会にあって、アイデンティティが染め上げられることに抗う、埋没した「自己決定」と「選択権」を自覚的に掘り起こす法理として再定位できないだろうか。

私は、客観的にも人間の情緒を直接攻撃するような表現でもない限り、安易に表現の自由は規制すべきとは考えていない。むしろ基本的に多様な情報が流通すべきで、その多様な情報の中から、自身とは異なる価値観や思想に触れることこそ表現の自由が保障されている意義だとも考えている。

しかし、現在のネットの情報空間は、①個々人が自分のためだけのフィルターに誘導されている状態は、果たして多様な情報が流通していると言いうるのだろうか、ということと、②アルゴリズムによって知らないうちにフィルター・バブルに閉じ込められた状態での情報の選択は、かなり狭められた自分好みの選択肢の中からの選択の再生産であり、自分自身で表現を選択していると言いうるだろうか、という点において、現在のネット空間における情報流通に対して自律的自己決定の観点から頭に「?」が浮かぶ。この特殊な構造における各プレイヤーの権利自由を規律するときに、従来別の文脈で使用されていた「囚われの聴衆」理論の思考枠組みを転用できないかと考えた。

リクナビ事件における厚労省の指導を紹介した際にも、たとえ本人の「同意」があったとしても、リクナビを利用せざるを得ない状況を重く見た判断を強調したが、ネット社会にあっては、「同意」したとてその人の自律を担保しない場面が多々ある。近時、独禁法的な観点からアプリやSNS利用規約への「同意」を規制する動きも活発だし、欧州一般データ保護規則

（GDPR）ではそもそもプロファイリングや重要な決定についての人間の関与自体を具体的権利として認めている。

誰が規制者としてふさわしいのか、規制の態様はいかにあるべきか、そもそも「規制」として語られるべきことなのか……さらなる検討課題は山積でここでは個別の専門的領域には立ち入らないが、まずはリベラルな「個人」概念を一回デフォルトして、我々が古典的に有していた権利自由では語り切れない権利が存在するのであればその権利を法令で明記し、その権利を援用した権利救済システムにはあまねくできる限り多くの人がアクセスできるような法制度を整備すべきであり、AI・データ社会はそれを迫っている。

前章まで、強い個人と生身の弱い個人の「調停」を主張してきたが、データ社会において先回りされる「個人」への補助線は、まさに「調停」の実践場面だ。具体的には、データ基本権、情報自己決権の憲法上の新設（13条の2など）。平等権への遺伝や生来的差別禁止を規定（14条）。思想良心の形成過程の保護（19条）。多様な情報を流通させる「制度」or「公序」（公の秩序たる客観的ルール）としての表現の自由の制度的保障（21条）。他にも、データポータビリティやプラットフォーマーと地方自治の関係等、憲法改正の核心的論点として議論すべきである。

現代の「個人」のアルゴリズムによって「自己決定」を貫徹できない「弱い個人」の側面を直視し、そのような個人を獅子の子のように突き放すのでなく、権利カタログを拡充・アップデートすることこそ「調停」の中身である。

3　AIが民主主義を変貌させる

†狙われた民主主義2016

ここまで、AIが主に個人のプライバシーに侵入してくる場面を見てきた。ここからは、ケンブリッジアナリティカ（CA）事件を通じて、AIが民主主義に与える影響のすさまじさを見ていこう。

2016年アメリカのトランプ大統領誕生、そしてイギリスのEU離脱。そのプロセスにおいてAIが果たした極めて局所的だが絶大な「効果」についてである。

CAは、イギリスに本拠地を置く、ビッグデータ分析を専門とする政治マーケティング企業であり、トランプの選挙対策チーム「プロジェクト・アラモ」を全面的にサポートした。

CA事件とは、同社が、この米大統領選でトランプを勝利させるため、Facebookを介して、性格診断アプリを利用した27万人とその友人計8700万人のパーソナルデータを収集したとして内部告発された事件である。

まずは、当該アプリのユーザーのみならず、ユーザーのFacebook上の「友達」のデータまでがCAに提供されていたという点で、当時の米国におけるデータ規制のザル状態に驚かざるをえない。

そして、彼らは、膨大な数の有権者の個人情報を入手した。年齢、性別、人種、職歴、学歴、Facebookの投稿・「いいね！」の履歴・友人関係、オンライン上の閲覧履歴、位置情報、決済履歴、購買・視聴情報など、まさにありとあらゆる情報である。そして、それらの情報を緻密に分析することで、情報と情報との間に我々が気づかないような相関関係を見つけていった。そうして趣味嗜好や思想信条及び行動パターンを把握し、細かなセグメント（集団）に仕分けし、どのような集団にはどのようなメッセージを送れば投票行動により強い影響を与えるかを戦略的にターゲティングしたのだ。これを「マイクロ・ターゲティング」と呼ぶ。

一例を示すと、平均68個のFacebook上の「いいね！」を分析すれば、その人が白人か黒人か、95％という高確率で予測可能だという。性別については93％、ゲイであるか否かについては88％、民主党支持か共和党支持かについては85％、キリスト教かイスラム教かについては82％、その他独身か既婚か、喫煙の有無、飲酒の有無、性的指向、知的水準といったことまで、かなりの高確率で予測可能だといわれている（Michal Kosinski, et al., *Private traits and attributes are predictable from digital records of human behavior.* PNAS April 9, 2013 110〈15〉5802-

5805)。

さらには、上記データから、「開放的(open)」「誠実(conscientious)」「外向的(extroverted)」「協調的(agreeable)」「神経質(neurotic)」(頭文字をとってOCEANモデルと呼ばれる)という5項目の組み合わせで人格を分析し、ターゲットの人物像を練り上げた。誠実だが神経質な人、外交的かつ協調的な人、解放的で誠実な人……。こうして分析されたターゲットの人物像に合わせて、その人の投票行動に影響を与えるための効果的なメッセージ媒体やメッセージ内容やタイミングを解析していく。

トランプが当選する大統領選挙前後のCAの動きは(すべて事実かどうかは保証できないが)、CAの元メンバーのブリタニー・カイザーによる『告発』(染田屋茂ほか訳、ハーパー・コリンズ・ジャパン、2019年)に詳しい。彼女によれば、CA代表のアレクサンダー・ニックスの哲学は「コミュニケーションの究極の目的は、相手の行動を実際に変えること」だそうだ。Facebookを通じて、各人物像に最適化されたメッセージを送り、投票行動に影響を与えることそのものを表す言葉である。

このマイクロ・ターゲティングによって、16の激戦州において1350万人の「説得可能」な有権者を特定し、個別にカスタマイズされたダイレクトメッセージを送った結果、トランプ大統領が誕生した。

†ネット上のあらゆる行動が投票のために利用される

オバマ元大統領選挙のデジタル部門を務めたブルーステート・デジタルの設立者、ジョー・ロスパース及びそのチームはこう語る。「国民は単に投票日だけでなく、自分の財布、時間、クリック、投稿、ツイートによって毎日投票している」。今日ミーティングで会う予定の人を検索し、週末のバーベキューの食材を予め買い、気になったニュースをタップし、感動した映画について投稿し、タイムラインで友人の近況をチェックする……。我々の日々のワン・クリックがすべて捕捉され、我々を効果的に特定の投票行動へと誘う政治的メッセージに変換されていくのだ。

EU離脱に関する英国国民投票でも、同種の情報が同じような手法で利用された。Facebook上の膨大な個人情報が、CAの関連会社であるカナダの選挙コンサル会社アグリゲートIQに売却され、同社は、投票行動が「離脱賛成」に傾きそうな人を700万人特定し、各人の投票行動に有効に影響を与えるカスタマイズされたメッセージを送った。このEU離脱に関するマイクロ・ターゲティングの効果については、元CA研究員のクリストファー・ワイリーがこう語っている。「CAによる関与がなければ英国はEU離脱を選ばなかったかもしれない」。欧州議会における公聴会での証言である。

CA代表のアレクサンダーは「私たちは、大統領が誰か、政党がどれか、あるいはクライアントが誰かということには興味がないのです」という。ヒラリーを攻撃するフェイクニュースを送信した理由は「多く読まれるから」であり、「自分たちは人を殺したわけでもないのになぜ非難されるんだ」と主張する。政治的信念がないだけでなく、民主主義や公正という概念に全く価値を見出さない人々が、「金目の理由」で政治や選挙に関するネット空間に参入していることに、強い危機感を覚える。

あわせて、こうした米大統領選対策としてのフェイクニュースサイトが、マケドニアなど東ヨーロッパの青年たちの小遣い稼ぎとして運営されていたことも衝撃だ。何らかのイデオロギーや信念に基づくのであれば、行動に一定の予見可能性があり、少なくとも彼ら彼女らの規範が存在する。しかし、「金目」な彼らは全く無邪気に「ヒラリーはまもなく起訴される」「ローマ法王はトランプ氏支持だ」など有権者の投票行動を変容させる「効果的な」フェイクニュースを量産し、そのニュースは軽々と国境をまたいで米国の民主主義の基盤を掘り崩した。

このように、データ管理の問題は、もはやプライバシーや差別という個々人の問題を超えて、各国家の基本的政治体制の存続に関わる問題となっている。

イギリスのシンクタンク「デモス（Demos）」ソーシャルメディア分析センターのディレクターでジャーナリストのジェイミー・バートレットは、ここまで個別化されたメッセージにより各人の単独行動に直接の影響が与えられることの帰結として、「公開討論が共有できなくなり、何百万という烏合の衆にすぎなく」なってしまうことを危惧する（ジェイミー・バートレット『操られる民主主義』秋山勝訳、草思社、2018年）。たしかに、多様な国民を前にした「公開の場」がなければ、政治家からは「全国民」に対する政治的責任の感覚が失われていくだろう。むしろ、極端に個別化された価値観を支持する「支援者＝上顧客」の前にだけ姿を現して、「てんでんばらばらの誓約」による歓声を浴びることで、当選を容易にしていくかもしれない。このとき民主主義は、共通理解に基づいた集合的決定をする「器」ではなくなるのだ。果たして、これが私たちの考えていた民主主義なのだろうか。

†BAT企業と中国当局が作り上げたポイント制完全監視社会

ここまで情報技術とＡＩが米英の「民主主義」に与えている深刻なリスクを見てきたが、情報技術・ＡＩと中国共産主義との化学反応はどうだろう。

たとえば、山東省栄成市は、社会的信用についてのスコアリングが積極的に導入されている地域のひとつだ。74万人の栄成市民は1000点のポイントを市の導入するシステムで与えられてスタートを切る。採点対象は、日常生活での様々な「行い」。信号無視は「マイナス5」ポイントだし、「英雄的行為」は「プラス30」ポイントだ。採点の結果は「Ａ＋＋＋」から

「D」までランク付けされ、市内における市民としての自由や権利は、そのランクに対応した範囲でのみ享受できる。自転車を借りるにしても、Cランクだと前払が必要で、Aランクなら90分まで無料という具合だ。上海市でも、マイクやカメラによる徹底的な監視体制が敷かれ、例えば交通違反が発見されれば、速やかに最寄りの電光掲示板に、違反者の氏名、顔写真、国籍、国民識別番号が表示されるという。中国全土でみても、たとえば2016年から2018年にかけて、全国の裁判所が国民に対して与えた「信用失墜」に対するサンクション（罰）は、1746万人に対する航空券の購入制限、546万人に対する自動車及び高速鉄道の乗車券購入制限であったという。

リベラル・デモクラシーを生きているつもりの我々からすれば信じがたい状況であるが、これが中国の現在である。そしてこれを可能にしているのが、共産党独裁体制を頂点とした美しきピラミッドであり、そのピラミッドに組み込まれた世界的AI企業のBAT（バイドゥ、アリババ、テンセント）である。彼らは、監視国家に魂を売ることによって、国内のあらゆる産業に参入し、独占する機会を得ている。

中国共産党に固有の社会的統制構想と、AI社会が強い親和性を持つことは否定できそうにない。

†AI過当戦争の善き足枷

また、BATは北米（シリコンバレー）に拠点を持ち、ベンチャー企業の買収はもちろんのこと、米国の名だたる大学からの人材供給体制の整備にもぬかりない。知的財産権を含めた権利意識の希薄性を背景に、デジタル世界での優秀な人材や将来性のある技術を軒並み中国の配下に収めていく生態系が構築されている。そして、このことはアメリカの足腰を直撃し、結果的に相当な地盤沈下と米中間の技術及びマーケットの格差を産む。

安全保障においても、アメリカの企業は「市場への政府の介入」に対する嫌悪という伝統的理念から、国家的防衛プロジェクトへの協力を嫌う。実際、GAFAのそれぞれが国防総省等との契約に踏み切った際に、社会的非難が巻き起こったのみならず、社内からも強い反対の声が上がった。他方中国は、国家的計画として、私企業の技術と人員を総動員して防衛戦略を構築している（この米中の事情については、エイミー・ウェブ『BIG NINE』稲垣みどり訳、光文社、2020年、に詳しい）。

こうした米中の対比は、データ競争社会における民主政の意外な弱点を浮かび上がらせる。すなわち、市民の権利・自由が重視され、政権交代がビルドインされ、政策形成過程の透明化と説明責任が求められるリベラル・デモクラシー（立憲民主体制）においては、その体制そのものが、データ市場で優位に立つための足枷となりうるということである。

人々のプライバシーをケアする個人情報保護法制は、何億台にも上る監視カメラの包囲網を拒否し、無尽蔵な個人データの収集を不可能にする。健全な政権交代は、権力の腐敗を抑止する一方で、長期的な視野に基づいた政策実行を困難にする。「自由」を基調とするマーケットでのプレイヤーたる民間企業は、国家の計画に取り込まれることを嫌い、むしろ自分たちがその主導権を握ろうとする。自由民主主義は、国家のご都合主義によって各自の経済合理性の追求を統制することは許さないという「美徳」に支えられている。

これに対して、先に見た中国のような一党独裁体制は、プライバシーに根差した個人情報保護法制の厳しい枠をはめられることもなく、あらゆる民間企業の最新デジタル技術とその保有するデータを国家的戦略のために吸い上げることができる。それだけではない。中国の監視独裁体制が商品としてパッケージ化され、いまだ政情が不安定で独裁の萌芽を内在する東南アジア、中東、アフリカに輸出された場合、また、各国で台頭しつつあるポピュリズム勢力による排外的な政治運営に組み込まれた場合、世界はオセロのように白と黒が反転するかもしれない。中国はアメリカよりも圧倒的に発展途上国とのパイプを有している。

民主主義国家アメリカからスタートした自由奔放なデジタル社会が、グローバリズムがもたらす同化・均一化圧力の影響を受け、共産主義体制中国と同一平面上での技術的競争にさらされたとき、圧倒的に形勢不利な様相を呈していることは皮肉でもある。フランシス・フクヤマは冷戦での西側の勝利をもってリベラル・デモクラシーの勝利を宣言したが、AIやデータ社会を起点にした場合には、地上に残った数少ない社会主義（共産主義）国家である中国の起死回生逆転満塁ホームランが起こりうるという「新・歴史の始まり」を認めざるを得ない。

そのとき、リベラル・デモクラシー国家は、いかなる対抗戦略を持ちうるのか。我が国日本は、米中に股裂き状態になりながら、どのような国家的舵取りをするのか。シリコンバレーへの憧憬が透けて見えるカタカナを並べ立てただけの国家戦略では太刀打ちできないことは明らかだ。我らの宗主国アメリカですら、進むべき道を見失っているのだから……。先の香港の現状でも触れたが、もはや中国による「覇権」の動きは止まらず、日本も直接対峙せざるをえない局面を迎えている。今こそ、自由・人権・民主・法の支配等の「価値」を掲げ、その対極にある「国益」も上手に利用しながら、我が国の意見を明らかにすべきである。

✝呑み込まれない選択肢はない、データ・グローバリゼーションの渦

活版印刷や産業革命を引くまでもなく、テクノロジーによって社会は変容していく。そしてその社会の変容は個人の生活様式をも変えていく。技術革新が社会と個人を変えていくこと自体は、価値中立であるし必然でもある。

しかし、この第四次産業革命ともいわれるデータ技術革新には、「個人の尊厳」という人間の本質に関わる特有の問題を孕《はら》んでいることを十分に認識する必要があるだろう。我々は、日々インターネット上のデータ取引空間で、相手方から示された条件に「同意」しない限り生活に不可欠なサービスを利用できない、という状態に身を置いている。そもそも知らない間に構築されたデータ偏重型AI社会自体に「同意」しないと社会の一員として生活できないという状態は、このデータ偏重型AI社会自体が個人に対して有する「優越的地位」を濫用しているともいうべき状態ではないか。

テクノロジーそのものは「中立らしく」見えても、テクノロジーを作動させるプログラムを入力するのは極めて不合理で政治的な人間である。このデータ偏重型社会の内なるリスクに「同意」したくない人間はよそ者として二級市民化してしまうならば、「自分らしさ」や「内なる自己」を守るための拒否権が事実上存在しないということになる。

データ社会以前は、社会契約説や憲法などが顕《あらわ》す緩やかで幅ひろい理念や価値への「同意」が、市民であることを保障し、ナショナル・アイデンティティも構築してきた。しかし、データ社会への「同意」は、何らかの理念や価値への相互理解を基盤とするものではなく、したがってその「同意」は相互に何をも保障しない。

このことは、グローバルな経済秩序へのコミットと似ている。グローバリゼーションと経済の文脈で、各国家がその経済的支配権をグローバル市場のフリーハンドに委ねてしまった結果、もうこの支配権を国家単位で取り戻すことができなくなってしまった。そして、我々は、属する国家には民主的責任を追及できたとしても、「グローバルな経済市場」に民主的責任を果たすよう迫ることはできないのである。

グローバルな経済市場には相手に答責を課す「参政権」はない。「参加無料」であると同時に、その市場には勝者と敗者が存在するのみで、勝者に説明責任はない。勝者無答責である。このことは、プラットフォーマーをどのように規律するかにも関わる。ある種国家権力よりも強大な社会的権力を前に、個人と国家を規律する最高法規である憲法はどこまでその関係を規律できるのか？　いわゆる私人間効力という専門的論点は措いても、このことが憲法論としての難しさを常に伴うのは、これら「私的権力」の統制を論じねばならないからである。

グローバルな情報ネットワークは、もはや国家の枠組みを完全に超えている。データの巨人たちが保有するデータ量をユーザー数ベースでみたとき、GAFAと中国のBAT（バイドゥ、アリババ、テンセント）を足したたった7社で、総ユーザーは130億人（単純合算）に上る。これは、世界人口の2倍近い数字だ。アメリカでは、このような独占状態を「New monopoly（新独占）」と呼んでいる。まさにグローバルな経済圏が孕んだ問題と同じ構図である。

データ・グローバリゼーションは、国境を越えて、我々のプライバシーや自己決定及び人格の対等性を脅かすデータ取引を引き起こしている。また、各国で適切なビッグデータ規制をしようにも、CA事件にみたように、ビッグデータを利用した投票行動への働きかけにより各国の民主的プロセスにまで深く不正にコミットしてくるリスクを抱えている。そして一番厄介なのが、これらすべてが「我々の知らないうちに」浸食されていくことである。

我々の日々のワンクリックや、スマホのスワイプによって、国家の枠組みを超え、世界中でデータが共有され取引されている。Google、Facebookでの情報の収集やコミュニケーション、Amazonでの購買はもちろん、ネット上のあらゆる「クリック」なしに、我々の生活は成り立たないし、それだけ日常生活に深く絡まり合って四方八方に根をはっている。グローバルなデジタルサービスを利用しない限り日常生活が送れないという「下からの」強固な依存の現実に対し、国家が「上から」支配権を取り戻すことは可能なのか。

4　データ・グローバリゼーションと主権

†「新独占」のベルトコンベアーと恐るべき生態系

こうして我々は、選挙で選出した議員でも議会でも指導者でもない、国境を超えたグローバルなデータネットワークによって、静かに統治される体制が完成しつつある。我々は、一民間企業であるGAFAに民主的責任を問うことも、選挙で支配権を取り戻すこともできない。

また、政治的圧力などを通じてGAFA等を一定程度狙い撃ちすることはできても、ビジネス自体の維持コストが他産業よりも低いことや、情報コストの相場観の不透明さも相まって、新独占の生態系を壊すのは極めて難しいだろう。

そして、この新独占の生態系を前提に、データを駆使するビジネススキルによってグローバル経済秩序の勝者を目指すベルトコンベアーが走り出している。ニューヨーク大学スターン・ビジネススクール教授のエイミー・ウェブは、このベルトコンベアーに乗ってGAFAやBATに進級＝就職していく人材たちを「AI種族（トライブ：tribe）」と呼ぶ。彼らは、自らが進学する大学に対し、経済的効率と技術的進歩性をもった「即戦力」育成を求め、大学もこれに呼応する。多様性や倫理観よりも、その後の就職と商業的成功から逆算した人材育成プログラムが形成されている。彼らはそうしたプログラムをまさにプログラミングされ、AI種族として就職していく。就職先であるGAFA等で蔓延している象徴的な言葉がこれだ。「まずはつくって、あとから許しを乞え」

Googleの2018年のダイバーシティ・レポートによれば、世界中の全従業員のうち69・1％が男性で、アメリカの従業員のうち黒人は2・5％、ヒスパニックとラテンアメリカは

3・6%だ。AIやデータを扱う人間集団に多様性が確保されていなければ、その集団がプログラミングするAIやアルゴリズムに特定方向のバイアスがかかっていく。無意識のバイアスは、データ社会において、既存の差別を固定化し、再生産し、拡大していく。

AIは社会を直接・間接に変容させていく。データ偏重の経済競争空間に適合する集団(AI種族)を形成するために、大学における人材育成(教育)、企業の社会的責任(倫理・多様性)の在り方、市場構造、そして我々自身の生き方までもが変容を迫られている。企業が「金儲け」に走り、それを受けてAI開発側が過度の競争に晒されるほど、多様性や倫理観は置いてきぼりとなる。

我々がただの「消費者」として、まるで「自己決定」できているかのような錯覚の中で利便性のベルトコンベアーに胡坐《あぐら》をかいていると、AI種族が織りなすグローバルでデータ依存的な経済取引社会の生態系から抜け出せなくなる。ともに生きる人間(当事者)の相互の関係から、共通の価値や理念をベースにした共感が消え、すべてが「取引相手」となったとき、価値や理念よりも、経済合理性や利益の最大化のための行動が当たり前になり、そうした行動をとらなければ生きていけない社会となるのだ。

グローバル経済とグローバルデータ。我々はまた「経済成長」の強迫観念によって、大切にしてきたものを失おうとしていないか。

†新しい「グローバル・データ」と古い「主権」

データを巡る法と政治の諸論点は、再び国家の主権の問題に光を当てる。実は、データ政策の問題は、人権だけでなく、主権の問題とも切っても切り離せないのだ。

各国の公正取引委員会にあたる機関が血眼になって法整備しようとしているのは、まさに国境を飛び越えるデータを、いかに国家主権のフェンスに引っ掛けるかという作業である。

国家主権が剝き出しになって表れる「徴税」をみてみよう。2016年イスラエルは、国内に支店や事業所がない場合でも、イスラエル国民にネットサービスを提供した場合には、当該サービス提供法人に法人税を課すという税制を打ち出した。同年インドでも、ネット広告を販売する海外企業に売り上げの6％相当を課税するという新税制の導入がなされた。欧州委員会によると、2018年時点で「デジタルビジネス企業の税負担率は9・5％。伝統的ビジネス企業（23・2％）の半分以下」だというのだ。いわゆるタックス・ヘイブン（税制回避地）によって課税を免れようとするIT大手への対抗措置は、各国に課された極めて重要な政策課題だ。課税措置は、主権の発露であると同時に、新たなグローバル経済格差の是正のために極めて有効な政策手段だ。これを行えるのは、やはり旧来型の「国家」しかない。

この点でも、日本は出遅れている。そもそも経営陣のマインドが極めて時代遅れであるし、

ＡＩを駆使するための人材育成も進んでいない。

まず、経営層がＡＩを熟知している割合をみてみよう。アメリカが50％、ドイツが30％程度であるのに対して、日本は７％だ（ＭＭ総研、２０１７年）。この致命的な数字は、日本の上場大手企業でさえ、ほとんどＡＩ利用に関する倫理規定を作成していないという現実に反映されている。

日本では、企業経営者のみならず、社会における意思決定者層が、強固な年功序列によって高齢者男性で固められていることと無縁ではないだろう。

†ＡＩ活用人材難の元凶は……

各国のデータ経済規模をみてみよう。①データの生産量、②インターネットのユーザー数、③データへの接近のしやすさ、④一人当たりのデータ消費量の４つの観点で評価した「データＧＤＰ」によると、１位：アメリカ、２位：イギリス、３位：中国と続き、日本は11位である。

この測定の取り組みを主導する米タフツ大学のチャクラボルティ氏は、日本の低評価の理由として、ネット普及率が「高齢化で頭打ち」ということと、サービス開発が「大企業中心」に偏っていることを挙げている。これは、日本の企業数の99％を占める中小企業及びベンチャー企業にも等しくデータへのアクセスが保障されるべきという情報公開の新しいフェーズを意味するが、そもそも、これを主導すべき公権力側の意識が低い。

たとえば、国民誰もがインターネットを通じて容易にアクセスできる形で行政データを公開すべきとする「オープンデータ」の取り組みが開始されたが、実際に取り組んでいるのは、2019年3月時点で全自治体の26%(横浜市や神戸市など)にすぎない。データの利活用に関する根源的な理念・ビジョンに基づいたルールが明確化され共有されていないからである。

むしろ我々国民の側から、行政情報は我々の者だという認識で、一人ひとりがこれを統制する意識を持たなければ、なし崩し的に「ブラックボックス」を拡大させてしまう。「きっとうまいことやってくれるだろう」という希望的観測に依存しては、ここでも「人の支配」から脱却できない。

人材面でも国際標準とのギャップは深刻である。カナダのAIスタートアップ「エレメントAI」の調査(国際学会での論文数等に依拠するもの)によると、世界のトップ級人材2万2400人のうち、1位は米国(1万2295人)、2位中国(2525人)で、その後に英国、ドイツ、カナダが続き、日本は6位(805人)である。割合にして、全体の約3・6%という悲しさだ。海外で教育を受けたグローバル人材で自国企業で働く割合はわずか17%で主要17カ国中16位。

女性の割合は世界平均が18%なのに対し、半分の9%で最下位である。これはAI人材に限ったことではなく、日米の主要大学の男女比を比較すると、2019年において、東京大学が女性比率17・4%に過ぎないのに対して、アメリカの名門アイビーリーグ(ハーバードやイェール等)8校の新入生はダートマス大学の48・8%以外(それでもほぼ50%!)は女子学生の比率はすべて50%を超えている。AI開発においては、人材が多様であればあるほどバイアスを希釈化できるため、男女はもちろん、AI人材の若年化と多様化は急務である。

Yahoo!株式会社CSO安宅和人《あたかかずと》氏は、AIデータ社会における日本再生を企図する『シン・ニホン』(ニューズピックス、2020年)の中で、上記の数字とともに、リーダー層に女性が少ないことも挙げ(国立大学法人の学長86人中女性は4人、経団連の会長・副会長19人中女性は0人、国会議員の女性比率は10・1%でロシアやエジプトよりもはるかに低く、G20中最下位等々……)、ジェンダー平等はむしろ日本再生のポテンシャルであるとする。既得権益化した「邪魔オジ」が占拠する意思決定空間でパラダイムシフトを望むのは苦しいが、ここを見ずして日本の人材開発に未来はない。

実は、これらの「人材」に関する日本の出遅れは、「日本型雇用」そのものの問題点が、AI人材においても可視化されたにすぎない。年功序列と終身雇用に支えられた旧来型の雇用慣行において、女性や非正規の問題を放置し続けた結果、自国で働く質の高い人材を確保することができず、それがデータ経済という国家主権にかかわるテーマをマネジメントする際のアキレス腱になっている。

国家としてグローバルデータをめぐる法的規制の最前線に立つのは公正取引委員会である。欧州委員会は20人強の博士号取得者（経済学）をそろえているのに対し、日本の公取委での博士号取得者はたった2名だ。民間ですら、例えばアマゾン・ドット・コムは170人以上の経済学研究者を擁するという。比較にならない。

そもそも日本が根本的に抱えていた雇用や専門家人材育成の問題が、グローバルな問題と交差するとき、問題は先鋭化し、国家主権をも揺るがしかねない。

グローバル経済とデータ・グローバリゼーションの一員として生きていくことが不可避ななかで、主体的な国家ビジョンに基づいた法的規律を整備することで国家主権を貫徹することが求められている。

なお、以上の議論及び基礎的データのかなりの部分は、日経新聞データエコノミー取材班の『データの世紀』（日本経済新聞出版、2019年）を参考にした。この書籍の調査報道としての取材力は素晴らしい。記者自らがフェイク動画を作成したり、データを切り売りしてみたりする体験型の取材ルポなど、面白く読ませる工夫も事欠かない。メディアの質を高めるには、記者会見の速記や政府広報と変わらない記事などAIに任せて、このような有意義な調査報道のために記者人材を解放することこそが必要であると強く感じた良書であった。

†データ時代のナショナル・アイデンティティと個のアイデンティティ

ヨーロッパでは、GDPR（EU一般データ保護規則）を軸に、人間の尊厳を中心としたデータ保護の強化と統合を目指して各国・各企業の足並みをそろえている。中国は、自由主義経済を一部導入したことによる国民国家の統合の綻《ほころ》びを、テクノロジーとデータによる管理統制社会に再編することによって、求心力を取り戻そうとする。アメリカは、修正1条（表現の自由）への強いこだわりと、データの巨人たち（GAFA等）の利益優先で当初では規制に及び腰であったが、CA事件をはじめとするFacebookの情報流出が契機となり、規制に舵を切り始めたところだ。カリフォルニア州の消費者プライバシー法（CCPA）のように米国版GDPRといわれるような規制もスタートしているが、各州ごとの自治や特色もあり、全米的にはまだ統率がとれているとは言い難い。

それぞれの国が、それぞれのナショナル・アイデンティティに基づいてこのデータ社会にどう対応するのか、態度決定を迫られている。日本は、日本人はどうするのか。グローバルな経済合理性という「金目の話」一本やりで漫然と進んできたこの数十年の反省が今こそ生かされるべきだ。

ドイツを中心としたEUの個人情報保護法制の厳格さや、GDPRの思想の根底にはナチスドイツの反省がある。ナチスによるパンチカードを利用した家系等の個人情報の収集がユダヤ人大量虐殺に利用されたことや、東ドイツにおける秘密警察（シュタージ）による徹底した監視体制への反省だ（宮原紘『EU一般データ保護規則』勁草書房、2018年）。

日本は戦後、日本国憲法体制において声高に「戦前の反省」や「押しつけ憲法」を叫ぶ一方、左右共に完全な思考停止のまま、国家ビジョンなく経済成長路線をひた走ってきた。その結果が荒廃した平成を経た令和の現在である。経済的グローバリゼーションのせいで手放すことになった国家の自律と寄るべき場としての地域共同体や文化や価値、または強欲資本主義による弱肉強食で負けた人々の尊厳を、データ・グローバリゼーションで再び失うことがあってはならない。

前の章で、まずアイデンティティについて語った上でデータについて論じたのは、包摂的なナショナル・アイデンティティと、しなやかな個々人のアイデンティティの確立こそが、データ・グローバリゼーションの時代を生き抜くために必要だと考えたからだ。

米中に挟まれた理念なき場当たり的外交姿勢は、そのままビジョンなきデータ戦略に転写されていないか。自覚のないデータの切り売りによって、自分が他者から規定される波にたゆたうことが快感になっていないか。こうなれば、やめられなくなり、止まらなくなる日は近い。

†ピアニストの引退にネット空間での生き方をみる

ピアニストのマリア・ジョアン・ピリスが、2018年に公的な演奏会からの引退を発表したときのインタビューが印象的だった。「ピアノの道具としての性質が向上しすぎてしまった結果、ピアノが鳴りすぎるようになってしまった。もう昔のように自分が歌っているかのようには弾けない」と引退の理由を語ったのだ。ピアノという楽器は、そもそも3000人の大ホールでの演奏を予定して作られたものではない。18世紀、サロンなどの小さい場所で十数人を集めて聴かせる楽器であった。しかし、時代と技術の進歩に従い、より大きな音を出し、演者の打鍵に即座に反応し、パフォーマンスを最大化するメカへと生まれ変わり性能を上げたのだ。

ピリスの「演奏家としての自分が出している音が、自分で出した音でないみたいだから」やめるという言葉には、アイデンティティの核心がある。ピアニストピリスにしか出せない、内なる自己の根源にある音を出せないなら、演奏家としてのアイデンティティを一貫できないのでやめる、という決断だ。しかし、この決断から感じられたのは悲壮感ではなく決然とした前向きな潔さだった。演奏会やCDを売ることで消費されない彼女の音楽がそこにはある。

このことは、「自分のような人」が独り歩きするネット空間にいたたまれなくなり、パソコンやスマホの電源を落とす作業と似ているかもしれない。先に紹介した日経新聞データエコノミー取材班の『データの世紀』で、記者自身がGAFA提供サービスを3週間使わない〝GAFA断ち〟をやってみた、という面白いチャプターがある。グーグルマップが使えず道に迷い、調べものは図書館で普段の3倍かかる。あげく飲み会をしようとショートメールで15名に声をかけるが、集まったのはたったの2人……今時ショートメールでの接触では「本人か疑った」と言われる始末。しかし、一方で、妻に「家で2人でいても、スマホをいじらなくなったよね」と言われ、図書館では絶対アルゴリズムが推奨してこないであろう良書に出会い、深夜の頭痛も消えた。GAFAによるギブ・アンド・テイクはあるのだろうが、「こうして迷えること自体、幸せなのではないか」との結論にたどり着く。記者は「誰にどこまで「自分」を渡すかを自ら決める」ことの貴重さを強調して、チャプターを締める。

この記者の結論とピリスの引退は重なる。ピリスも実は、引退宣言の後も教育的活動はしているし、ベルリン・フィルの特別の記念演奏会ではベートーベンのコンチェルト4番をサプライズ演奏した際には、会場は万雷の拍手で一夜限りのカムバックを祝った。

つまり、原理主義ではないのである。決然とした行動をとる勇気は、一見原理主義と親和的だが、本来原理主義とは相いれないはずだ。なぜなら、そこには「自分らしさ」を守るために変化していく勇気も含まれているからだ。その変化をも他者が受け入れることで、そこに関わる人々全体が豊かでしなやかな強さを獲得していくこと。このことは、多様化しているように見えて細分化され、個々が守りたい「自分」までわからなくなっている現代社会において、とても示唆的だと思う。

†ネット空間に生かされるも殺されるも、人間次第

ここまでみてきたように、ネット言論空間におけるAIやアルゴリズムの影響について、賛成―反対の原理主義に陥るのは不毛だ。生産性や利便性が我々の生活や人生そのものに与える善い影響もたくさんあるし、嫉妬や贔屓《ひいき》など不合理な情念が渦巻く人間社会よりもアルゴリズムの方がフェアな場合だってある。

二〇二〇年前半、新型コロナウィルスの世界的拡大においても、ネット空間の正と負の両側面が顕在化した。日を追うごとの感染拡大と自粛の嵐の中、日本では正式な緊急事態宣言も発令されないまま、法的にも科学的にも何の根拠もなく「自粛」の「要請」がなされ、群衆はこれに積極的に従う構図もみられた。

そんな中、最も制限された集会の自由（憲法21条）や移転（移動）の自由（憲法22条）、教育を受ける権利（憲法26条）等々の権利を救ったのも、ネット空間だった。「無観客」でのシンポジウム動画が配信されたり、オンラインで様々な教育の機会が代替された。検察官の任期延長に関しての「#検察庁法改正法案に抗議します」とのリツイートが500万超投稿されたの

は、500万人規模のデモなど考えられないことからしても、ネット空間の連帯の可能性を示唆した。また、リモートワークの経験拡大と蓄積は、新しい働き方の大きな礎となるだろう。

と同時に、疫病によって閉塞する社会では、平時よりもさらにフェイク情報やそれに対する過剰反応がみられた。「インフォデミック」という言葉にあるように、有事の扇動的な情報発信やフェイクによって、人々が一時的に正常な判断能力を失うリスクも可視化された。

この局面を、ネット空間の正の側面は伸ばし、負の側面を相対化するというより良い設計に活かす機会とすべきだ。当事者意識を持ちながら、適度に警戒し、適度に利用する。自分が先回りされていることを理解しながら、アルゴリズムが眼前に立ててくる鏡に映った自分を楽しむくらいの余裕が必要かもしれない。その上で、そのデジタル人格に身を任せるもよし、これは本当の自分ではないと離脱するもよし。ほんものの「自己決定」を取り戻すために、まずは置かれた現況を理解することから始めるしかないだろう。

とにもかくにも、近代立憲主義が前提としていた「社会契約」、「個人（individual）」、「自己決定」「主権」というモデルと、このモデルから出発した法体系は、もはやこのアルゴリズム社会では維持できない。かといって私はすべての概念を捨てろなどとは毛頭考えておらず、あくまで理想としての「個人」概念は遠くに置きつつ、デジタルツインすなわちデジタル人格や、弱い生身の個人との折り合いをどうつけるのか、また、営業の自由を有する一民間企業たるプラットフォーマーの法的規律を、国家と個人の関係を前提とする「憲法的」にはどう考えるべきか、憲法改正論議の文脈も含め、柔軟な思考でチャレンジする良い機会にすべきである。

では、ネット自体の社会全体に対する影響は、実のところどうなのか。ネットは社会を分断する、とよく言われるが、本当にそうなのか。この問いに対する答えを考えるのが、次章である。

the job done right.....
3.6万
3.2万
13.3万
Donald J. Trump @realDonal... · 5時間
このツイートは、暴力の賛美についてのTwitterルールに違反しています。ただし、Twitterではこのツイートに公共性があると判断したため、引き続き表示できます。詳細はこちら
表示
5.2万
2.5万
8.6万
Donald J. Trump @realDonal... · 9時間

第四章

ネット社会での最大勢力「無党派層」の振り向かせ方

米ミネソタ州ミネアポリスで抗議デモや暴動が相次いでいることについてのトランプ米大統領のツイッター投稿に、警告メッセージが表示された(2020年5月、共同通信社)

1　民主主義と分断の必然

†「分断」ってなに？

ここまで、アイデンティティの形成過程をたどった上で、階級や中間団体から解放されたリベラルな「強くて賢い個人」設定が現代に生み落とした二つの病理、極端なグローバリゼーションそしてアイデンティティの政治をみてきた。そして、インターネットがこの両者を加速し、国境が溶解した世界の中で属性集団ごとの分断を促進していく様子を描いてきた。

しかし、ここでインターネットについて、むしろ逆の結論を導こうとする興味深い調査研究を紹介したい。田中辰雄氏と浜屋敏氏の共著『ネットは社会を分断しない』(角川新書、2019年)である。ネットユーザー10万人規模の調査によって、インターネットが本当に人々を過激化させ社会を分断するツールとなっているのかを明らかにしようとする取り組みだ。

この本における調査・分析結果を参照しながら、本章では「本当にネットは社会を分断しないのか」を検討し、社会の分断を治癒させるためのヒントへとつなげたい。

そもそも「分断」とは何だろう。

『わたしは分断を許さない』というタイトルで著書（実業之日本社、2020年）と映画を制作しているジャーナリストの堀潤氏から、彼がMCを務める番組内でこんな質問を受けたことがある。

「分断の対義語は何だと考えますか？」

私は、「多様―寛容―連帯」と答えたが、みなさんはどう考えるだろう。このとき、番組の視聴者からのツイートの中には、「良い分断と悪い分断があるんじゃないの」という面白い指摘があった。

たしかに、分断を「意見が分かれること」と考えるなら、そのこと自体は決して悪いことではない。むしろ、多様な意見が流通する民主主義社会を前提とするのであれば、意見が分かれなければおかしい。異なる意見の両立ないし乱立を前提に、改めて「分断」の意味を考えてみる必要がありそうだ。

†民主主義と立憲主義における基本のお作法

そもそも、民主主義も立憲主義も、個々人の奉ずる価値観は異なることを前提としており、意見の一致など予定していない。とすれば大切なのは、一人ひとりが自分のこだわりは一度腹にしまって、目の前の他者の言っていることや価値観を尊重することだ。少なくとも、尊重する姿勢を身にまとって対話する。そして、対話を通じて、どこまでが同じでどこから異なり、そして異なる理由はどこにあるのかを理解し合う。お互いの言い分を理解しようとすれば、それぞれの譲れない一線をベースに妥協やトレードオフが可能になるし、さらに良いアイデアに到達するかもしれない。その上で、政治的意思決定においては、そのような対話プロセスの公開が求められ、国民の判断材料として提供される。民主主義と立憲主義は、こうした作法を前提にしている。

したがって、「分断」とは、意見が対立することそのものではなく、意見の対立する当事者間で、自己の正当性と相手方との差異ばかりが強調され、およそ対話による相互理解が不可能になることと考えるべきだろう。

では、ネット空間で「分断」は起きているのか。

田中ら前掲書の調査によれば、「ネットで実りある議論をするのは難しいと思うか」との問いに対して、「難しい」との回答が47％、「難しいと思わない」との回答が7％であった。ネット空間でのコミュニケーションでは、少なくとも、「対話」による実りある議論が行いにくい環境だと受け止められていることが分かる。

†政治における「分断の壁」

では、政治的イシューに焦点を絞るとなにが起きるか。学問的な用語として政治的意見が二分している現象を「分極化（polarization）」と呼ぶが、分極化は進んでいるのだろうか。

前掲書の調査によると、「世の中の言論は中庸がなくなり右寄りか左寄りかに極端になってきていると思うか」との問いに対して、そう思うと答えた人は28％であり、そう思わないと答えた7％より4倍近く多い。日々接する言論に対して、人々が何とはなしに分極化傾向を感じていることが窺える。

また、同書において興味深いのは、分極化のメルクマールとして、安倍政権の支持率が大体40％前後で下げ止まりしていることを挙げている点である。安保法制、モリカケ事件、公文書改竄など各種不祥事があり、しかも様々なメディアを通じて知識人が厳しく批判しているのにもかかわらず、この数字が動かない。これを、安倍政権を支持する人々と批判する人々が二つのグループに分断され、高い壁で隔てられている結果とみる。政治的イシューにおける高い分断の壁により、互いの声はもはや聞こえず、何を主張しても相手方に影響を与えなくなっているのだ。2016年大統領選以来、トランプがやはり40％前後の支持率を維持し続けていること（2020年8月7日で43・1％）と相似形にも思える。

政権交代を狙うグループは、分断が治癒するような方策を考え、国民と広く共有しなければ、いつまでたってもこの高い壁を壊せない。野党勢力がアイデンティティの政治に胡坐をかいて、上顧客しか見ずに蛸壺《たこつぼ》化していく現状は、つまり自分たちで分断の壁をせっせと上積みしていることと同じだ。

†受け手の選択的接触と送り手の先鋭化

このような政治的分断（≒分極化）の促進傾向は、果たしてインターネットの普及によるものなのか。いよいよ本丸の議論に入っていこう。

前掲書『ネットは社会を分断しない』は、まず「ネットは社会を分断する」という仮説を置き、その仮説を論理的に支え得る二つの構造的要因を示す。

一つは情報の受け手側の問題としての選択的接触（selective exposure）、すなわち、自分好みの情報に進んで接触していくという傾向である。当然ながら、選択的接触傾向が加速していくと、その人が接触する情報は偏っていく。アルゴリズムとＡＩに支配されたインターネット空間は、まさにこの選択的積極傾向を加速させ、政治的意見の「左右」や社会的イシューについての「賛否」に関しても、受け手が受ける情報をある特定の見解へと純化させていく。

さらにデジタル時代の罠は、ＡＩによって自分好みにカスタマイズされた情報供給が行われているにもかかわらず、他者にも同様の情報供給が行われていると人々を誤信させる。Yahoo! ニュースのタイムラインやAmazon冒頭ページの商品群が、実は人によって異なるという事実すら、昨今ようやく認識が共有されてきたにすぎない。あなたに特定の傾向のニュースが多数届いていても、他者にはまた別の傾向のニュースが届いているのであり、決してあなた好みのニュースが多数の他者に支持されているのではない。しかし、それに気づかない人々は、自らに供給される特定の見解について、自信を深め、先鋭化し、過激化していく。

二つ目は、情報の送り手であるメディア自体のパーソナル化（個別化）である。メディアの数が限られている時代には、各メディアとも幅広いマーケットにリーチしようとするため、極端な過激化・分極化は起こらなかった。しかし、メディアの絶対数が増えると、とりわけ小規模新規参入メディアは、マーケット戦略及びビジネスモデルとして、独自のマーケットを開拓すべく「とがった」主張に特化していく。幅広い人々に受け入れられる穏健な情報を流しても、既存の大手旧メディアとは勝負にならないからだ。

「こうしてネット上では、政治的に強い主張をするメディアが増え、人々がこれに選択的に接触するなら、保守・リベラルどちらの方向へも意見が強まり、意見の分極化が起こる。すなわち社会は分断されることになる」（田中ら前掲書）

BuzzFeed 創刊編集長でジャーナリストの古田大輔氏は、このような傾向をメディアの「インフォテイメント化」として指摘する。１９９０年代アメリカでのケーブルテレビ解禁に伴う視聴者獲得競争は、ＦＯＸ＝保守／ＣＮＮ＝中道というように、大手テレビ局をも特定の思想傾向をもつ視聴者に特化した情報発信へと誘導し、情報のエンターテイメント化すなわち「インフォテイメント化」を招いた。そこにネットメディアが登場し、視聴者の特化・個別化はさらに促進された。しかもネットメディアの発信者には、従来のマスメディアが自律的に守ってきた取材源の秘匿・ファクト重視といった暗黙のルールは通用しない。「メディア倫理の箍《たが》が外れた」のだ。こうしたプロセスを通じて、情報の受け手と送り手双方が多様化→特化→個別化→過激化したことにより分断が助長されたとの指摘は、極めて重要だ（谷口将紀・宍戸常寿『デジタル・デモクラシーがやってくる』中央公論新社、2020年）。

†何が人々を過激化させるのか

インターネットの構造的特殊性が分断を助長する可能性について論じた上で、次に田中ら前掲書が調査する対象は、SNSメディアの利用者の方が旧来型メディアの利用者に比べて過激化＝分極化しているのか？　という仮説である

「憲法9条を改正すべきだ」というまさに政治的な見解をピックアップし、「強く反対」から「強く賛成」まで7段階で選んでもらうアンケートを実施。回答に占める両極端の「強い」賛成・反対の比率によって、分極化を判定するというものだ。

まず、SNSメディア（Facebook／Twitter／ブログ）を対象に、毎日利用しているグループ

と利用していないグループとに分け、「強い」賛成ないしは「強い」反対が表明される割合を比較する。すると、先の「憲法9条を改正するべきだ」という意見に対しては、Facebookを毎日利用している人では25・5％に対して、利用していない人は21・7％と、利用者の方が「強い」賛否の表明（過激化）の割合が高かった。

その他の質問に対する回答も、その他のSNS（Twitter／ブログ）利用者を対象とした結果も、あまねくすべてSNS利用者のグループの方が、利用していないグループと比べて「強い」賛否を示す人の割合が有意に高かった。どうやら、毎日SNSを利用している人の方は、利用していない人に比べて過激化＝分極化しているようだ。

これに対して、同じ問いを旧来型メディア（テレビ／新聞／Yahoo! などの大手メディアニュース）に焦点をあて、毎日見ている人と見ていない人の間で調査した場合、ほとんど差がなかった。テレビにいたっては、毎日見ている人の方が見ていない人よりも「強い」賛否を示す割合が低く、過激化どころか穏健化しているという調査結果になった。

いわゆる旧来型メディアの代表格といえる新聞では、朝日新聞は左で産経新聞は右といった一定の傾向はあるにしても、紙面全体を見ればそれなりに多角的な情報が掲載されるし、対立があるイシューについては識者の言を借りる形で一応の両論併記がなされることが多いだろう。その結果、人々に対し、自分好みとは異なる見解へのアクセスが一定程度保障され、情報への選択的接触が制限されているのだ。このことは、大手ネットニュースでもある程度該当するのかもしれない。

こうした一連の調査で、いわゆるSNSメディア利用者と、旧来型メディア利用者を比較した場合、SNSメディア利用者の方が人々の「強い」賛否が表明されている、つまり過激化＝分極化されていることが明らかになった。

また、同時に重要な事実として、近時とりわけ左派から「社会の右傾化」についての危惧が語られるが、田中らの調査によれば、意見が過激化しているのは右派も左派も同様であり、全体としてどちらか一方向への傾向が進んでいることを裏付けるような調査結果は出ていない。右傾化も左傾化も進んでいる状態、すなわち、両サイドの開きがどんどん拡大する形で分極化が進んでいるのだ。

ネットによって情報は多様化し、それによって民主主義の基礎となる多様な価値観の醸成が期待されたはずだった。しかし現実は、サンスティーンが危惧したとおり、増えた選択肢がそれぞれ連帯することなくバラバラに浮かんだまま、個人は自分の心地よい選択肢（価値観、情報）にシュッと吸収され、その個別化され純化された心地よい価値観〝のみ〟の中に閉じこもってしまった。こたつから出てこない猫のように、我々はその情報や価値観の小部屋から出ようとはしない。

†ネトウヨおじさんは、こうして出来上がる

田中らの調査は、ここから急旋回して、積み上げてきた仮説、すなわち「ネット利用の頻度が高くなれば、それぞれ自己に心地よい情報のみに選択的接触することから、個人が分極化し、ひいてはネットが社会を分断している」という仮説をぶち壊しにかかる。

ネットが社会を分断しているのであれば、ネット利用頻度の高い年代の方が低い世代よりも分極化しているはずである。そこで、年代別に分極化の程度を測るのだ。

アンケート手法としては、10の政治的質問に対して、「強く反対」から「強く賛成」まで7段階で回答を得る。調査方法の詳細は前掲書をお読みいただくとして、分極化傾向のみをとらえた数値（最小値が0、最大値が3）を見てみよう。70代の保守・リベラル双方の分極化の平均値が0・69に対して、20代の分極化は0・54だった。30代〜60代をみても、綺麗に階段式に分極化＝過激化の数値は右肩上がりとなる。

この数値の差をイメージするために、分極化の男女平均差をみてみよう。男性：0・69、女性：0・52であり、先に述べた70代と20代の分極化比較と同程度の開きだ。日常生活において、政治的意見の発信に関する男女差をイメージしてみてもらいたい。私の属する弁護士業界ですら、政治的意見を強固に持ち、対外的に発信する女性弁護士は稀だ。ましてや、法律や

政治とは直接関係しない一般の女性で、政治的自己主張を有しているという人は極めて少ない。一方、いわゆる「おじさん（男）」が、飲み屋で「ったく野党はだらしねえな」などと大声で会話している状況は日常の一コマだ。

この男女差と同程度の差が、70代と20代においても存在するということだ。以上からすると、次のように、矛盾した二つの結論が導かれる。

①「ネットメディアに接触傾向が多い人の方が過激化＝分極化する」
②「若年層ではなく中高年層で過激化＝分極化が起きている」

ここで疑問が起きる。ネットメディアに接する機会が多ければ多いほど過激化＝分極化するはずなのに（①）、若年層ではなく中高年層で過激化＝分極化が起きている（②）というのは、一体どういうことか。このことは、アメリカにおいても、16年間定点観測し続けた研究成果をもって同じことが証明されているという。すなわち、ネットメディアにより接触する機会が多く、情報の選択的接触によって過激化＝分極化しているはずの若年層よりも、中高年層において、過激化＝分極化が強く認められるのだ。

田中らは、この①と②の矛盾をこう説明する。「ネットメディアを利用した結果として分極化するのではなく、先に分極化した人がおり、彼らが好んでネットでメディアを利用する」からこのような調査結果になるのだ、と。つまり、「ネットが人々の意見を分極化・過激化し、分断を生む」のではなく、「分極化した政治的・社会的意見を持っている人がネットによって過激化する」ということになる。

また、年齢層とは別に、ネットメディアを利用していなかった人が新たに利用し始めたことによって過激化＝分極化するか、という調査についても、結果はなんと穏健化傾向と出た。つまり、新たにネットを利用したからといって、人の意見は過激化＝分極化することはなく、むしろ多様な意見に触れて穏健化するというのだ。このことは、ネットを利用するから過激化＝分極化するのだ、という因果関係を断ち切る調査結果である。

たしかに、政治的意見を世の中に発信するというのは、「ここのタピオカミルクティーおいしかったー」とか「これから福岡出張です（エアポートおじさん）」などと発信するのと比べて、そもそもハードルが高い。自身の政治的信条をあえて世界にむけてツイートするということがあまりハードルにならないという人は、むしろ、日常的に政治に強い関心や意見を有していて、しかもこれを外部に発信する意欲を強く持っている人である。みなさんも、友人知人のなかで政治的発信をしている人の顔を思いうかべれば、「たしかに」とうなずけるところがあるのではないだろうか。Facebook や Twitter の友人で、政治的投稿をする人と、しない人とは明確に二分されている。

あわせて、ネットに慣れた若年層の方が、ネット空間での言論を一定程度「差し引いて」読むリテラシーを持っていることも一因であろうし、そもそもの政治的無関心が穏健化（＝ニヒリズム化？）とリンクしていると考えることもできるだろう。

†テレビ・新聞のほうが「閉じている」

自分好みの居心地のよい情報にしか触れないという「選択的接触」の問題についても、当初の仮説を裏切る調査結果が出ている。ある人が自分の立場とは反対の価値観に立つ意見や情報にどれくらい触れているか（反対の意見に「交差」して接触しているという意味で「クロス接触率」と表現されている）を調査した結果である。ネットメディア利用者のクロス接触率は約4割にのぼった。これは、従来メディアと同等の数字だ。

ネットユーザーの4割が反対意見に触れているという結果は、エコー・チェンバー、フィルター・バブル、サイバー・カスケードと表現されてきた「ネット空間では自分好みの価値観に閉じ込められ先鋭化しやすい」という仮定を覆すものなのだろうか。

たしかに、技術的にみても、ネットでは一次情報を直接リンクで貼り付けることができるため、ユーザーはワンクリックで簡単に、貼付された一次情報に接することが出来る。その一次情報は、それを批判的に引用した人のリンクからでも飛べてしまうから、むしろネットユーザーは引用者の意見と反対の意見に触れるきっかけを摑みやすいともいえる。厳格な紙面文字数や放送枠の制限がない分、新聞・テレビといった旧来型メディアよりも、多様な情報に容易にアクセス可能なのだ。

これは、クロス接触率の数字には表れていない潜在的なクロス接触であるといえるだろう。つまり、ネットユーザーの方が、旧来型メディアユーザーよりも、多くの反対意見に触れている可能性がある。実際、ネットの方が反対意見を調べるのもクリック一つであり、一度クリックすれば、アルゴリズムが（見たくもないのに）上げてくるため、嫌でも目に触れる、ということは私も経験している。

さらに興味深い調査結果を紹介しよう。テレビ新聞については、自分はリベラルなメディアだけあるいは保守的なメディアだけ（つまり分極の片一方どちらかだけ）を１００％見ている、という層が32％も存在した。他方、単純比較はできないが、ネットメディアでは、どんなに政治的に片方に偏った人でも20％は反対意見に触れているという調査結果と比べても、テレビ・新聞メディアの特殊性は理解できる。

また、1人が利用する平均的メディア媒体数をみると、新聞・テレビという旧来型メディアについては、見ている／読んでいるメディアの数の平均は2・1である。他方、多くの場合ノーコストで即座に多様なサイトに接触できるネットメディアと比較すると、朝日新聞を読んでいる人が、平日は「報道ステーション」を見て日曜の朝は「サンデーモーニング」を見ているという、左派リベラル一色のメディア環境が容易に想像できるのは私だけではないはずだ（逆もまたしかりである）。

同様に、ウェブ雑誌やブログと紙雑誌の比較においても、ウェブ雑誌・ブログの方が、反対意見に触れるクロス接触率がやや高く出ている。また、過激化＝分極化している人の率は、紙雑誌読者の方が、相当程度高いという結果が出た。

今のご時世、あえて紙媒体を購入して読むという人にはある種のこだわりがあるというイメージからしても、この結果にはうなずけるかもしれない。これに対して、ネットは自分が好む情報も好まない情報もほぼ無料であることと比べても、情報の取得コスト（接触しやすさ）が、選択的接触にも影響を与えているだろう。そもそも自身の好む新聞を購読するのに月額数千円かかるものを、わざわざ反対意見の新聞を金を出してまで購読しない、そういうことである。

つまり、当初の予想に反して、ネットメディアよりも新聞、テレビ、雑誌という旧メディアの方が選択的接触の傾向が強く、利用する人々は自分好みの政治的社会的思想に偏った情報に接していることがわかる。

†ネットでは過激になったもん勝ち！

ここまでの田中らの緻密な調査をふまえると、ネット創成期にネットに託された期待は決して裏切られていないということになる。ネットメディアによってメディアの発信は多様化され、人々は様々な価値観に触れることによってより寛容で穏健な人格を育むことができる！　という展開は、実は実現されている。ネットは社会を分断するどころか、若年層を中心に、情報や価値の多様化によって人々を穏健化しているのだ。

これをもって「ネットは社会を分断しない」と結論づけることは、決して間違いではないだろう。

しかし、それでもなお、ネットメディアは「とがった」意見や発信で溢れており足を踏み入れるのが億劫だという印象は根強い。評論家の宇野常寛氏が、「Twitter における意思表示を「もはや発信ではなく発散」と喝破したのは、多くの人々が共有しているリアルな感覚だろう。ネットは人々を分断・過激化していないにもかかわらず、ネット言論が分断・過激化してみえるのはなぜだろうか？

この点、田中らの指摘をふまえれば、一つに、ネットでは過激な人の言論が過激なままに発信されるということがあげられる。そして、もう一つは、ネットでは過激な言論が金を生むというビジネスモデルの所以である。

まず、1点目を調査結果からみてみよう。彼らの調査によれば、「憲法9条」についてのネット上の書き込みのうち、1年で60回以上書き込むという熱心な投稿者（「ヘビーライター」と呼んでいる）は、「人数」ベースでは全体の0・23％にしか過ぎないのに「書き込み数」ベースでは50％を占めている。すなわち、我々が日々目にする憲法9条に関する書き込みの半分は、たった0・23％の人々の書き込みなのだ。また、憲法9条改正への賛否について、「強く」賛否を表明した人々は賛否あわせて21・7％だが、書き込み数ベースでみると、その「強く」賛否を表明した人々のシェアが44・6％を占めている。つまり、ネット上での憲法9条改正についての書き込みの半分弱は、約20％の過激な政治的傾向にある人々の意見であるということだ。

その上、ネットは旧来の新聞やテレビと比べて、過激な意見が読者の目に直接触れやすい。たしかに、新聞にも「投書魔」はいるし、デモでかなり激しい罵詈雑言《ばりぞうごん》を叫ぶ人もいる。それでも新聞やニュースであれば、こうした過激な生の言論は、編集段階で振り分けられ、「適切な」形でお茶の間に届けられるだろう。しかし、ネット空間では加工のプロセスを経ることは少ない。生の言論がそのまま目に飛び込んでくる。ニュースのコメント欄、ツイートあるいはユーチューブ上の動画でも、荒れに荒れた言葉が飛び交っている。このような「抜き身」の「非常識」で「不適切」な言論の応酬を見せられた人々は、「こりゃ入っていけんわ」と静かにネット上の言論空間から退出する。

このように、過激な人の言論が過激なままに増幅されるというネット構造が、ネットが社会を分断しているかのように見せる一つの原因であるとの指摘は正鵠を得ているだろう。

フェイクニュースは金になるからやめられない

今一つ指摘されるネットの構造的問題は、ビジネスとしての側面である。ネット上のサイトの多くは広告収入が生命線なので、閲覧頻度をアップさせることにしゃかりきだ。品性などそっちのけで、人目を引く過激なタイトルや表現を選択し、過激度をエスカレートさせていく。

前掲の谷口・宍戸著において、ジャーナリストの古田大輔氏は、2016年のアメリカ大統領選においてフェイクニュースを作る人々を取材した際、「だって、そっち（ヒラリーを攻撃するフェイクニュース）のほうが多くの人に読まれるから、お金になる」という回答を引き出している。そしてこの、強い営利動機に情報流通の性質が左右される事象として、「日本でも、政治的理由よりも、多くの読者を集められるという金銭的な理由で自民党を応援するものが多い」とその同質性を鋭く指摘する。

閲覧頻度と攻撃的表現の相関関係は、相乗効果があるため、どんどん表現は過激化し、最後は「品性」どころか「ファクト」が蔑《ないがし》ろになる。最近では、もはや大手新聞のWEBサイトであっても、ファクトすれすれの見出しをつけるから要注意だ。たとえば新型コロナウイルス関連報道では、「世界で感染者の死者数3000人超え」といった見出しがあったが（2020

年3月1日朝日新聞WEBサイト)、この時点では、3000人のうち2900人は中国の一部限られた地域の死者数であった。人々の不安を閲覧数に結び付けるための煽りタイトルは控えるべきであり、非営利団体ファクトチェック・イニシアティブの楊井《やない》人文《ひとふみ》弁護士は、「冷静な見出しは「中国以外の死者数が100人を超える」です」と指摘する。

2 触らぬネットに祟りなし

†「過剰代表」スパイラル

ここまでみてきたように、ネット空間において、両極端のノイジーマイノリティの声が大きく過激になればなるほど、中間層のサイレントマジョリティは、この言論空間に近寄りがたくなる。一種の萎縮効果だ。私が本書の冒頭から再三指摘しているところだが、特に政治的言論空間では、両極の意見の音量が上がるほど、中間に位置する人々は政治的無関心・ニヒリズムに陥ってしまう。いつ自分があの両極で繰り広げられている攻撃的な応酬の標的になるかもわからない。「触らぬネットに祟りなし」状態になるのも無理はない。

このことを端的に示す調査結果を、田中らによる前掲書から引用したい。

「ネットは自由にモノが言えるところだと思うか」という質問に対しては、「はい（そう思う）」と答えた人が39％で、「いいえ（そう思わない）」と答えた人が15％であった。約40％の人々が、ネットでは「本来」自由に発信ができるという前提を共有しているのだ。

しかし、「自分はネットで自由にモノを言っていると思うか」との問いでは、「はい」と答える人が9％に激減し、「いいえ」と答える人が54％に激増する。

これに加えて、「ネットで自由にモノを言っている」と答えた人の「中身」に注目すると、過激度が上がれば上がるほど（そういう人ほど）、ネットでは自由にモノが言えていると答える人が増える。政治的に強い主張（賛否）を有する人ほど、制約なくネット上での発信をしており、穏健な人ほどネット上での発信に何らかの制約や躊躇《ちゅうちょ》を感じ、自由にモノが言えていないのだ。

すなわち、ネット言論空間では、決して多くない両極端の政治的意見が過剰に代表されてしまっており（これを「過剰代表」という）、実際は多く存在する中間的な意見が少ししか代表されない状態になっている（これを「過少代表」という）。リアルな社会の意見分布が正確に反映されていないのだ。

†やはり「ネットは社会を分断する」！

田中らは、こうした分析をふまえて、ネットは社会を分断しているわけではないが、極端な議論だけを拡大して見せるその特性が相互理解の議論を不可能にしていると指摘し、したがって「たかだかネット上での意見の表れ方の問題なのであるから、表れ方を変えるだけでよい」「すなわち、分布の中間の人々の言論空間をつくることが最大の対策になる」と結論づける。

たしかに、田中らの広汎な調査と仔細な分析からすれば、ネットメディアを利用することによって人が過激化＝分極化するという因果関係は積極的には認められず、その限りで「ネットは社会を分断しない」と言いうるだろう。しかし、ここに見た「過剰代表者」(両極の位置する過激な意見で、ネット上の発信の多くを占める者)と「過少代表者」(両極の過激化を受けてネット空間での発信を控えており、その結果適切に意見を代表されていないマジョリティ)の間には間違いなく分断が存在する。そして、この分断は、少数者の過激な意見が、過激な表現のままに拡大再生産され、閲覧数と広告料の上昇のために過激度を増していくというインターネット独自の構造によって生まれている以上、私はやはり、一定程度ネットは社会を分断していると評価すべきだと考える。

そうであるならば、この問題は、とりわけ政治的イシューにおいては、「ネット上での表れ方を変えるだけ」すなわち「分布の中間の人々の言論空間をつくること」のみで解決することは難しいのではないか。

なぜなら、政治的なネット言論空間における「過剰代表者」と「政党政治」は完全なる共犯関係にあるからだ。

†自民党が政権を奪還できたのは……

以上のようなネット空間での現況を的確にとらえ、選挙での勝利に反映した事実とその記録がある。2009年から13年まで、まさに自民党の「政権奪還プロジェクト」のための情報戦略を一手に担った小口日出彦氏によるものだ（小口日出彦『情報参謀』講談社現代新書、2016年／前掲谷口・宍戸著第2章「政党の情報戦略から見えてくるもの」）。

小口氏の作業は、簡単にいえば、365日、24時間テレビ及びネットメディア等を定点観測しデータを集計する。そこから、現在ホットな話題やキーワードを洗い出し、これの変遷などを分析することによって、目の前の政治的言動にとってプラスかマイナスか、また、どうすればプラスを増やしマイナスを減らすことができるかを判断して、「攻めどころ／守りどころ」を明らかにし、これに応じて国会審議でのテーマの優劣選択や各役職議員等の情報発信に反映させるという作業である。

結論から言うが、本書の私の立場からすれば、「選挙ビジネス＝稼業の維持」としてはそれなりの効果があるとはいえ、真に我が国の政治や政党の在り方を憂うのであれば、小口氏のアプローチはむしろ政治や政党を劣化させている。民主主義が選挙に支配されている我が国で、終局的には選挙のためにどう点数を稼ぐかということのためだけに「現状の」情報環境から加点と減点の要素を抽出する作業は、次章でも論ずる選挙とメディアの共犯関係を固定化・再生産するものである。

すなわち、現状の選挙代議制民主主義のカウンターやオルタナティブを創造せねばならないところを、現状の選挙代議制民主主義というテストの出題予想をし続けるような仕事は、政治を既存の劣化した選挙民主主義にどんどん閉じ込めるものである。

政権担当政党が、現在の構造を前提に、むしろそれを利用して政権奪還まで果たしたことを思えば、政党政治や選挙とネット空間はもはや密接に結びつき、ネットの「つくり＝構造」を変えるというインセンティブが働くこと及びそれを実行することは極めて困難なのである。

†「理性的な対話」より「次の任期」

我が国における政党政治は、すべて「選挙」を中心に回っている。そして、とにもかくにも「政治家稼業の継続」のために「当選し続ける」という目的から逆算された行動原理は、とても単純だ。

ネット空間でいえば、過激なマイノリティを味方につけるのが最も効率がよい。なぜなら、彼ら彼女たちは、その承認欲求の満足と引き換えに選挙の実働部隊として「動員」され、ネット上ではぶれずに「応援メッセージ」を発信し続けてくれるからだ。過剰代表者の中には、いわゆる発信力のある知識人の看板をつけた「御用インフルエンサー」もいる。〝常に〟安倍政権を批判or擁護する知識人たちのことだ。次章で触れるが、「御用インフルエンサー」は旧来型市民運動の旗振り役でもある。この旧来型市民運動も過剰代表を引き起こす重大因子である。

それに引き換え中間層は、複雑さや曖昧さを持つゆえに特定の政党を応援してくれるとは限らない。応援してくれても、外に向かって支持を明確に発信してくれる可能性は極めて少ない。その上、選挙で「動員」に応じてくれることはほとんどない。

だからこそ国会議員は、本来「全国民を代表する」(憲法43条)にもかかわらず、中間層の「過少代表者」よりも、両極の「過剰代表者」たちから支持をとりつけることを優先する。

しかし、現状維持を狙う与党はともかく、政権交代を狙う野党であれば中間層への支持拡大が必須ではないか、と疑問に思う方もいるかもしれない。その指摘は正しい。そして、その指摘にもかかわらず、野党が一向に中間層への支持拡大に乗り出さないのは、つまり政権交代に本気でないと考えるべきだろう。

過剰代表者の声に忠実であれば、政権交代は起こらないが、自身の「当選」は継続できるのだ。そして、現職議員が議席をキープし続ければ、政治全体の世代交代は起きず、それは政権交代を遠のかせるにしても現職議員にとっては望ましいことなのかもしれない。結局、与党の政治家は無関心層には無関心でいてもらった方がよいし、その無関心層を呼び覚ます気概のない野党勢力、特に党内新陳代謝を望まないベテラン野党議員にとっても、自身の次の選挙での当選だけを考えれば、現状の過剰代表へのアピールに熱心になればよい。

ここまでみてきたように、ネットの政治的な言論空間が、両極の過激な主張に溢れて理性的な対話がのぞめない状態にあることと、与野党ともに政治家がこうした状態を「保身」と「選挙」に利用していることとは、決して無関係ではない。

第一章で現代人が経済合理性とグローバリゼーションという外圧を前に地域共同体という「場」をあえて手放したことをもって「活き活きしたコミュニティよりも安い下着をくれ」と言っているのと同じだ、と批判的に記述した。本章での議論に置き換えれば、現在の政治家たちの「ネット言論空間の分断の意図的放置」という選択は、「理性的な対話ができるコミュニティよりも、次の任期をくれ」というビジネスマインドである。経済的合理性の観点では、ショッピングモールとそう大差ない。

ここから言えることは、ネット上の「表れ方」を変えるために「分布の中間的な人々の言論空間をつくる」ことは大切だが、その言論空間をつくるためには、本丸に切り込む必要がある。そして、その本丸こそが、現在の選挙・代議制民主主義と政党政治における偏狭な党派性だ。

さあ、この選挙・代議制民主主義と政党政治（偏狭な党派性）の構造を変革するには、現在の現職議員たちがどれだけ選挙と党派性の〝奴隷〟になっているかを、白日の下にさらさねばならない。その上で、もはや選挙を中心にすえた代議制民主主義には期待できず、民主主義を選挙から解放させねばならないという問題提起へと進める。

次章以降では、わが国の憲法論議をめぐる特異なエピソードをあげながら、選挙と政党を中心にした国会議員の「奴隷システム」を具体的にみていくとともに、選挙至上主義に代わる新しい「カウンター・デモクラシー」を提起していきたい。

第五章

「人の支配」から「法の支配」へと脱皮せよ

衆議院憲法審査会の閉会後、不満をあらわにする石破茂氏(2019年11月、毎日新聞社)

誰が誰よりどうだとか
誰の仕事がどうしたとか
そんなことを言ってゐるひまがあるのか
さあわれわれは一つになって〔以下空白〕
（宮沢賢治『生徒諸君に寄せる』より）

1 選挙と政党という宿痾

†党派と人種、どちらが気になる？

「選挙」と「党派性」による国会議員の「奴隷システム」が、現代の市民社会において、いかに立憲主義や民主主義の深化を妨げる要因となっているか。この考察を行うにあたり、「党派性」についてのある衝撃的な調査結果を紹介したい。

キャス・サンスティーン『#リパブリック』（伊達尚美訳、勁草書房、2018年）で引用されている、アメリカで行われたアンケート調査結果だ。

このとき立てられた問いは、「自分の子どもが支持政党以外の相手と結婚したら不満ですか」

というものだ。「YES　不満だ」と答えた割合をみると、1960年においては共和党員で5％、民主党員で4％であったものが、半世紀経過した2010年には共和党員で49％、民主党員で33％と大きく上昇している。両政党ともに8倍強と飛躍的に増えていること自体驚きだが、この調査結果は、「子どもが肌の色の違う相手と結婚するのは不満だ」と答えた人の割合をも大きく上回っていることもまた指摘しておこう。すなわち、我が子が選ぶ結婚相手に対する不満の要因として、「党派性」の違いは、「人種」の違いよりも高いパーセンテージなのだ(Shanto Iyengar, Gaurav Sood & Yphtach Lelkes, "*Affect, Not Ideology: A Social Identity Perspective on Polarization*" *Public Opinion Quarterly* 76, no. 3 (2012))。

もちろん、人種や性別などの生来型の属性によって差別し差別される歴史は存在したし、宗教戦争や米ソ冷戦のように、宗教観や価値観をかけて人類が激しく対立し、時には血を流すことも繰り返されてきた。しかし、冷戦の崩壊後、フランシス・フクヤマは、『歴史の終わり』でリベラルな社会の（共産主義・ファシズムに対する）勝利を宣言し、社会はリベラル・デモクラシーを前提に、一元的な価値によって人々の心までをも統制するのはやめようという認識を共有したのではなかったか。少なくとも、そうした社会の構想を目指していたし、そのような成熟した社会に近づいていると確信していたはずだ。ところが、現代社会は、上記の調査結果にも現れている通り、人種はおろか価値観をベースとした「党派性」によって深刻に分断されている。

この現象は、我が国にとっても他人事ではない。

前章で、安倍政権の支持率が約40％前後を割らずに下げ止まっていること自体が、社会の分断を表象しているのではないかと指摘した。すなわち、①安倍政権・政権与党を支持する人々と②それに反対する人と③それ以外の人々（無党派・無関心層）の三つのカテゴリーの間には、もはや対話のための共通の基盤が存在せず、それぞれの主張がそれぞれの耳に全く入ってこない。だからこそ、安倍政権がいかに失策を打とうとも、②政権批判層からの批判は①政権支持層にも③無党派層・無関心層にもほとんど届かない。立場を越えた対話を阻む壁こそが「党派性」だ。我々の社会も、党派性によって分断されているのだ。

同時に不思議なのは、安倍政権支持層から「自己批判」がほとんど聞こえてこないことである。たとえ高い壁に囲まれていたとしても、自身が支持する勢力が国益を無視していたり、ひどく人権感覚を失していたり、自分の哲学に反するときに、そこから一歩離れて俯瞰してみることがなぜできないのか。

我々の社会における多数派勢力もそれを批判する勢力もともに「変化すること」に臆病になりすぎているのではないか。間違っていたら「間違ってました。すみません」といって変われば良い。なぜ変わったかについて、合理的に説明責任を果たせばよい。説明が果たされれば、それを聴き手は受け入れればよい。そんなことすらできない窮屈な社会に、私たちは生きている。

†政党は衰退したのか？

現代社会において深刻な分断を生んでいる「党派性」。そして、この「党派性」を形作るプレーヤーの主役である政党には、この政治的分断の深まりに対する重大な責任がある。本来、政治課題を解決するための選択肢の提示と豊かな議論の場を担っていくべき政党が、なぜ相互批判に終始し建設的議論の阻害要因となっているのか。

それは、政党がマスメディアや各種団体と密接な生態系を構築し、「政治的なるもの」一丸となって、およそすべてのゴールを「選挙」に設定したことによって、政治そのものの劣化・衰退を招いているからではないか。

政治学者の岩崎正洋教授は、20世紀半ばには「現代政治の生命線」と評価された政党が、1970年代以降には「衰退」ないし「終焉」論まで論じられるようになった要因として、以下の三点を挙げる（岩崎正洋『政党システム』日本経済評論社、2020年）。

①有権者と政党との関係、②政党組織、③政党の機能、この三点における環境変化である。

すなわち、①有権者が確固たる支持政党を持たなくなり、選挙ごとに投票する政党を変え、あるいは「自分の代表者はいない！」として選挙自体に意味を見出さなくなるなどして、投票率は低下する一方であること、②党員組織が脆弱化したことによって、財政的基盤や支持基盤が確保できなくなったこと、そして③本来政党が果たすべき機能（社会に対する問題提起や論点形成機能など）がメディアなど他のプレイヤーに担われたことによって、政党が選挙に特化した組織へと縮小したこと。これらが政党衰退の三要因だという見方だ。

一般論としては理があると思うが、私は、日本政治においては、必ずしも政治領域における政党の役割は縮小していないと考えている。むしろ、政党が政治領域において幅を利かせすぎている。政党がメディアや各種団体を巻き込んで「政治的なるもの」を一体として構成し、まるごと劣化することによって、政治が社会全体で本来果たすべき役割が縮小しているとみる。

†「国対」という密室、「党議拘束」という弊害

まず、政党が政治領域においてなお不健全に幅を利かせている象徴として、「国対政治《こくたい》」と「党議拘束」の現状をみてみよう。

「国対政治」とは、国会における委員会質問など公式の公開審議の場ではなく、与野党の政党内組織である国会対策委員会の関係者、特に国対委員長会談を中心とした密室協議によって国会が運営されるような政治形態のことである。

国対政治の事実上の権力者である国会対策委員会とその「親分」である国会対策委員長は、憲法にも国会法にも規定されていない、まさに政党が独自に設置しているポストに過ぎない。しかし、その国対委員長が、法に根拠を持つ国会議員の活動（憲法15条、43条）や議院運営委員会の議事（国会法41条2項16号、同3項16号、55条以下：法案審議の順番や採決のタイミングなど国会審議の運営を決する委員会）を実質的に差配し、国会運営の核心的部分を一手に握っている。

そして、近時、国対政治の弊害は目に余るほど顕著だ。たとえば、立憲民主党では、予算委員会での質問者の振り分け、スキャンダル追及中心の質問内容の差配はすべて国対委員長による。その差配に従わなければ、テレビ中継が入る枠での質問から外されたり、そもそも質問自体に立てなくなるといった「制裁」を受ける。コロナ特措法の審議では、政策議論の手綱まで国対政治に握られて、まさに「政策」より「政局」という政治の劣化が可視化された。このように、政党所属議員の活動が、極めて政局的かつ属人的な意思決定に左右される権力構造においては、各議員の個性を活かした活発な議論などおよそ期待できないし、最低限の「民意」を反映した国会審議は望めない。

また、もう一点、政党による国会審議硬直化の重要な要素は「党議拘束」である。党議拘束とは、法案採決の賛否について党ないし会派の方針に所属議員が拘束され、これに違反（造反）すると党内で制裁を受けるというものだ。わが国では、臓器移植法案などの個々人の倫理観に関わる法案について極めて例外的に党議拘束が外されたことはあるが、基本的には強力に党議拘束に支配されている。政党を単位とした国会運営には必要な側面はあるとはいえ、あまりに硬直化した党議拘束は、議員個人の個性・能力・活動を過度に制約し、国会審議を議論重視の熟議民主主義から数の論理による形骸化した民主主義へと堕落させる。

このように、「国対政治」と「党議拘束」によって、政党に属する各議員は、スキャンダル追及以外の建設的議論を封じられたり、党の方針とは異なるものの理がある意見を表明できなかったりする。政党が政治領域において、いかに不健全に幅を利かせているかという現状があるのだ。このようなおよそ生産性のない「学芸会」国会を、むしろ私が批判するこのような熟議や生産性と正反対の国会像を露悪的に肯定する立場として、向大野新治『議会学』(吉田書店、2018年)がある。衆議院の事務総長という事務方トップの政治観が、ほぼ国会の審議に意味を見出していないことに狼狽すると同時に、私が闘おうとしている目に見えない敵が可視化される感覚を抱いた「奇書」である。

†衰退したのは政党だけではない

本来、政治領域のプレーヤーは政党に限られないはずだ。そして、ここまでみてきたように、政党が建設的な議論の妨げになっているのであれば、その他のプレーヤーにがんばってほしいところであるし、我々市民もプレーヤーとして踏ん張る必要がある。

前出の岩崎は、一般論として「政党による選挙での機能を除く他の機能は、もはや政党だけが果たしているのではなく、他の政治的アクターが果たすようになっている」と指摘するが、果たして日本社会で本当にそうなっているだろうか。本来政党の機能を「分担」するはずだった市民運動も、マスメディアも、ほぼ政党の守備範囲と同じ枠内でそれに依存する形でしか動いていていないのではないか。すなわち、政党も市民もメディアも、結局のところ「選挙」というゴール設定に向けてのみ一体となって走り続け、「選挙」以外の機能、すなわち社会への問題提起だとか争点形成機能だとかを「分担」しているとはいえないのではないか。

この点については、政治学者の水島治郎教授の分析が興味深い（水島治郎「中間団体の衰退とメディアの変容」／水島治郎編『ポピュリズムという挑戦』岩波書店、2020年）。

もともと、我々に政治的な情報を供給してきたのは、必ずしも政党ではなかった。水島は、いわゆる個人と政治の接点を生み出す機能を担ってきたプレーヤーとして「中間団体」と「マスメディア」を挙げる。たしかに、我々は日常生活の中で、何らかの団体やコミュニティに属しながら政治的話題に触れ、新聞やテレビから日々の政治ニュースを見聞きしていた。

では、我々市民は、どのような中間団体に属し、その属性はどのように変化してきたのだろう。1989年から2018年までの約30年間でみると、顕著な変化が分かる。「日本の有権者の団体加入状況」によれば、1989年においては、自治会・町内会：67・8％、婦人会・青年団など：13・8％、農業団体：11・1％、商工業団体：5・2％、労働組合：9・4％、NPO等：（調査なし）。そして、「団体に加入していない」と回答した人はたったの16・9％しかいないのだ。つまり、1989年当時、「有権者は何らかの団体に属することが普通だった」のだ。

これに対して2018年の調査結果によれば、自治会等：24・8％、婦人会等：3・5％、農業団体：2・8％と軒並み低下し、ダントツ1位が「団体に加入していない」と回答した44・3％だ。「なんの団体にも加入していない人」は、1989年からおよそ3倍近く増えたことになる。

90年代後半のいわゆる20世紀型の政治のスタイルは、個人と政党の間を「中間団体」が仲介して「党派性」を形成し「選挙」をも担ってきた。自治会や青年会や職能団体は保守系と結びつき、労働組合や日教組は左派系政治勢力と結びつき、ときには投票行動において「動員」や「応援」に駆り出され、ときには「組織議員」として出馬し議員となることによって、「政治—団体—個人」の確かなつながりが政治の中心を形作っていたのである。

しかし、近時、人々の生活の多様化や、社会における様々なコミュニティの喪失により、どの団体にも加入していない「無組織層」が多数派となった。中間団体の衰退に比例して、「政治離れ」や「支持政党なし」が増え、政治的な無関心＝ニヒリズムも広がっていく。「政党―団体―個人」が一直線につながっていた構図は崩れ、政党からすれば団体という「支持基盤」を通じて有権者をつないでおくのが難しくなった。一方で、「無組織層」は、古色蒼然とした互助会的な中間団体とそれに支えられている政党組織自体を「胡散臭い」ものと感じ、最終的には「彼らは自分のことを代表していない」と気づいてしまったのだ。

その結果、特定の中間団体の利益を代弁する既成政党は、「既得権益を守る政治エリートの集合体」という認定をされる。無組織層は特に都市部で顕著であることからすれば、こうした都市部の無組織層こそが、有権者の一大勢力を占めるようになったのだ。小池百合子東京都知事や大阪における維新の会の安定感、そして２０１９年参院選において東京・神奈川選挙区で日本維新の会の議員が当選したこと、れいわ新選組の得票のコアが都市部であったことなど、既得権益や既存政党との対立軸を打ち出した勢力の成功という一連の政治動態も、このことを裏付けている。

このように、中間団体の衰退により市民と政党の関係が大きく変わり、政党の受け皿につながらない無組織層が増えたのであれば、本来新しい形の市民運動が立ち上がり、あるいは市民運動の形を変化させるべきであった。しかし、政治家の活動も、市民運動も、メディア報道も選挙を中心に「回る」生態系においては、わざわざ現実の社会的な課題を広く共有し、新たなマーケットを開拓したり熟議のプラットフォームを創出してくインセンティブは働きにくい。右も左も自分たちの生態系の循環とその中で呼吸する〝心地よさ〟を選び続けてきてしまった。その結果、市民運動自体のパイも縮小したといえる。

†従来型メディアとネットメディアの相互「依存」関係

市民運動とは別に、本来政党が果たすべき役割を分担し、その守備範囲を拡大せねばならなかったにもかかわらず、それをしていないのがメディアである。とりわけ、新聞やテレビなどの従来型主流派メディアは衰退の一途をたどっている。

インターネットやSNSの発達は、政治が市民と直接つながることを可能にした。新聞やテレビを通す必要すらないのだ。2017年、アメリカ国務省のプログラムでワシントンの議員や議会職員、シンクタンクや政党職員などと面会した際、彼らが等しくストレスを訴えていたことがある。それは、今一番気にしなければいけないことが「トランプ大統領のツイッターである」ということだった。彼ら彼女らは、ワシントンでの専門家の合議や根回しなしに大統領からツイートされる情報に右往左往していた。トランプという既存の政治常識の破壊者とSNSが結びついたのは偶然ではない。

一方、日本でも、一部の政党や政治家がSNS発信を利用して存在感を高めるという変化は始まっている。しかし、第三章で指摘したように、日本の指導者層の高齢固定化とネット利用の鈍重さ、そして既得権益に埋め込まれた大手企業ばかりがデジタルテクノロジーの開発をリードし独占していることなどからすると、日本では、ネット空間ならではのダイナミックな政治「変革」は起こらない可能性が高い。従来のマスメディアの衰退を補って、ネット空間での政治ダイナミズムが政治自体を豊かにするということは、日本社会の特質からも期待できないのではないだろうか。

そこで注目したい現象として取り上げられるのが、「スピルオーバー」現象だ。「スピルオーバー（spillover）」現象とは、ネットメディアから旧来型メディア（新聞、雑誌、テレビなど）に情報がスピルオーバー（溢れ出す）して伝播していく現象のことを言う。近時では、旧来型メディアが、自ら捕捉しきれない情報をSNSやネットメディアから「拝借」したり、あるいはネット上で大きな話題になっていること自体に社会現象としての情報価値を与えられ、旧来型メディアが取り上げざるを得なくなるということが日常化している。まさにネットメディアから主流派メディアへ情報が「溢れ出す」状態が起こってきている。

他方、いまだに、ネットメディアよりも旧来型メディアに取り上げられることの政治的インパクトは大きく、ネットメディアもその意味では「スピルオーバー」あってのインパクトの獲得だ。同時に見逃してはならない構図は、従来型メディアとネットメディアが「共犯」的に相互補完・依存関係を形成しつつあるということである。どちらも、両者の特性を互いに利用し合うことによって、両者の「独自の」存在感を保とうとしている。

現在では旧来型メディアもネットサイトを持ち、そこでは「閲覧数」を稼ぐために、紙面の見出しよりも過激な見出しが躍る。また旧来型メディアが紙やテレビでは扱いにくいネタをネットサイトで扱うということもよくある。こうなると、旧来型メディア自体がネットメディアの特質に自らを「寄せていく」こととなり、それぞれの境界線は溶解していく。

本来は、旧来型メディアとネットメディアが相互補完的にそのパイを拡大し、市民に対する政治的な情報提供の質と量を多様化・多元化させることこそが求められたはずである。しかし、それぞれが社会への影響力（ビジネスとしての存在意義）を守るためにむしろ近接化し相互に依存を深めているというこの現状は、社会及び市民にとって決して望ましいことではない。

†政治＝選挙＝政党の歪んだ構図

このように、かつて政党は、様々な中間団体を通じて政治的争点を形成し、同時に市民の関心を汲み取る生態系の中に生息していた。ところが、中間団体の衰退とともに有権者における最大勢力は「無組織層」「無党派層」になり、市民と政治の関わり方が大きく変わったにもかかわらず、政党は有意に自らを変えることができていない。むしろ、次の選挙で当選するためだけに、「市民のアイデンティティの分断」を利用し、特定のアイデンティティ集団を「上顧客」として選挙活動に動員している。市民社会にとってより善き機能を果たそうとするのではなく、自分たちの生き残りのために、市民社会の歪んだ構図を利用しているのだ。

こうした政党の体たらくを補い、市民に対し多角的で公正な情報を供給するべき数少ない職能集団はマスメディアのはずであった。しかし、残念ながらマスメディア（とりわけ政治部）も、じっくりと腰を据えた調査報道より政局ネタのスクープ競争に甘んじている。政局メディアとして、衰退し縮小した政党の動きを横一線で追うような仕事を続けており、社会構造を本質的に善い方向へ導くような骨のある報道は少ない。

2020年5月に黒川弘務元東京高検検事長と産経新聞・朝日新聞の記者らが賭け麻雀をしていたことが大きなニュースになったが、もはや右も左も関係なく、健全な批判能力よりも飯のタネ（情報）が優先する堕落したメディアの実態が顕在化した象徴的な事件といえよう。情報を獲得するために権力と一体化していた。しかも、両メディアとも自社社員の行いに対して即刻オープンな調査及び情報開示をすることなく、自浄効果もないことは明らかだ。

政党から報道リソースを得たいマスメディアと、大手マスメディアにとりあげられたい政党との目の前の「飯のタネ」のための相互依存関係。この「持ちつ持たれつ」の構造が続くかぎり、今もっともリーチすべき政治への「無関心層」ないし「無組織層」との距離は広がるばかりだ。

マスメディアは、今や自身が見下していたネットメディアというリソースなしには成立し得ない状態になりつつあり、ネットメディアとの相互依存・補完関係を強化しつつある。しかも、政党＝選挙の構造に依然はまっている旧来型メディアとネットメディアが距離を縮めることによって、ネットメディア特有のポジティブな可能性まで減殺させてしまっている。政党の衰退によって小さくなったパイの範囲内でしかメディアや各種団体も活動していない状態が続き、無関心層や無組織層が浮遊する空洞は誰にも埋められないがら空き状態である。

かくして、政党の衰退と劣化とともに、日本の政治そのものが衰退し劣化したのだ。前掲岩崎が指摘するとおり、政党＝選挙という構図はいまだに変わっていない。そして、政党とそれに張り付くメディア、中間団体、市民運動等までが一直線に「飯のタネ」としての選挙に引きずられている。

これは、結局、政治＝政党＝選挙という構図を崩せなかった我々市民やマスメディアの責任でもある。だからこそ、本書の最終章では、政治を選挙や政党から解放し、新しい拡がりのある民主主義を創り出すための具体的提案をしたい。岩崎も、「議会制民主主義を前提として、政党政治と民主主義とのかかわりを論じるだけでは不十分であり、議会外での民主主義にも目を向ける必要が出てきている」と論じている。

民主主義を選挙や政党、そして既存のマスメディアや市民運動に閉じ込めるのはもうやめにしよう。永田町の常識なぞ、眼中におさめる必要すらないのだ。

2 腐りきった憲法論議

†憲法改正論議からみる「党派性」の病

さて、ここからは、憲法論議を題材に、選挙と政党がいかに議論を停滞させ民主主義を機能不全に陥れているか、その現状を分析し、建設的な議論を可能にするための方策を示していきたい。

なぜ憲法を題材にするのかについては、次のような理由がある。

一つに、憲法は超党派で議論されるのが望ましいとされるからこそ、この理想とは程遠い党派性の病が如実に現れるからだ。憲法は国家の基本法であり最高法規であると同時に、「時の多数派でも奪えない」個人の尊厳を保障している。だから少数派も含めて広く合意形成をすべきであるとされている。憲法改正の発議に議員の過半数では足りず「3分の2」が必要（96条）と定められているのは、多数派だけで押し切ることを予定せず、少数派との一定の合意形成を前提としているからである。この厳格な建前にもかかわらず、憲法論議こそが政党単位にがんじがらめに拘束され、右派左派両極から政局に利用され続けているのはなぜなのか、解き明かしていきたい。

二つ目の理由は、リベラルがリベラルな価値を体現していないという病理が、憲法論議において最も端的に現れるからだ。憲法は権利、自由、民主政、立憲主義による権力統制といったリベラルな価値を体現する法規範である。しかし、我が国の自称リベラル勢力の憲法をめぐる思想的なふるまいはとてもリベラルとは言い難い。リベラルの再生を掲げる本書にとっての根本的な課題として、憲法を取り上げる。

三つ目に、私自身、憲法をめぐる政党・政治家から知識人までさまざまな態度や言動を直接間接に見聞きし、また、自身でも発信してきたからだ。憲法に関連する弁護士実務というと、人権派弁護士の憲法訴訟を想起するかもしれないが、私はむしろ、主に国会を中心とした立法過程に関与することで、憲法価値を実践しようと心がけてきた。

その過程で経験した様々な障壁や、それを乗り越えるチャレンジを共有することで、リベラルな価値の再生にも役立てられたらと考える。

憲法を題材に論を進めるにあたり、確認しておきたいのは、憲法論議は国会議員や憲法学者や法律家の独占市場ではない、ということだ。あくまで、「憲法制定権力」である「主権者」

我々一人ひとりが議論のプレイヤーである。憲法論議は、国会、専門家、市民というプレイヤーの相互横断的な対話を通じて、その内容の豊かさや正当性が調達されるべきだ。

様々なプレイヤーたちの多層的な言説を整理することで見えてくるのは、それぞれの論者の法的・政治的立場だけではなく、我々個人一人ひとりの民主主義観や立憲主義観である。

いったい戦後の日本人がどのように憲法についての議論をしてきたのか、また、してこなかったのか。してきたとしてもその作法は適切だったたか。してこなかったならそれはなぜなのか。そこに日本独自の病理はないのか。むしろ誇るべきアドバンテージはあるのか。戦後の70余年を通じて、現在の日本は憲法を議論する土壌としてどのような「地質」なのであろうか。液状化した土壌にいくら高層ビルを建てようとしても、そのビルは地震に耐えられないだろう。現代日本で憲法論議がなされている多層的な言論空間の地質の理解・分析が必要とされる所以である。

†「護憲」「改憲」etc……安易すぎるラベリング

本来、多くの国民にとって、自由で豊かな憲法論議そのものは望ましいはずだ。

にもかかわらず、我が国で自由で豊かな憲法論議を阻んでいるものは何なのか。

日本社会において憲法の議論をすることは、「改憲派」「護憲派」という硬直的なレッテル貼りと、「保守」「リベラル」「右派」「左派」という我が国特有のラベリングとが、ねじれた状態で絡み合うという複雑な構造にある。このことが、極めて政治的・党派的で、特定のイデオロギー的色彩を帯びるかのように受け止められ、言論人や専門家はもちろん、市民レベルでの議論を喚起することが困難になっている。

では、なぜ憲法論議となると、そうしたラベリングとレッテル貼りが私たちを窮屈にするのだろう。だれが、どんな目的で、憲法論議の主人公たちに硬直的なラベルやレッテルを貼っているのだろう。

この問いを解き明かすことで、自由で豊かな憲法論議を阻んでいる複数の原因を浮かび上がらせたい。そして、この複数の原因が、実は日本社会と日本政治の特性に根差すものであって、憲法に限らず他の重要な社会的政治的イシューの健全な議論をも阻んでいることを指摘したい。税負担をめぐるフェアネス、教育の機会と質、働き方改革と時代のギャップ、形を変えて残り続ける差別、外交・安保における主権への疑念、不安定な皇室制度……今我々の社会が直面している閉塞感は、憲法論議にだけ特有のものではないということである。

憲法（constitution）は国家の基本法であって、この国の「かたち（constitution）」を規定する法であることからすれば、憲法論議の作法が、この国の骨格を支えるイシューを議論する作法へと繋がるのはむしろ当然の理だ。

†「3分の2」「改憲勢力」……幻の分断が捏造された

まずは、憲法論議をめぐる国会内の勢力図を見てみよう。

2019年7月に行われた参議院選挙で、いわゆる国会内での「改憲勢力」が憲法改正の発議要件である「総議員の3分の2」を4議席割り込んだ。これが、憲法論議をめぐる国会内勢力図をメディアが語るときの大前提である。

しかし、そもそも与党＋αを「改憲勢力」と位置付け、この「改憲勢力」が「3分の2」を超えれば「改憲」に近づくという設定は正しいのだろうか？　改憲に消極的な与党公明党を「改憲勢力」と位置付け、改憲に対して柔軟な姿勢を持つ野党国民民主党を「改憲勢力」から外す理由はどこにあるのか？　また、改憲項目ごとに賛否も異なって当たり前なのに、一体何を基準に「改憲」自体への積極・消極を判断しているのか？

筋道を立てて考えれば、自民党・公明党・維新その他（＝与党＋α）の政党別議席を単純に足し合わせ、「改憲勢力」と束ねてレッテルを貼り、「3分の2」に達しているか否かを報道することにほとんど意味はない。そればかりか、メディアが「3分の2」という数字を強調すればば強調するほど、改憲論議を見る視点が、与党vs野党という単純粗雑な構図に固定化され再生産されていく。超党派で議論して少数派とも合意を図るという本来のあるべき憲法論議が分断される。つまり、「3分の2を取るかどうか」に焦点をあてればあてるほど、憲法論議の「中身」よりも党派的な数の論理が優先されてしまうのだ。

マスメディアが社会問題の有益な争点形成機能を真に果たしていない顕著な例だ。

大手マスメディアは、憲法改正の国民投票においても重要なプレイヤーであるにもかかわらず、憲法改正論議の「中身」を深めることを阻害するような報道を無自覚的に垂れ流していることの罪は大きい。とりわけ各局・各紙の政治部記者の多くは、国会日程や党内人事を追いかける「政局部」記者の仕事に甘んじており、憲法論議の本質的部分に迫るジャーナリズムの仕事を果たしていない。このようなメディアの無自覚も、憲法改正論議を阻害している大きな要因であることは間違いない。

じつは「改憲勢力」が「3分の2」を占めれば「改憲」に近づくという、あまりに単純粗雑な構図に乗っかっているのは、メディアだけではない。与党も野党も同様である。与党からすれば、とにもかくにも改憲を目指すコア支持者層に対して、「3分の2を与えてくれれば改憲ができます！」と議席拡大を訴えればよい。野党からすれば、とにもかくにも護憲を貫くコア支持者層に対して、「改憲阻止のために3分の1は必要です！」と議席維持を訴えればよい。

すなわち、「安倍政権の下での憲法改正を許さない」という原理主義的な対決姿勢を野党が示している限り、「3分の2」というマジックワードは、与野党双方にとって自身のコア支持者への秋波のための「商売文句」として機能し続けるだろう。かくして、政治の場における憲法議論は、およそこの国のかたちをめぐる国家の意思形成とはかけ離れたところで、選挙における議席獲得のための政党ビジネスに利用されているのが現状だ。

そして、このことで一番不幸なのは、「支援者」よりもはるかに広く存在する「国民」であり、憲法とは本来無縁にはなれない我々「個人」なのだ。

†「戦後レジーム」を固定化する安倍改憲

憲法論議のプレーヤーとして、メディアや政党の姿勢をみてきたが、やはり安倍晋三首相の本気度も測っておく必要があるだろう。日本一の改憲の旗振り役である安倍首相自身、どこまで本気で、何を狙っているのか。「安倍改憲」の中身、そして自民党内の関連人事から読み解いておきたい。

2017年5月3日の憲法記念日、安倍首相は、憲法9条1項と2項はそのままに、自衛隊の存在だけを明記する、いわゆる「安倍改憲案」を打ち出した。

この「安倍改憲」の〝元ネタ〟とされる改憲提案については、その提案者である伊藤哲夫「「三分の二」獲得後の改憲戦略」(『明日への選択』2016年9月号)に詳しい。伊藤氏は、この改憲提案の狙いと内容について、「むしろ護憲派にこちら側から揺さぶりをかけ、彼らに昨年のような大々的な「統一戦線」を容易には形成させないための積極戦略でもある」「憲法の規定には一切触れず、ただ憲法に不足しているところを補うだけの憲法修正＝つまり「加憲」なら、反対する理由はないではないか、と逆に問いかけるのだ」と説く。この伊藤の記述からしても、安倍改憲案が護憲派を中心としたリベラル勢力の分断を狙ったものであることが読み取れる。

他方で、伊藤は、「残念ながら、今日の国民世論の現状は、冒頭でも触れたごとく「戦後レジームからの脱却」といった文脈での改憲を支持していない」ことへの配慮も強く滲ませている。すなわち、安倍改憲とは、安倍首相が就任時から掲げている「戦後レジームからの脱却」とは程遠いものであり、主権回復を達成するための改憲提案ではない。「とにかく一文字でもいいから変えたい」という「改憲のための改憲」であり、むしろ「戦力」と「自衛隊」との関係の清算を棚上げにして対米従属を強化する「戦後レジームの固定化」改憲である。私は9条を改正すべきと考えているが、こんな改憲ならしない方が良い。

なお、伊藤哲夫氏は、安倍政権の支持基盤の核である日本会議の政策委員であり、日本会議系シンクタンクである日本政策研究センターの代表でもある。

本書では仔細な分析に立ち入らないが、この伊藤の提案の延長線上にある安倍改憲案では、安倍首相の目指す目的を達成できないばかりか（自衛隊違憲論に終止符は打てない）、時の政権が自衛権の範囲を融通無碍《むげ》に決められるようになる（安倍首相のいう「何も変わらない」は嘘）。その上、先に述べたとおり、対米従属を強化し主権回復を遠ざける点で、まさに〝百害あって一利なし〟。名実ともに極めて劣悪な提案である（安倍改憲の問題点については、倉持麟太郎「安倍改憲では安倍改憲の目的は達成できない？　自衛隊明記の自己矛盾」『論座』2018年、同「「安倍改憲」の本当の問題とは　安倍改憲は阻止したいけど立憲的改憲論には批判的な人たちへ（下）」同、2018年にて詳述した）。

†ポスト安倍レースの踏み絵

2019年9月11日に発足した新内閣と自民党人事では、自民党憲法改正推進本部長が、アグレッシブな下村博文氏から、前任でありマイルドな細田博之氏に戻った。細田氏は安倍首相の目指す「自衛隊を明記するだけ」の9条改憲イメージ案までを取りまとめた人物で、物腰は柔らかだ。またこの人事の際、安倍首相は、憲法改正は党の政調会長を中心に進めていくと発言した。その政調会長は、ポスト安倍レースに名乗りを挙げている岸田文雄元外務大臣である。

岸田氏は「宏池会」のトップであるが、この派閥は、自民党内においてリベラル色が強く改憲に慎重な立場をとってきた。しかし、岸田氏がポスト安倍レースのサーキットを走るためには、安倍首相の意向を無視するわけにはいかない。憲法改正は、ポスト安倍レースの踏み絵にもなる可能性がある。

こうしてみると、安倍首相にとっての憲法改正とは、憲法改正というアジェンダを利用して党内政治のコントロールを強め、同時に、改憲勢力からの支持を調達し続けるための道具にすぎないのかもしれない。

実際、安倍首相の言動をつぶさに見ていても、連立を組む公明党を本気で説得する迫力はまるでなく、実際そのような行動に出ているとの報道等もない。2015年に集団的自衛権の一部行使を認めた安全保障関連法案の審議のときは、成立に向けて公明党を強力に説得したことと比べても、その熱意の有無は対照的である。

†実は安倍改憲と「ウィンウィン」の野党

これに対して、野党勢力は、相変わらず「安倍政権下での憲法論議に反対」という原理主義的な姿勢を維持している。2019年の参議院選挙で左派リベラル市民の期待を一手に背負い新たに誕生したれいわ新選組も、共産党と会談し「9条護憲」と宣言した。立憲的憲法論議は「積極的に行う」ことを党是とする立憲民主党は、党憲法調査会長の山花郁夫氏が「改憲案、未来永劫出さず」と公言してしまった。

与野党ともに、憲法を党内政治のための手綱か、いわゆる支持者向けの道具としか考えておらず、野党を含めた憲法論議は深まりそうにはない。その証左に、野党勢力のなかで、「もし安倍政権が終わったら」議論するための憲法構想を提供してくれる政党は皆無である。

本当に安倍政権下でのみ憲法改正を許さないのであれば、安倍政権の終焉後は必要に応じて適切な憲法改正議論をするという趣旨のはずであろうし、そうであるならば、本来的に有しているはずの憲法構想を積極的に示してもらわなければならない。あわせて、政権交代の意欲が本物であるならば、護憲か改憲かにかかわらず、少なくとも現行憲法下での現状の国家像・社会像及び課題と解決策をどう考えているのか明確に打ち出すことで、有権者に政権交代の一判断材料を提供してもらわなければならない。

欧米では、むしろリベラル勢力の側からしばしば改憲提案がなされるが、権力統制規範としての憲法の特性に鑑みれば自然なことといえよう。むしろ、日本のリベラル護憲の教条主義こそが歪んでいるのではないか。

†改憲案は誰がどうやって出すのか

さてここからは、実際に憲法改正がどんな手続きを経て、国民投票にかかるのかを簡単に知っておこう。

まず、両議院の憲法審査会に憲法改正原案（議論のたたき台）が提出されることがスタートである【第一段階】。提出後の議論を経て、審査会メンバーの過半数の賛成があれば、本会議へと移る【第二段階】。そして、この憲法改正原案が本会議で、総議員の3分の2以上の賛成によって成立することが必要である【第三段階】。最後に、国民投票にかけられ過半数の賛成を得れば憲法改正となる【第四段階】。

ここでは、第一段階、すなわち改憲原案の提出にあたって定められている2つの方法を見ておこう。

一つは、与野党の合議体からなる合同審査会による起草である（国会法102条の8）。超党派かつ少数意見を尊重するという憲法論議のあるべき姿からいえば、この方法が望ましく、実際、国民投票法制定時の議論では与野党ともにこの方法が望ましいと表明していた。しかし、現在の議論では、ほとんどこの合同審査会への言及はなされていない。

もう一つの方法は、議員による原案の提出である。これは、衆議院100名以上、参議院50名以上の賛成者があれば可能とされている（同法68条の2）。2020年6月現在、自民党は衆議院で284名、参議院で126名の議席を有しているため、この方法なら、少なくとも憲法改正原案の提出は自民党単独で可能である。

なお、日本国憲法が施行されてから一度だけ、この衆議院議員100名、参議院議員50名の要件を満たし、憲法改正原案が提出されたことがあった。2012年4月27日に提出された

「一院制を実現するための憲法改正原案」である。提出者は小沢鋭仁（民主。当事の所属政党名、以下同）、高村正彦（自民）、内山晃（新党きづな）、渡辺喜美（みんな）、下地幹郎（国民新党）、松木けんこう（新党大地）、田中康夫（新党日本）、鳩山邦夫（無所属）、海江田万里（民主）、額賀福志郎（自民）であり、賛成者には安倍晋三や麻生太郎も名を連ねていた。しかし、この原案は、「会派」の了承を得ていなかったことから、受理されなかったのである。

「会派」とは、各議院の内部において議員2名以上で組織される任意の団体で、議院の機関ではない。会派と政党は混同されるが、両者の決定的な違いは、会派の機能が院内に限られているのに対し、政党は一定の政治活動を行う社会的存在であること、またそれゆえにその構成員が議員に限られていない点である。国会法や議院規則では会派の要件などは規定されておらず、その根拠は先例に委ねてられているだけという極めて曖昧な存在だ。しかし、国会審議の質問時間の割り当てなど、国会運営の多くが、この不明瞭な会派を単位として行われている。

さて、法律で明示された要件を満たしているにもかかわらず、法的な機関でもない会派の承認の有無によって憲法改正原案が葬り去られたという事実自体が、法治よりも人治、明文のルールよりも不文律が優先するという日本の極めて歪《いびつ》な政治運用を象徴した事例である。また、このような超法規的な事態について掘り下げた報道は極めて少なく、こうしたメディアの不見識も、現代の日本社会の病理の一端を現していると言わざるを得ない。

これは2012年に起きた知られざる珍事であるが、2020年1月にも、この会派という機関に関する象徴的な出来事があった。立憲民主党と国民民主党との合流協議が決裂した際に、立憲民主党国対委員長の安住淳氏は「(野党統一)会派を事実上の政党として運用していく」と発言したのだ。私はこの発言に思わず耳を疑った。法的根拠のある政党を超えて、内部ルールにすぎない会派なる単位を「政党として運用する」というのは、会社で「掃除当番のチームを会社法上の取締役会として運用していく」と言っているのと同じである。

我々は「国対委員長」も、「国会対策委員会」も、「会派の長」も選んでいない。民主主義に基づいた民主的決定が、我々からどんどん遠いところで、かつ水面下で不透明に決定されていく。リベラルは、「安倍首相なんか選んでいない」というが、フェアかつ真の問題を指摘するなら「国対委員長も選んでいない」と付け加えるべきだ。

後に述べるが、こうした永田町の論理が、終局的には「政治的なるもの」に巣食う人々を地下で生息させるための酸素ボンベの役割を果たしており、同時に民主主義と法の支配の空洞化を加速させている。ここに日本政治最大の欠陥がある。

†憲法を議論するのは誰か

衆議院憲法審査会は、2019年11月7日に、約2年ぶりの実質討議を行った(といっても、内容は、憲法審査会委員の欧州視察の報告とそれに対する委員の自由討議である)。2年ぶりの開催という事実自体も異常だが、この憲法審査会では現在の与野党の歪な憲法論議への姿勢が露《あらわ》になった。

まず、この11月7日に開催された審査会において、野党第一党である立憲民主党(当時)の山尾志桜里衆議院議員の発言と同党の枝野幸男代表とのやりとりに関する一連の出来事を取り上げたい。

山尾氏は、上記憲法審査会の国民投票法改正案の審議に際して以下のような発言をした。

「ここにいる一人一人の議員が、政党の代表者ではなくて、選挙の支援者の代弁者でもなくて、全国民の代表者としてみずからの憲法観を語るところから始めるべきだと思います。……国民には、自分たちの代表者を通じて、今、この現代における憲法の論点を知ったり伝えたりする機会が保障されるべきだと思います。そして、その場はここ、憲法審査会しか私は本来的な場所としてはないんだというふうに思います」(第200回国会衆議院憲法審査会議録第2号9頁)

国民投票法改正という手続きだけでなく、それと並行して憲法の中身の議論をするよう呼び掛けたのだ。

この山尾発言に対して、枝野代表は、当日の定例会見において、山尾議員の発言が党の方針に反しており、「国会の議論の段取りは国会対策マターであり、大衆討議ものではない。党の方針は明確だ」と「不快感」を示したとされる。

この「国会対策マター」という枝野発言は、同氏が2017年の立憲民主党結党時から強調してきた「永田町の論理に与しない」という発言と大きく矛盾する。国民に開かれた公開の議論よりも、与野党間の密室協議に重きを置く永田町の悪しき因習に引きずられた発想そのものである。

そもそも憲法論議は、国会対策委員会マターである以前に、国会議員マターのはずである。特に、憲法審査会は、大臣の答弁を前提としない国会議員同士の議事進行である点で、国会議員の質問と担当大臣の答弁という議事進行を予定している他の委員会とは全く性質を異にしている。憲法審査会とは、憲法15条、43条で「全国民の代表」とされ、96条で憲法改正の発議を行う主体たる国会議員各人が、党派や議院内閣制を離れて自由かつ独立した議論を行うための場だからである。

憲法はおろか法律にも規定されていない「国対」という党機関が、憲法上の正当性を有する国会議員の憲法審査会での発言の内容まで左右するのは悪しき政治的「因習」以外の何物でもない。この姿勢自体が憲法軽視と言わざるを得ない。

日本の自称リベラル勢力は、「憲法にもとづく政治」などと謳うのであれば、主権者なき政治決定の主犯の一つである「国対」や「会派」など廃止して、憲法が予定する議員間の闊達な議論を妨げる党派的障壁を今すぐ取り去るよう叫ぶべきだ。また、憲法審査会での決議や発議においては少なくとも先にみた「党議拘束」は外すべきだろう。

†当たり前のことが当たり前に言えない永田町

この憲法審査会の翌週11月14日に、山尾氏は、前回の憲法審査会での意見の趣旨を以下のように説明している。

「議論しようと言っているのは、ごく普通のことですけれども、……国民は愚かじゃないですし、少なくとも議員より愚かだということはありませんよね。きちっと議論を見せれば、国民的な議論も広がるということだと思います」。ただし、「……現状、政党をしょっていたら国民の求めている議論をするのはとても難しい。ただの護憲でも改憲でもない議論ですね」（第200回国会衆議院憲法審査会議録第3号8頁）

以上の山尾発言と枝野氏の不快感にかかる応酬は、我が国の憲法論議における特異な対立軸を浮かび上がらせるものであり、また、リベラル特有の病をも浮き彫りにする。

「国民」とは、政治的思考と政治的選択を繰り返す飽くなき主体であり、より善い解へと到達できる可能性を秘めた民主主義の主人公なのか。それとも、国民は愚かな選択をするものであるから、むしろ政治家や専門家などの「業界のプロ」たちが決したルールを受けて、選挙でお墨付きを与える存在であれば足りるのか。

我が国のリベラルは、後者の思考に傾きすぎている嫌いがある。わかる人にわかればよいというエリート主義、愚民思想が見え隠れするのだ。枝野氏の「大衆討議ものではない」という「大衆」へのネガティブなコメントにもそれが滲む。枝野氏が永田町の論理とエリート主義・愚民思想を背景にしているのに対し、山尾氏は社会一般の感覚と国民への信頼をベースにして発言したという対立構図は、現状のリベラル勢力がリベラルたりえない対立構造そのものである。

何でもいいから憲法改正をしたいという、本来の憲法改正の意義を「邪《よこしま》な動機」で損なう自民党と、「未来永劫改憲案は出さない」と宣言し、憲法改正論議自体を事実上放棄する野党第一党。ともに、党派性にもとづく政局的な理由から、憲法改正論議について硬直的かつ一方的な主張に固執している。

その結果、日本社会にとって真に憲法がコミットすべきはいかなる場面で、そのためにはどのようなアップデートが必要または不必要なのかといったありうべき憲法改正論議の基盤を、根底から毀損している。それどころか、憲法改正のみならず憲法一般の論議まで事実上封印され、「立憲主義」の本質的な議論すら不可能になっていることは大問題である。安倍政権による立憲主義の軽視は自明だが、だからこそ、野党リベラル勢力は、前向きで創造的な立憲主義の議論を国民に提示する責任を負っているのではないか。

この与野党間の先鋭的で空虚な対立の間からこぼれ落ちていくのが、イデオロギーや党派にとらわれない充実した議論を望む一般の国民である。そして、この層は明らかに有権者のボリュームゾーンでもある。このことは、国民の最も支持する政党が、自民党（35・5％：2020年8月11日現在、NHK調べ）でも立憲民主党（4・2％）でもなく、「特になし」（43・3％）であることと無関係ではない。加えて、「特になし」は増加傾向にある。

今の国会のあり方は、「議論を見たい」という生活者からすれば「当たり前」の感覚に反しているし、そもそも国会は議論する場所であるというこれまた「当たり前」の前提に反している。議論しない国会に、人々は辟易としているのだ。

3　リベラルの原点を問いなおす

†両極の意見に同時に接することが大事

この現状リベラル野党勢力の行き詰りを打開する方策を考えるにあたって、田中辰雄・浜屋敏前掲書に大変興味深いアメリカでの調査・研究が紹介されている。ペンシルバニア大学の研究者らが、朝の通勤バスにおいて、政権批判的な内容と政権擁護的な内容のラジオを放送し、聞く前と聞いた後でどのように意見が変わったか、または変わらなかったかについて調査をしたのである。流したラジオ番組は4種類。①政権批判的、②政権擁護的、③批判と擁護「両方」、④ラジオ放送なし、である。④のラジオ放送なし、を基準に、58台の通勤バスルートで15日間ランダムに①〜④を流し、15日後に、バスの乗客の意見の変化を調査したというものだ。

結論としては、2パターンの結論を得た。

(A) 政権批判あるいは政権擁護ばかり流した時は人々の意見に変化はなかった。

(B) 批判と擁護両方を流した時には、人々の意見は穏健化した。

これは大変に興味深い。すなわち、リベラルは従来多様性と称して「反対意見に触れるのが大事だ!」と主張してきたが、それは、自己の考えと「並列して」反対意見に触れることが極めて重要だということである。もし、ただただ反対意見のシャワーを浴びれば意見が変わるのであれば、政権批判or擁護ばかり聴いた人々に意見の変化があるはずだが、調査結果は逆で、意見の変化はなかったとしている(A)。

これは、考えてみれば当たり前である。熱烈な巨人ファンに、巨人の批判ばかり聴かせたり、阪神のすばらしさだけを一方的に聴かせても、心を閉ざすばかりである。野党支持・護憲派という人々に、護憲派や野党の政策の弱点の批判か改憲派または政権与党の擁護・賛美のどちらかだけを徹底的に繰り広げて、改憲派や与党支持に転向させようとしても、絶っっ対に無理である。双方の意見や見解を並列して並べ、どちらにも問題点があることや、それなりの理があることを納得できたときのみ、意見を変える。

これは「相手のことを理解したことによる歩み寄り」である。

逆に、どちらか一方を擁護ばかりしていたり、あるいは一方的に批判しかしていない人々がいたら、その人たちは、「お互いを理解することによる歩み寄り」を放棄していると考えた方がいい。

49か51かのグラデーションに目を凝らせ

もうお気づきの人がいるだろうが、現在の日本の政治過程は、まさに、政権or野党の批判か、その逆の擁護・賛美のどちらかしか存在していない。

与党も野党も、自分たちが唯一正しいとの前提から、自らは擁護し相手は徹底的に批判、それだけの応酬をしている。政権与党は、自分たちが上げた成果を並べ立てたかと思えば、「悪夢のような民主党政権」と罵倒する。野党も、「鯛は頭から腐る」などと幼稚な揶揄を持ち出して、まるで自分たちは無謬《むびゅう》のエリートで与党は偏差値が低いかのような物言いしかしない。

これでは、我々国民は、いったいどうやって双方の意見や価値に対する判断をすればよいのだろうか、全く手がかりがない。どちらに共感するかを情緒的に迫られているだけで、政策やロジックという、双方を測ることのできるものさしがないのである。

民主的決定というものは、0か100かではなく、49か51かに至るグラデーションの中に、次の決定に生かすべき教訓がたくさん詰まっている。どちらかが100%良い・悪いなどということはありえず、どちらも理があるし、どちらも欠点はあるが、今回はこちらにしようと51の方（多数派）が決定したときに、両者の意見を並列して聞くことによって、双方が双方の「理解」を高め、ひいては、自分と正反対の結論が採用されたとしても、それに服することを正当化できるのである。その正当性を獲得する最重要の過程が、対話であり、議論である。

現在、与野党ともに議論を放棄し、一方的な賛美と批判の応酬を繰り返しており、相互の理解に努めようとする姿勢が欠如している。

野党やリベラルがうわごとのように繰り返す「寛容」や「多様性」というのは、そこに至る前段階に「対立」や「敵意」を含んでいる。決して無条件の肯定のことではない。対立やお互いの敵意を受け止め、それでもなお、相互理解のために歯を食いしばる、そのときのエンジンが、「寛容」や「多様性」という規範である。今の政党政治は、この意味での寛容や多様性は一切実現できていない。無条件肯定か無条件否定の応酬に堕している。

さて実は、ここまで議論してきた望ましい議論の在り方云々は、すでに政治的な態度決定を終えている人々にそこまで影響がない。

影響がありうるとすれば、政治的意見をまだはっきりと有していなかったり、態度決定をしかねているいわゆる「中間層」「無党派層」「無組織層」の人々に対してである。この「中間層」の人々にとっては、議論や対話によって国会内の政敵同士の相互理解の過程を可視化することなしには、どちらがどちらよりどれくらいどうなのか、という非常に微妙なグラデーションが見えない。

「Aを支持してください、強いリーダーシップで日本を良くします」「Bを支持しちゃだめです、あれは知的レベルの低いヤクザみたいな人達だから」などといきなり言われて、普通の人が支持や不支持を決めるとでも思うか？　それでは宗教の勧誘と変わらない。

現状の政治過程における対話の欠如は、中間層にとっては不幸極まりない状況である。忘れてはならないのは、この「批判と擁護両方を同時に並べて見せる」ことにより対立当事者が相互理解していく過程を可視化するという作業は、事実上野党勢力にしかできないという点である。本来政権担当している与党が、リソースも含めて余裕があるのであるから、横綱相撲で示すべきと思われるかもしれない。しかし、権力担当者が合理的に行動すれば、ふつう自身の良さと悪さを並列して見せるようなそんな「お人よし」な行動はとらない（個人的には、そうすればさらに支持率は上がると思うしこの社会の制度設計はフェアになると思うが）。

†中間層を動かす唯一の方法

先に書いたように、もはや我々の社会は、敵陣の批判をいくらしたとしても支持率にはまったく影響しない＝相手の意見を変えることはできないほどに分極化している。

したがって、敵陣と自陣には、基本的にどんな発信をしても、今の構図は変わることはない。しかし、幸いなことに、この国の最大の支持母体は「支持政党なし」である。私が、野党は「上顧客」だけ見ていても未来がない、と言っているのはこのことで、自陣はもはや開拓しつくしてマーケットは飽和状態である。

野党勢力は、なぜ政権与党の言っていることが駄目なのかということを、具体的な対案などのオルタナティブを明確に示して、図式的に国民に提示しなければいけない。それができないのであれば、「中間層」は、現状維持か、支持政党なしに帰着する。

本当に政権を奪取したいのであれば、野党勢力がもぎ取らねばならないのはこの中間層である。個別の問題に対する批判だけではなく、具体的な対案やオルタナティブとなる理念や価値に基づいた政策を示し、政敵との相互理解の過程を見せるような、そんな国会運営や発信をすることが、何よりも重要である。

これをやらない場合は、政治的言動が政権交代以外の違う目的に向いている。大体が自身の次の選挙の当選がすべてであり、そうすると、上顧客である自陣向けのおべっかの無限ループに陥る。現在の野党は残念ながらその嫌いがある。

私はこのいわゆる真のオルタナティブを示す政治勢力は、かなり少数の勢力でも良いと考えている。与党側がふりかざす「政治は数」という単純化されたマジックワードに寄りかかって自らの思考を停止させ、政策や理念そっちのけで小さいパイを取り合う野党勢力。おそらく、「野党共闘」で獲得できるパイはもう飽和状態だ。2019年の参院選や、2020年の東京都知事選の結果がそれを物語っているではないか。後者については、改革を期待する層は野党共闘候補でなく、日本維新の会の候補に流れたということは約60万票という維新候補の得票数に表れている。もはや「共闘」としたところで受け皿にすらなれないのだ。

そもそも、数で勝っている勢力に対して絶対的に少ない勢力が数の論理で対抗しようということ自体が、じゃんけんでいうと「グーにグーを出している」状態である。

日本維新の会がオルタナティブとしてたまに対案を出すことがあるが、あまりに邪な目的が原動力であることと、基本的な人権感覚が決定的に欠落していることから、選択肢たりえない。

グーにはパーを出さなくては勝てないのだ。パーは何かと考えれば、「政治は数」でも「審議拒否」でも、「スキャンダルの徹底追及」でもない。グローバリゼーションとアイデンティティの政治に引き裂かれた、国家、都市（地域共同体）そして個々人のアイデンティティを再構築し、具体的な政策として提案することである。

党派性の論理に非難されるという構図は、前出の山尾氏に限ったことではない。

†#裏切り者には死を

「まっとうな議論」を呼びかけて、2019年7月25日、国民民主党代表である玉木雄一郎議員が、インターネット放送番組「文化人放送局」で、憲法改正に向けた国会での議論に応じるとともに、安倍晋三首相に党首会談を申し入れるとの考えを表明した際には、左派リベラル支持者から非難が噴出した。インターネット上で玉木氏について投稿するにあたり「#裏切り者には死を」というハッシュタグが拡散するという異常事態だ。きわめて多くの投稿がなされたため、ネット上で流行りのワードが表示される「トレンド」として、「#裏切り者には死を」が一位になるほどであった。

この出来事も、我が国におけるリベラル勢力の「純化」と自己矛盾の病理を端的に示している。「多様であればあるほど逞《たくま》しい」「自身の自由を守るために他者の自由を守る」といったリベラルの本懐はあっさり放棄され、自分の考えが唯一絶対に正しいという前提のもと独善化した自陣への純化を求めている。

憲法の議論を積極的に行おうと発言しただけで、彼に対する「死」という言葉でインターネット上が沸き上がる様は、「自由・平等・博愛」の名のもとにギロチンにかけた断頭台で喝采する群衆すら想起させる。これらは、およそリベラルとはいえない。

ここで、前章を思い出してほしい。このようなインターネット上での過激な意見表明をする人は、全体からすればごく数%だ。しかし、ネットという言論空間でのシェアになると50%程度を占める「過剰代表」関係にあった。そして、この「過剰代表」を政治勢力が「上顧客化」する構図が、ここでもそのまま当てはまる。今回の「#裏切り者には死を」は、典型的な護憲派勢力による自警団的な行動であるが、選挙対策上護憲勢力を必要とする野党は、このような言説を無視できない。過激な過剰代表者との依存関係はリベラル勢力を弱体化していく。

†あてられない、あたらない、石破茂氏

また、2019年秋の憲法審査会においては、与党である自民党においても不可解なせめぎ合いが起きていた。

その主人公は、自民党幹事長や防衛大臣を務めた石破茂議員である。

石破氏といえば、近時「安倍王朝」と化した自民党にあって、安倍晋三首相への批判をほぼ唯一本気で行っている自民党の重鎮である。2012年と2018年の自民党総裁選で、二度とも安倍氏に敗北した。一方で、2020年6月現在も、マスコミ等による世論調査等では、

「次期総理大臣にしたい人物」のランキングにおいて、安倍首相や現役閣僚を抑えて1位の座をキープしている。事実上安倍一強独裁体制を支える自民党執行部及び官邸にとっては、唯一の「脅威」として映っているのではないか。

石破氏は、防衛大臣も歴任した安全保障政策及び軍事政策通として知られ、憲法9条についても積極的な発信をしている。具体的には、9条2項を削除し、自衛隊を憲法上の国軍として位置づけるという主張である（石破茂「これからの政治課題――憲法改正・北朝鮮・教育をめぐって」月刊『世界と日本』7月号、2017年）。「9条2項削除案」「石破案」などと呼ばれることがあるが、石破氏自身は、そもそも「石破案」なる呼び名は不自然であり、「憲法改正案として党議決定した、今も残るたった一つの案だ」と語る。すなわち、9条2項削除案こそが、自民党で公式に承認を得た憲法改正案であると主張している（共同通信「石破氏、9条2項削除主張「唯一の自民党案」」2019年11月3日）。憲法改正という論点についても、石破案と安倍改憲案とは真っ向対立しているのだ。

さて、その石破氏も、2019年の臨時国会における憲法審査会の委員として名を連ねていた。憲法審査会では、発言の機会を求める際には、机上の名札を立てることによって発言の意思があることを表明し、憲法審査会長に指名されて発言の機会を得る。石破氏は、自由討議が開催され自身が出席した憲法審査会で、毎回、名札を立てて発言の機会を求めた。しかし、同じ日に複数回指名される委員もいたというのに、不自然なまでに石破氏は指名されない。そして、とうとう最後まで一度も指名されることはなく、2019年の臨時国会は閉会した。

石破氏は、憲法審査会の最終日に自身が指名されないことが決定的になると、審査会終了後に、これに激怒した（具体的には、憲法審査会後「もういい」と声を荒げ机にファイルを叩きつけて席を後にした。毎日新聞「石破氏、机たたいて不満あらわ　玉木氏が発言求めるも……衆院憲法審査会」2019年11月28日）。国民民主党の玉木代表が意見陳述内で石破氏の発言を求めたにもかかわらず、なお指名されないという異例の事態に、石破氏は「全然当たらない。民主主義国家としてどうなのか」と発言したと報じられている。

†憲法審査会運営を妨害する党利党略

なぜこのような異常な事態が生じたのか。真意のほどは定かではないが、衆議院憲法審査会の自民党幹事を務める新藤義孝議員が、安倍首相の意を汲んで、石破氏に発言の機会を与えないよう、憲法審査会長に対し明示的・黙示的に「無視」を求めたためだと考えられている。無視を求める方ももちろん問題だが、これを受けて党及び政権の意向を忖度《そんたく》し、政権に批判的な特定委員を指名しないという「いじめ」まがいのことをしている責任は憲法審査会長（佐藤勉衆議院議員）にあるだろう。憲法審査会長はあくまで衆議院憲法審査会規程に基づいて設置された、公平・中立な議事の整理及び進行のための公的機関であるからだ（衆議院憲法審査会規程4条及び5条）。

憲法審査会長に限らず、あらゆる委員会の委員長に言えることだが、昨今の国会における議事運営を見ると、与党から選出された委員長及び審査会長は、充実した討論や質疑のために議事を中立的に進行する存在ではなくなっている。もはや、政権与党に有利に議事を取り仕切り、議決をするためだけのロボットである。

このように、憲法審査会は、与野党ともに、党利党略や、各政治勢力の不合理で感情的な政局的「打算」と「下心」及び「忖度」によって運営され、支配されている。およそ憲法改正について、議員による真摯で本質的な議論が担保される状況に至っていない。憲法審査会長が政権の意向を汲んで指名権を行使し、与党によって都合の悪い意見は排除され、野党第一党においては「議論」すら封殺しようという圧力がかかる。

「全国民の代表」（憲法15条、43条）である議員で構成される「委員」が「議題について、自由に質疑し、及び意見を述べることができる」（衆議院憲法審査会規程12条）ことを建前とする憲法審査会の内実はまさしく掘り崩され、形骸化していると言い切って間違いないだろう。

なお、参議院憲法審査会は、とうとう一度も開催されないまま、２０１９年国会は閉会した。

†議論を殺しているのは政党とその上顧客だ

以上、本項で論じた憲法審査会と政党政治の相互運動を通じて明らかになったのは、我が国における豊かな憲法論議を妨害している存在は、「政党」であり、その選挙を支えるごく一部の「支援者（＝上顧客）」であるということだ。

先述の山尾氏と石破氏の事例は、「政党」と「支援者」の構図を背景に、国会内における議員としての「議論」のきっかけすら封印された動きとして、与野党を超えた相似形である。

玉木氏に対する攻撃は、「支援者」の過激な一部が、国会の外から非常に先鋭的な形で、自らと異なる意見を排除しようとしたものだ。ノイジーマイノリティによる「純化」への極化現象といってもよいだろう。

しかも、多様性や言論の自由を核心的価値に掲げるリベラル勢力によって言論への圧力が巻き起こったことは、現代社会におけるリベラル左派を自称する野党勢力の自壊を如実に物語っているのではないだろうか。ヴォルテールを拝借すれば、「君の意見には賛成しない、しかし、君の表現の自由は死ぬ気で守る」と言うべきところが、「君の意見には賛成しない、ゆえに「我々」が賛成しない君の表現の自由は制約されて当然である」と言ってしまっている。

これこそが現代の日本の左派リベラル、ひいてはリベラリズムを弱体化させた実態である。

†選挙のための運動が、我々の多様性を粛清する

先の事例で玉木氏が批判された一因は、2019年7月参院選の直前である5月29日に、野党共闘を呼びかける団体「安保法制の廃止と立憲主義の回復を求める市民連合」（以下「市民連合」という）が示した「立憲野党4党1会派の政策に対する市民連合の要望書」（以下「要望書」という）に立憲民主党、日本共産党、社会民主党、社会保障を立て直す国民会議の代表とともに、国民民主党の代表としてサインしていることであった。ちなみに、市民連合とは、安保法制後に組織された、野党共闘を掲げる左派リベラルの選挙応援組織である。先に見たアイデンティティ・リベラリズムの日本における具現化といってよいだろう。

このときの玉木発言を糾弾した根拠が市民連合という一部選挙互助的な市民運動勢力であったことは、選挙と政党を軸にした「政治的なるもの」に支配された市民運動によって、我々の言論空間とアイデンティティの画一化が演出され（ネット空間での〝過剰代表〟問題については、第四章）、リベラルの大切にする多様性が失われているという現代政治の問題点を如実に可視化している。

安倍政権が進めようとしている憲法改正の欠陥を国民に知らしめることや、発議をさせないための運動論の在り方は多様であってよいはずである。結論だけでなく方法論まで統一化しよ

うとするのであればもはや全体主義だ。玉木氏も山尾氏も、安倍総理と議論をすることによって、「安倍改憲」の不合理性や欠陥を明らかにするという立場である。最終的に安倍改憲に反対の絶対数を増やすためであれば、それぞれがぞれぞれのやり方で国民の理解を促すべきであるのに、ある特定の方法論だけが望ましいとする一部の原理主義的な支援者及びこれに支えられた政党が、方法論の多様化を減殺、封殺している。

これらの「政党」及び「支援者＝市民運動」は、終局的には選挙のために存在するという点で一直線に結ばれるということは、繰り返し指摘する必要があるだろう。

市民運動が「価値」や「理念」のためでなく、価値を度外視した「運動」のための「運動」に堕してしまっては、その運動自体の求心力が失われる。表面的に価値の標榜があったとしても、ここで紹介した一連の出来事を見れば、彼らが掲げる価値がハリボテであることはご理解いただけるだろう。これにより積み増しできているのは、結局のところ「支持政党なし」やニヒリズムである。

†連戦連敗のリベラルがそれでも戦い方を変えないわけ

安倍政権が登場した後の左派リベラルの市民運動は、こと憲法問題に関して拡がりを見せるというよりも、どんどん蛸壺《たこつぼ》化している。ごく一部の市民運動を存続させるために、本来リベラルが旗印にすべき多様性と包摂、忍耐と寛容という価値を自ら放棄する言動がしばしば見られ、多様な意見の排除と不寛容、直情的な反応と言論の統制によって、党派性や選挙の枠組みを超えたあるべき市民運動自体をシュリンクさせている。

しかもこれらはごく一部の「過剰代表」が過度に言論空間シェアを占拠した結果だ。当然、これらの一部勢力及び運動体に極端に依存する野党政党の支持及び力もシュリンクしている。支持率の止まらない下降曲線は先にも触れた。

もはや与党に対して今までと同じやり方で勝てないことは、安倍政権に対するリベラル左派の方法論による連戦連敗で明らかであるし、さらに言えば、政治への無関心層（最大勢力）が幻滅するような戦略を取り続けることは政治的文脈を超え、日本社会全体にとっての不幸である。

以上、山尾、玉木及び石破氏の3事例は、2019年の日本社会における、国会内外での憲法論議の病理を浮かび上がらせる核心的なバリエーションとして紹介した。

4　法の支配とは何か

†そもそも憲法審査会の「合議体」としての不十分さ

ここで、憲法審査会が実際にどのように運営されているか簡潔に触れておきたい。一例として、2019年秋の衆議院憲法審査会自由討議の段取りを紹介しよう。

衆議院憲法審査会は50人で構成されており、委員は、各会派の所属議員数の比率により、これを各会派に割り当て選任する（衆院憲法審査会規程3条2項）。議席の比率に応じて配分されるため、自民党議員が過半数以上をしめることになる。開催は毎週木曜日が定例日とされ、午前中の1〜2時間があてられることが慣例となっている。2019年臨時国会では、67日間の会期中に実質3回、各1時間だけの自由討議が行われた。

この自由討議なるものが曲者である。自身の名札を立て、発言の意思表示をした者の中から会長が指名するが、指名権の行使方法に明文のルールはない。慣例として、与党と野党を交互に、指名される会派が偏らないように、その上で基本的には「早く手を挙げた人」ならぬ「早く札を挙げた人」からあてるという運用が事実上行われているようである。

もちろん、指名権は会長の専権なので、前述のように、石破氏だけを最後まで指名しない、ということが可能であるし、現実にこの臨時国会ではそのような恣意的な運営がなされた。すなわち、全議員の発言の機会の公正は制度的に担保されていない。

人数が50人と大人数で、時間が短いため、誰が、どのような発言をするか、また、誰を指名するか、といった時間の使い方を指名者も発言者も政治的に配分・利用しようとするインセンティブが上がってしまう。この点も問題である。そして、発言の持ち時間はおおよそ5分程度と決められている。

それぞれの委員の発言を捌《さば》き、充実した審議を担保するために極めて重要な役割を果たすのが、憲法審査会長である。発言中に質問が含まれていれば質問への適切な回答者として幹事ないし委員を指名し、再質問の必要等も判断して再度指名権を行使すべきだ。また、重複する意見や目的と無関係のものなどがあれば、発言の中身や質問を変更して再度発言を求めるなど臨機応変な交通整理が求められる。

しかし、実態は、先の石破氏に対する指名の有無や「言いっぱなし」の放置など、会長においてそのような適切な交通整理を伴った議事進行が行われているとはおよそ言い難いのが現実である。

国会議員という政治の専門性を有した職能集団を50名も張り付けて、憲法審査会という重要な公的リソースを利用しているにもかかわらず、人的・時間的なロスがあまりに大きすぎる。「審議拒否」が常套《じょうとう》手段になっている国会議員に「機会損失」という概念がないということがよくわかる。

また、他の委員会は朝の9時〜18時まで行うこともあるにもかかわらず、前述のとおり憲法審査会は基本的に週1回1時間からせいぜい2時間程度である。絶対的な時間が短い。その中で50人全員の発言の機会など到底保障されない。

あわせて、この臨時国会からの悪例として、最初の30分は、各会派が事前に割り当てた発言者からの発言にあてるという運用が2度続いている。すなわち、およそ審査会の半分の時間は、「自由討議」ですらないということだ。ここでも、党や会派による議員の発言への介入とコントロールがまたもや目に見えない形で強化された。

以上のとおり、憲法審査会とは名がつくものの、およそ憲法改正に向けての合意形成を慎重かつ緻密に作り上げていけるような議事進行は行われていないし、今のシステムのままでは不可能である。これも非常に日本的だが、おそらく「善き司会者」が存在すれば、熟議は担保され、多様な意見の抽出と相互コミュニケーションの充実が図れるのかもしれない。しかし、それは「人の支配」への依存に他ならない。もちろん識見の高い人物が採用されるのが望ましいが、そうでなくても、会議自体が充実した熟議を確保できるように、議事について一定の詳細なルールを作り込まない限り、おそらく今後も憲法審査会は空回りである。現在は、憲法調査会長も幹事も無能の集団なので、人の支配にあって最悪の「無能の支配」状態である。

†ざんねんな憲法改正論議

このように、本来改憲案について超党派での議論を担保するはずであった憲法審査会方式の存在が、議員やマスコミにすら忘れ去られていることや、２０１９年国会での国民投票法改正案の頓挫、そしてまた憲法審査会自体の制度的に熟議が担保され得ない構造的欠陥などを鑑みれば、安倍首相の表面的な熱とは裏腹に、現実的には改憲プロセスは動きようがないと言えるだろう。

加えて、安倍首相自身がいわゆる「改憲勢力3分の2」を有しながら連立与党の真剣な説得をしないまま3分の2を割り込み、今や政治的イシューとしての憲法は、党内及び一部の支援者をコントロールする手綱として利用されている。他方、野党第一党は、一部左派リベラル勢力という「上顧客」の関心に拘泥するあまり、憲法自体の議論を放棄している。このような現状からすれば、制度上も、国会の構図的にも、憲法改正は当面は進まないと考えてよい。

危惧するのは、憲法自体が政局の道具として利用され、その中身の議論がされないことだけでなく、そのことによって憲法論議が政治的分断を助長すること、さらにはこの国の政治への無関心やニヒリズムを助長することである。

憲法改正と密接に結びついた「党派性を帯びた」市民運動は、もはや社会の分断と無関心を固定化・再生産する存在でしかない。政党、市民運動そして政治部を中心としたマスメディアが、国会内外における多様な憲法に関する熟議を阻害している。

そして2020年の現在、新型コロナウイルスの感染拡大もあいまって、憲法論議は、さらに銀河系の彼方に吹き飛ばされている。客観的にみて、国会における憲法改正議論が進みようがないことは明らかだろう。

†新型コロナと緊急事態が思い出させた「法の支配」

新型コロナウイルスの報道で、総理大臣や都知事が「Stay home（家にいてください）」と連呼する画面を見ながら考えた。

「この人たちはなぜここまで、国民があなたたちを信頼していると思っているんだろう」

日本は幸い、「自主規制」や「自粛」が上手でお利口な国民性に助けられ、法的強制力のみならず法的根拠すらなくても、「自粛」を「要請」するだけで「国民一丸となって」権利行使を控えてくれる。罰則や強制力がない反面、国家が責任主体になりきらない緊急事態宣言は、むしろ市民社会にその責任と負担を丸投げしている。そして実際、法の根拠が薄弱なまま、コンサートも集会もレストランの営業も、「自粛」の「要請」という語義矛盾が矛盾のままに実現された。

「自粛」違反の感染者は、政府が頼まずともメディアが率先して魔女狩りの先頭に立ってくれるし、一部のネット市民社会もそれをサポートしてくれるから、政府は悪役すら果たす必要がない。本来法の重要な役割は、どこまでがセーフでどこからがアウトか明示することによって、人々に予見可能性を与え、人々はそのギリギリまで自由を行使しながら、社会における唯一自分だけの人生の在り方を設計する。

私は、基本的に権力は信頼できないから、誰が権力者になったとしても、その権力者がどんなに聖人や哲人であったとしても、その権力を統制するシステムが必要であると考えている。「誰がなっても同じようにコントロールされる」ことを担保する方法はいくつかあるかもしれないが、最も強力なものが、法であり、制度である。この「法」によるコントロールの体系における最高法規が憲法であり、そこには権力をコントロールするための内容面と手続面のルールが定められている。そして、その憲法が侵されたときに一刀両断する裁判所の機能の確保が求められる。これをもって「法の支配（rule of law）」という。

リベラルこそ、個人の自由を確保するために国家権力を統制すべきという法の支配の観念を深く尊重すべきはずである。しかし、現在我が国のリベラルは、「安倍政治を許さない」という属人的ヘイトに終始して、「法」や「制度」に問題を昇華させようとしない。善き為政者であれば法制度は二の次なら、それは英雄待望主義（ヒロイズム）と変わらない。ヒロイズムは

「人の支配」そのものであり、法の支配と対極にあるものだ。憲法の文言の護持によって、悪しき統治者を統制できない現状のリベラルの姿勢は、「人の支配」を「法」によって追認・固定化するものである。これは、右も左も関係なく日本特有の感覚ではないか。コロナ禍で「どの知事が活躍したか」といった視点で次のリーダーとして待望するような動きも、「人の支配」を追い求める国民性が明らかになった一側面といえよう。

我が国のリベラルと言われる人々は、悪しき統治者さえ交代すれば社会が良くなるという。善き統治者の到来を待ち焦がれる。公権力担当者の「心持ち」の入れ変わりを念力の世界で祈る。しかし、リベラルの核心である「人の内心には立ち入らない」という姿勢を捨てては、もはやリベラルと呼ぶわけにはいかない。私は自身をリベラルだと自覚するからこそ、「法」や「制度」に最後までこだわってシステム構築を考え抜きたい。あらゆる「権力」は信頼できないものだからだ。

†法の支配も人権救済も「不要不急」?!

今回の緊急事態宣言下における「法の支配」について、私自身の職業柄、特に問題視しているのは裁判所だ。言わずもがな、裁判所は法の支配の核心である人権救済の砦である。ところが、政府からの緊急事態宣言が出たとたん、私の法律事務所にも「緊急事態宣言を受けて、すべての期日（裁判が予定されている日のこと）を取消しております、次回期日は追って指定いたします」と、裁判所から電話の嵐だ。ちょっと待ってくれ。

究極的にこの緊急事態宣言自体の合憲／違憲もしくは合法／違法すら判断を迫られるかもしれない裁判所が、「内閣が宣言出したから裁判しません」というなら、司法の存在意義はいったいどこにあるのだろう。内閣付属的司法……この国は、法の支配も人権救済も「不要不急」なのか?! と大きなショックを受けた。

これまで私は、緊急事態における憲法上の規定や法律上の規定を拙速にいじることには反対してきた。しかし、これほどまでに無責任な緊急事態の法体系とその責任を最終的に判断するはずの司法機関の無能力化に直面して、考えを変えつつある。緊急事態宣言は停電したときの非常灯だ。緊急事態において、法あるいは憲法で、どこの明かりをどこまで照らしておくのかといったことは、事前に、今よりも詳細に決めておく必要があるのかもしれない。「東京アラート」や愛知県をはじめとするいくつかの自治体が発令した「独自の緊急事態宣言」等、全く法的根拠がない謎の措置。感染症対策など目的ではない「風営法」で警察が風俗店に立ち入るという法の目的外適用など、もはや日本の「法治」は底が抜けている。

緊急事態は、日常と非日常における法の支配と立憲主義に、再度光を当てたのだ。

†「立憲主義どころじゃない」という暴論

ここで、法の支配と立憲主義について、我が国が抱える本質的問題を象徴する新聞記事を紹介したい。

それは、2019年9月22日付の東京新聞である。見出しは「憲法変えようとする人　怪しいと思え」。先般2019年7月の参議院選挙で旋風を巻き起こした「れいわ新選組」党首、山本太郎氏の言葉である。記事中には、「『立憲主義に基づいた政治を』との主張は大切だが、それどころじゃない。厳しい生活を少しでも楽にする政策は何なのか、具体的に話さなければいけない」とある。

この山本発言は、立憲民主主義を掲げる近代市民国家であれば、とりわけリベラル勢力から強烈に批難されうる言説だが、日本では、「改憲＝悪」「護憲＝善」の善悪二分論を死守したい左派リベラルによって賛同されれども、問題視はされていない。

この現象からみえてくるのは、ここまで論じてきた現代日本社会におけるリベラルの病理の核心部分である。その核心とは、我々国民の多くの心の奥にある「立憲主義どころじゃない」というマインド。これこそが最大の難敵なのだ。

†ファクトとしての憲法9条と世論調査

実際、日本人は、いつごろから何をきっかけに、「立憲主義どころじゃない」という憲法軽視のマインドを形成してきたのだろう。我が国における憲法の代名詞、憲法9条をめぐる世論調査からみてみよう。政治学者の境家史郎准教授は、戦後70年にわたる憲法世論を徹底的に分析している。

この調査によれば、戦後まもない時期においては、憲法9条に関し、明文改正して国軍を持つべきということに対して自覚的に賛成する世論の方が多かった（境家史郎『憲法と世論』筑摩選書、2017年）。

たとえば、朝日新聞が1950年に行った世論調査では、「ある人たちはわが国は軍隊をつくるべきだといっていますが、あなたはこの意見に賛成ですか、反対ですか」との調査をしており、しかも以下のように極めて明確に、警察予備隊と差別化した「軍隊」であるとの留保を付け加えている。「『軍隊』というのは日本を侵略から守る軍隊のことで、警察予備隊や海上保安庁とはちがいます」ここまでの留保をつけ明確化した問いに対して回答結果をみたとき、賛成は54%。反対の28%を「圧倒」していた。現在の我々からすれば驚くべき結果である。境家の言葉を借りれば、「「憲法制定当初から九条は圧倒的多数の国民から支持されていた」とか

「高度成長期を通し、改憲を望ましいとする有権者は減る一方だった」といった見方」は「神話」である。

しかし、こうした世論の見識が憲法上汲まれることはなかった。日本は、朝鮮戦争勃発を前に警察予備隊そして保安隊を創設し、9条に抵触する事実上の「戦力」たる自衛隊という組織を有するに至った。吉田茂内閣は、政治的コストの軽減のために、解釈改憲の途を選んだのである。先行した事実を法規範で統制することなく、解釈で追認し既成事実化するというこのスタイルは現在に至るまで続いている。

政治的な構図としても、1950年初頭には公民権の回復とともに鳩山一郎や岸信介の保守勢力が復権し、改憲のモメンタムが高まるはずが、その実、公職選挙法や憲法の全面改訂をめぐって保守内で分裂が繰り返された。その間に、社会党勢力は団結を強め、保守勢力は改憲発議要件たる「総議員の3分の2」を割り、法的にも発議が不可能になった。

その後、保守勢力の衣替えとともに「憲法改正」を党是に掲げ結成された自民党さえ、政権の安定的運営のために、憲法改正を事実上封印した（あの中曽根康弘総理でさえ！）。具体的な国会審議としては封印しながらも、一部支持者へのラブコールとして、憲法改正を主張し続ける自民党の党是は、安倍晋三総理大臣まで、これまた一貫している。

また、冷戦がdétente（雪解け）へ向かう中で、日本の政策決定の主たるプレイヤーであるアメリカからも、憲法9条に対するプレッシャーの方向性は変わっていった。日本は、西側陣営における「経済的優等生」でいればよく、主体性を持った軍事力の存在はむしろ忌避された。結局、国民、政治家、そして最大のステークホルダーであるアメリカ、この三者がコンセンサスを結んだのだ。憲法9条は、「国防」「政権運営」「生活」そして『国益』にとって、邪魔にもならなければ役にも立たないという立ち位置こそがふさわしいと（境家は「戦後政治では……結果として憲法典は維持されてきた。しかしこのことは、日本国憲法が規定する「この国のかたち」、あるいは憲法体制が終始一貫して保たれてきたことを意味しない。……このように、憲法の文面は同じであっても、その都度、新たな解釈が加えられることで、憲法体制は変化し続けてきた。逆にいえば、憲法体制が変容してきたからこそ、憲法典は不変であることを許されてきたのである」としている）。

境家は、戦後まもない時点においては、国軍を持つことに賛成する意見が圧倒的に多かったというファクトを踏まえつつ、高度成長期以降の9条改正への国民の意欲の低下を読み解くにあたり、それは高度経済成長以後「国民が9条を一言一句改めるべきでない聖典ととらえるようになったことを意味するのではな」く、「あくまで9条は、「存在しても国防上の実害がない」ことが明らかとなったために、そのままの存在がゆるされるようになったとみるべきである」と指摘している（境家史郎「9条への「無」意識進む――重要さ増す世論調査の質」『Journalism』2019年2月号、朝日新聞出版)。

境家の研究からその証左をみるに、憲法9条を改正して自衛隊を憲法に書き込むべきかという問いに対する回答は、戦後一貫して、その賛否はおよそ半々で拮抗している。しかし、国民意思で自衛隊を規律すべく憲法改正をすべきという大きな国民運動は実際には起こっていない。このことは、国民が皇室制度や女性・女系天皇の存在を圧倒的に支持しているにもかかわらず、それを実現すべきという爆発的世論や運動が起こらないのと似ている。要は、そのイシューが自分の生活にとって直接関係しなければ、肯定意見は持っていても、実際に実現に向けた能動的な行動を起こすまでは至らないのである。

この文脈で2015年の安保法制成立における9条という規範の在り方を眺めてみよう。なぜあのとき、憲法改正ではなくて解釈改憲だったのか。それは、日本政府にとっても米軍にとっても、憲法9条は変えない方が都合がよかったからだ。戦力不保持を明記しながら、集団的自衛権まで「解釈で」認められる、それこそ融通無碍な法規範だからである。

他方、安保法制に反対の立場も、戦力不保持を謳いながら自衛隊保持を認めることの矛盾をクリアしないままに、集団的自衛権の行使のみを反対したことによって、致命的な説得力不足は否めなかった。結局いくら国民世論の半数以上に支えられて安保法制に反対してみても、賛成派と同じく憲法9条の「都合のよさ」に支えられた欺瞞《ぎまん》的主張に終始した結果、これを抑止することは叶わなかったのだ。自衛隊創設という事実と戦力不保持という憲法規範のズレを国民意思で統制しなかった時点から、憲法9条は、集団的自衛権をも読み込める法規範に溶解されてしまっていたのである。

†「眠れない憲法」と「眠れる主権者」

では改めて、国民はなぜこのことに抗議しないのか？　するわけがない。なぜなら、「立憲主義どころではない」からである。

この点、山本龍彦教授の議論がこの現状を分析するに際して極めて示唆的である（山本龍彦「主権者なき憲法変動――日本国憲法秩序のアイデンティティ」『論究ジュリスト』25号、2018年）。日々忙しい主権者である我々は、「国家権力が自分を統治する」ことがきちんと実現しているかを常に監視しておくことは難しい。そこで編み出されたのが近代立憲主義と憲法である。つまり、一度我々が憲法という形で「統治プログラム」を書いておけば、あとは自動運転モードに切り替えて、我々は「眠る」ことができる。プログラムの綻《ほころ》びや異常があれば、「覚醒（目を覚ます）」して、プログラムを書き換えればよい。目を覚ましたときに書き換えるためのシステムが、憲法改正の制度だ。これがないと、「目覚めることのない眠りとは、死である」（ホッブズ）ということになってしまう。したがって、憲法改正が制度的に困難である場合は、

「目を覚ます」機会が乏しいため、当該プログラムとその周辺システムが誤作動していないか、常に「半目」で起きている状態でいなければならない。そうしないと、眠っている（目を閉じている）うちに、政府権力によって、主権が「横取り」されてしまう。

この前提にたって日本国憲法をみてみると、憲法改正手続が国会議員の3分の2と国民投票の過半数のどちらをも必要とする手続で、客観的にも改正が難しく、実際戦後70年を経ても改正されていない。また、憲法の「語数」に着目した場合でも、世界の憲法の平均語数が2万語程度であるのに対して、日本国憲法は4988語と、世界的に見ても「小さい」憲法である。すなわち憲法による規律の緻密さという意味での「規律密度が低い」ため、その分を解釈で補ったり法律や規則レベルに投げることとなる（ケネス・盛・マッケルウェイン「日本国憲法の特異な構造が改憲を必要としてこなかった」『中央公論』2017年5月号）。

この二点により、日本国憲法においては、そもそも改正の困難性から我々主権者が「目を覚ます」機会が乏しい上、憲法典が「簡単概略」でありプログラムとしてカバーしている領域が狭いといえる。とするならば、憲法「典」だけでは、主権者が本来「眠ったまま」自動運転させたいプログラムは狭すぎて、全体として「暴走」の危険があるから、憲法典以外の憲法付属法（憲法に準ずるような統治に関する法律等のこと）を含めた実質的な憲法秩序を形成する作業に勤しまなければならない。つまるところ、我が国の主権者はむしろ寝ている暇がなく、常に

「憲法」秩序の形成・構築のため、憲法典の未完性（不完全性）を補い続けるべく目をこらしていなければならない。すなわち、日本国憲法は「眠れない憲法」なのだ。

そして、憲法秩序を重視するリベラルは、なおさらこの「眠らない主権者」の主役を演じねばならないはずだった。

ところが、日本では、初等教育をはじめとして、社会において「日本国憲法」という「憲法典」とその「完全性」がフォーカスされすぎた。特に護憲派リベラルは憲法典とその完全性に依拠しすぎて、日本国憲法典が改正さえされなければ日本国憲法秩序の変動がないと盲信し、本来「眠らずに」チェックしなければならない憲法変動に対する積極的参加と主体的関与を怠ってきたのだ。

そして政府は、憲法典のみに目を奪われている主権者を横目に、憲法変動の影の主役を担ってきた。解釈改憲や法改正により、主権者が関与すべき憲法変動のパワーを横取りしたのである。わが国の場合、主権が横取りされた際にそれを奪取し返す唯一の機関である裁判所が、憲法判断においてまったく活性化されてこなかったという事情も加味すべきであろう。

憲法を頂点とした価値体系を守るべき主権者と裁判所の両者において、政府による主権の横取りの歯止めをかけられなかった。これぞまさに政治部門の先走りを抑制する立憲主義の空洞化である。その意味で、日本国憲法のアイデンティティは、日本国憲法という「憲法典」が改正されてこなかったことではなく、政府によって「主権者国民の積極的関与のない形で何度も変わってきたこと」だという。山本教授の指摘はまさに的を射ている。

続けて「日本国憲法はありがたく祭り立てておき、実社会は別のルールで動かす」という日本国憲法下の構造的「二重性」を指摘し、日本国憲法という「憲法典」を煙幕とした、「政府」による（広い意味での）「憲法」の形成・変更（主権の横取り）が行われていたことに自覚的になるべきとする。主権者は阻害されていただけでなく、特にリベラルな主権者自身は、憲法「典」というパラレルワールドに積極的に隷従することで自己満足してきたのだ。リベラルがパラレルワールドを生きている間に最も貶《おとし》められたのは、憲法典の背後にある憲法秩序そのものであり、この点でリベラルの罪は重い。

では、眠りから覚めた主権者は何から取り掛かるべきか。その頭出しが本章である。すなわち、カウンター・デモクラシーと立憲主義の強化である。

合言葉は、そう、〝決して寝てはならぬ〟。

†議論すべきは「心」ではなく法という「現実」

ここまで論じたとおり、我が国の国民の大半は、安全保障から日常生活まで、憲法はその邪魔もしなければ役にも立たないという現実を体感した結果、およそ憲法を無視するようになった。

日本国憲法典はその構造上、主権者が積極的に憲法秩序の形成に参加しなければならない「眠れない憲法」であるにもかかわらず、初等教育から日本国憲法という憲法「典」の完全性を刷り込まれ、主権者としては熟睡状態のまま、憲法秩序の形成に参与してこなかった。

このようなプロセスを経て、日本国憲法典のテクストは、現状追認を優先する為政者と市民から無視され死文化した。と同時並行的に、個々人の内側において、憲法を尊重する「不断の努力」という心も死んだ。憲法もろとも法の支配や立憲主義も我々の社会では仮死状態に陥ったのだ。

私が問題視するのは、リベラルエリートがこの状態を深刻に受け止めていないことだ。憲法学者の長谷部恭男教授は、憲法改正にあたって憲法典の条文を変える・変えないにこだわる態度は「子どもじみた態度」であるとし、「憲法のテクストが何百年も変わらないとしても、私たちの心の中で憲法が死んでしまえば、テクストは何の役にも立ちません」と説いて、憲法典自体に期待しすぎる態度を批判的に論ずる（長谷部恭男『憲法講話』有斐閣、2020年）。しかし、この指摘は周回遅れと断ぜざるを得ない。世論調査や、憲法の構造及び政治的動向からして、現状日本社会においては憲法典のテクスト（規定・条文）とともに、心の中で憲法が死んでいる。

戦後大半の国民によって意識的・無意識的に共有された「憲法の規定が目の前の生活をよくするものではない」「憲法が現状維持を妨げるものでなければ事実と規範のズレはどうでもよい」という「眠れる主権者」と同根の憲法ニヒリズムは、日本人の心の中で憲法が死んでいることを表している。

これに関連して我が国の立憲主義と民主主義、ひいては憲法に関する「制度」と「心」についての病理を端的に明らかにしているのが、憲法53条に基づく臨時国会の召集に関する問題だ。憲法53条によれば、衆参「いづれかの議院の総議員の4分の1以上の要求があれば」内閣は「召集を決定しなければならない」とされる。これについて、タイムリーにも2020年6月10日に那覇地裁において、2017年に安倍内閣が憲法53条に基づく臨時国会の召集要求を3か月無視したことが憲法違反か否かについての判断が下された。判決（山口和宏裁判長）は、憲法53条に基づいて臨時国会の召集があれば「召集するべき憲法上の義務」があり、その義務は「単なる政治的義務」にとどまらず「法的義務である」と断じ、召集しないと「違憲と評価される余地はあるといえる」とした。

ここまで明確な憲法上の法的義務が蔑ろにされながら、これを強制的に履行させる制度・システムが憲法には存在しない（立憲主義：制度の問題）。一方で、明確な憲法上の義務を無視する権力者に国民の否定的な審判はくだらない（民主主義：心の問題）。すなわち、もはや憲法を無視しているかどうかが我々の民主主義的行動（投票）を決定づけるファクターになっていない。憲法自体のシステム上の空白（欠陥）も相まって、我々の「心の中で憲法が死んで」いるのである。

2019年の香港の逃亡犯条例に対する市民の抵抗運動を取材した写真家の初沢亜利氏は、「現在の日本は中国みたいだ」とコメントしていた。いわく、中国人に香港の取材をすると「中国は憲法は空文化しているが、政権批判さえしなければこんなに自由な社会はない。香港人がなぜあんなに「自由」を求めるのか理解できない」と話している人がたくさんいた。「日本も天皇制と自民党がありさえして、政権の批判さえしなければ憲法なんかどうでもいいという感じじゃないでしょうか」という。

私は、リベラルの言葉が人々に刺さらなくなったのは、リベラルな価値の体現である憲法に関して、そのリベラルな価値を守るための実効性（手段）がおよそ真剣に語られないという現実によって、人々の人生と心に憲法が根差さなかったことが大きいと考えている。

憲法は法であり、詩や教訓ではない。法の支配との関係では、政府による融通無碍な憲法解釈や権利の不正な侵害、それらに対する公平な救済について、裁判所において憲法に基づく適切な裁断が行われているとは言い難い。実際、少なくとも現代において、憲法は「正しいことが正しく行われる社会であるため」の現実的な防波堤として十分な役割を果たしきれていないのではないか。

だからこそ、私は、政治部門から裁判所まであらゆる公権力を統制するよう憲法以下の法規範の規律密度と明確性を上げて、人権侵害や統治システム不全に対しより広く救済が求められるよう司法を含めたシステムへのアクセスの多様化を主張している。なぜなら、リベラルの核心は、人の内心に直接手を突っ込んではならないということだからだ。だからこそ、死んだ心に直に語り掛けるのではなくて、法制度を活性化させ、その結果として人々の心にリベラルな価値への再評価をもたらしうるような具体策を提案すべきと考えている。

たとえば、憲法自体はもちろんその実効性を担保する憲法裁判所の創設は急務だ。憲法裁判所の代表的モデルであるドイツで、2009年に「国民が信頼する制度」について大規模アンケートをとったところ、憲法：91%、憲法裁判所：86%がダントツの信頼度だった（政府：50%、政党：23%）。憲法の実効性が「システム」で担保されているからこそ、憲法を信頼する「心」が醸成される好例であろう。日本では、およそ「憲法の番人」たりえていない現状の最高裁判所との良き競争も生む。憲法裁判所の「人事」を危惧する意見もあるが、現行の最高裁人事を内閣が一手に握っていることや、「統治行為」で判断から逃げ回る現状の最高裁よりも「確実に悪い」とどうして言えるのか？　これは、「子どもじみた態度」だろうか。

長谷部の指摘は、死にかけた法制度の再生にこだわるのは「子ども」じみているとレッテル貼りをしながらも、死んだ心の再生の具体策には踏み込まない。まるで自身は「大人」だと言わんばかりである。このような自身の全能性を前提としたかのようなふるまいこそが分断を助長し、また、「口だけ」リベラルへの無関心を増幅させたのではないのか。

憲法学者の宍戸常寿教授は、同じく憲法学者の芦部信喜が1960年代に国会政治について論じた「議会政治のイロハ」、すなわち政権与党は①憲法及び制定者たる国民への責任、②党の支持者たる「有権者」への責任、③多数党こそ少数党への政権交代という新陳代謝の機会保障をする責任を果たすべき、との指摘は現在にもあてはまるとしつつ、それよりも「我々が「立憲主義」の内実と考える国家権力の制限、あるいは政治プロセスの構成について、政治それ自身の自制や良識の発動に、憲法学はどこかで期待してきた」ことの問題性を鋭く指摘する。つまり、1960年代の芦部の警鐘にもかかわらず、その後約60年間、権力や政治に対する「懐疑」を前提にその統制を語るべき憲法学が、むしろその懐疑すべき対象である政治や権力自身の「自制」や「良識」に依存していたというのだ。この約60年間の不作為とそれへの加担の系譜に長谷部の思考は存在している。

この長谷部の姿こそ、まさに日本のリベラルエリートの象徴である。結局は我が国のリベラルこそが憲法「典」というテクストの完全性に拘泥していたにもかかわらず、そのことから目を逸らすために、テクストを変えようとすること自体を「子ども」と蔑《さげす》み、それを支える

「心」を重視するのが「大人」と切り分ける水際戦略をとった。

しかし、そのリベラルの「大人の論理」という名の防衛線の向こうで、自衛隊と9条の矛盾関係や内閣の傍若無人ならぬ〝傍若無憲〟（傍らに憲法無きがごとし）なふるまいを見て日常を生きる人々は、憲法のテクストが「生きている」と実感できなくなったからこそ、大多数の市民の憲法への「心」が死んだのである。もはや大多数の人々にとって憲法もリベラルも、「どうでもよい」存在になりかけている。憲法学を含めたリベラルエリートこそ、法の軽視と言葉遊びをやめて、現実を法や制度でどう設計し直せるのか提案してほしい。

†政治家こそアイデンティティに縛られない「プロ」

この社会にはそれぞれのプロがいて、たしかに、そのプロにしかできない専権事項やプロに任せるべき仕事がたくさんある。その方が合理的であり、より妥当な結論にたどり着ける可能性が高いからである。手術は医者がやるし、法律問題は法律家に聞きたい。火事になれば消防士がかけつけるし、建物は素人ではなく建築家が設計し大工が建てるべきである。

政治はどうだろう。本来、改憲議論の中身を熟議して国民に伝えることや、現在の社会が抱える問題を法や制度で解決すべく具現化することは、「政治」という領域のプロが主に行うべきことである。しかし、現在政治家のほとんどは政策ではなく選挙のプロである。政策と選挙がリンクしていないということは、選挙というビジネスを続ける上で政策を追求する必要はなく、政治家の行動原理が選挙のための有利・不利に左右される。したがって、この国には政治家は存在せず、選挙のプロがいるのみ、ということになる。

我々国民は政治家役の人々によって行われる「民主主義国家日本」というハリボテ学芸会に付き合わされている。付き合わされている国民は、一部その学芸会の中で選挙での「支援者」役を割り当てられた人々をのぞき、大半はこの学芸会に無関心になっていく。今や、一強と言われる自民党よりも支持率を有するのは「支持政党なし」である。

そして、憲法改正議論は、現代日本社会におけるそのような病理の犠牲の究極形である。第一章、第二章で論じたとおり、リベラルな「個人」概念は、公的議論における我ら「弱き」生身の個人のアイデンティティを剝ぎ取ることを企図して、むしろその反作用として敵対性を生んだ。思えば、ルソーの「一般意思」を通じて法（立法）に要求される「一般性」とは、「AをすればB」という予見可能性だけではなく、法とその議論過程での「特殊権益の排除」である。すなわち、政治家こそ、それぞれが背負うアイデンティティの集合体から切り離されたところで、それには縛られずに議論をすることができるプロでなければいけないのだ。その政治家こそがアイデンティティの集合体（「上顧客」）の代弁者か拡声器に堕していることも、政治家がプロたりえていない現状を端的に教えてくれる。

密接に選挙とだけ結びついている市民運動からの脱皮も必要である。国会の内と外をつなぐ連結点のあり方の基準を「選挙だけ」から解放し、民主主義のパイプを選挙以外に何本も新設しなければ、市民社会自体の駆動力が弱体化してしまうだろう。

冒頭の宮沢賢治の詩は、賢治が自身が教鞭をとる生徒たちに向けて語られたものである。

我々は日本という戦後民主主義の小学校において、卒業は程遠い。立憲主義という観点からすれば、低学年以下かもしれない。昭和の狂騒から冷めた平成の政治の無策によって、憲法論議だけでなく、皇室制度、社会保障、金融と経済、税制、労働環境、教育、法曹養成……等々すべての制度がこのままでは立ち行かなくなることが明らかでありながら、当事者すべてが「見て見ぬふり」をし、課題先送りのその場しのぎを続けてきた。政治に対する市民の無期待と無関心は、自分がやらなくても誰かがやってくれるであろうという甘えと、ある程度整備された大企業や官僚制などの社会インフラに支えられつつ、日本社会の柱の腐食を隠蔽してきた。憲法問題はその最たるものである。今立ち上がらなければ、もう引き返せないところまで、この国を支える価値は瓦解している。

まさに、賢治の言葉を借りれば「誰が誰よりどうだとか　誰の仕事がどうしたとか　そんなことを言ってるひま」はないのである。

「諸君はこの颯爽たる
　諸君の未来圏から吹いて来る
　透明な清潔な風を感じないのか」

硬直的な党派性ひいては選挙と連動した従来の市民運動ではなく、無関心の人々に「未来圏」から吹く「透明な風」を感じさせるような市民運動の醸成が急務である。そのときにこそ、お互いの差異を強調するのでなく、共通点を模索し、独立した他者でありながら緩やかに連帯する。そんな心持ちで呼びかけねばならない。「さあわれわれは一つになって」と。

次の最終章では、この「未来圏」から吹く「透明な風」を、まずは読者の皆さんに感じていただきたい。

検察庁法改正案で、為政者側からの恣意的な人事が問題となったが、そもそも日本の法体系は、憲法も含め「人の支配」を「法」で固定化している状態である。人の支配の法定だ。これでは「法」を媒介とする意味がない。「法の支配」を法によって律する、倒錯しているようだが、私が目指すのはここだ。

第六章

カウンター・デモクラシーという新たな挑戦

2019-20年プログラムで"WHAT'S NEXT"を掲げるLAフィル
(2019年10月、米ロサンゼルス、筆者撮影)

1　民主主義vsリベラリズム

†学芸会の幕を下ろすとき

さて、ここまで見た通り、「政治的なるもの」の惰性で民主主義を回している限り、本質的な議論も責任ある決断も行われようがなく、したがって、アイデンティティの政治、グローバリズムの副作用、ネット言論空間における社会の分断、国会の形骸化や法の支配の空洞化など、日本社会の病理を根本的に治療することは難しい。ここにいう「政治的なるもの」とは、政党を中心とした政治家・メディア・市民運動体など、政治という名の選挙ビジネスを飯のタネにしている永田町まわりの人々の総体だ。

だからこそ、選挙と政党から、民主主義を「解放」しなければならない。今現在我が国で行われている学芸会的「ミンシュシュギ」の幕を下ろし、なんとかして血を流さずに、しかし血の通った本物の民主主義へと再生させなければならないのだ。

さあ、この21世紀の日本社会において、敗戦や革命など国内外の多大な犠牲と引き換えにせずとも、新しい民主主義をスタートさせることは可能なのか。その挑戦のメニューが、立憲主義の制度的強化と民主主義のルートの多様化である。この切り口は、宇野常寛氏が「民主主義を半分諦めることで、守る」と表現して提案する内容とオーバーラップする（宇野常寛『遅いインターネット』NewsPicks Book×幻冬舎、2020年）。以下、具体的にみていこう。

†民主主義の存在感を「弱める」ために

本書がリベラルの現状と課題を扱うからこそ、「立憲主義」「法の支配」の役割をどう考えるかは、極めて重要な意義をもっている。なぜなら、そもそも本書は現在の選挙・代議制民主主義という「民主主義」自体の危うさを前提としているとともに、どこまでいっても「不完全な我々」が決する民主主義には「失敗」がつきものだからだ。

この民主主義の存在感を相対化＝弱めるプロジェクトとしては、本書では民主主義自体を選挙・代議制民主主義から解放し、多様な民主主義の在り方を模索することで、カウンター・デモクラシーにその一端を担わせている。これは民主主義の内側からのプロジェクトだ。

他方、民主主義の外側からのプロジェクトが、「立憲主義」であり、「法の支配」である。民主主義は多数決を決定の最終的な装置にしているがために、多数派vs少数派という構図を内在的に秘めている。リベラルが本質的に尊重すべき、多数決によっても侵し得ない「たった一人のあなた」のかけがえのなさを守るために、数百万の投票に裏付けられた民主的な決定をも否定する、これが立憲主義というプロジェクトだ。その限りで、民主主義と立憲主義は緊張関係にある。

加えて、民主的な決定を裁断するからこそ、その権限は非民主的な機関に担わせるべきだという考えから、「司法＝裁判所」の存在は「立憲主義」の見地から正当化され、求められるのだ。

「選挙＝民主主義＝多数決」というひと固まりだけを「民主主義」と捉える民主主義観に横槍を刺していく。我々一人一人の尊厳というリベラルの究極的価値を元に立憲主義で牽制する。その結果、歪な法制度によって支えられたハリボテのミンシュシュギの化けの皮も剝がすことにもなろう。

さて、そこで、民主主義の相対化のためには、民主主義におけるアクセスをより多様化・充実化させること（カウンター・デモクラシー）と共に、立憲主義的なアクセスの充実化が図られなくてはならない。この立憲主義的なアクセスとは、ひとえに「司法」へのアクセスの多様化及び実質化（手段・方法の充実）と、「法の支配」の真の拡充（中身・実体の充実）である。

†プロジェクト「法の支配」、プロジェクト「立憲主義」

リベラルが再度人々の心や理念を超えて受け入れられるためには、リベラルが大切だと考える権利や自由が一部の特権的な人のためのものであったり絵に描いた餅でないのだという実感を、人々がその属性に関係なく持てるかどうかである。具体的には、

①法が定める「手続」：誰でも共通の手続を経れば実質的に権利・自由の救済や異議申立てが可能であり、その条件が多元的・多層的な手段で担保されていること

②法の「中身」：リベラルな価値がどのようなアイデンティティの人間に対しても等しく適用されるように基準が明確化・明文化され解釈の余地ができる限り統制されていることである。

崇高な価値をいくら語ってもその原理が自分たちには適用されないと考える人が存在すれば、その人は疎外感を覚え、むしろリベラルの「口だけ」「うさん臭さ」が社会に浸透する。リベラルが「多様性」や「寛容」の旗を掲げながら、それを実現するためのコストを本来多様性や寛容の価値でこそ包摂されるべきマイノリティや社会的弱者に転化してしまっているという場面がこれまで多々存在した。

より具体的にいくつかのプランを提案するとすれば、①憲法裁判所の創設等、特定の誰かの権利が侵害されていなくとも憲法適合性を判断できる枠組みの設定や、公権力の統制の文脈では訴訟提起ができる資格たる「原告適格」をほぼ無制限に緩和すること等が考えられる。②また、抽象度が高い法文を明確化・具体化していくことで、裁判所による法解釈や適用の

余地を統制することを検討すべきだろう。日本特有の憲法の規律密度の低さと抽象度の高さはもちろんのこと、日本の法体系全般をみても、各法における制度設計は極めて曖昧だ。労働法制における解雇要件の曖昧さ、民法改正における「契約不適合責任」への一元化など、日常生活やビジネスに直結する場面ですら、裁判体ごとの判断に委ねられる余地が極めて大きい。憲法裁判所の議論をすると、「裁判所なら信用できるのか？」といった類の反論をされることがあるが、とんでもない。私は権力という権力を信頼していないので、裁判所なら法解釈をフリーハンドでしても良いし信頼できるなどとはこれっぽっちも思っていない。

我々は、「Aという行動をしたらBという帰結を生む」という予見可能性が担保される範囲で自由の行使を設計するのである。それは法文の明確性であり、また、裁判所の判断結果を予測しやすくすることこそ、この自由の予見可能性を保障することに資するだろう。

リベラルという価値が手続と中身において〝画に描いた餅〟だというダブルスタンダードは、リベラルを雲の上に遠ざけ霧消させる非常に大きな要因であったと考えている。したがって、リベラル再生のためにも、「法」を媒介とした権利救済の実質化と権力発動の統制及びその基準の明確化は必然的に求められる。リベラルの声に耳を傾ければ強固な人権救済が法・制度上担保されているというパッケージを構築すべきだ。

このことは、本書のテーマでもあるリベラルな「個人」概念の刷新とも関連する。つまり、

「強い個人」になりきれない「生身の個人」を前提にすると、ナッジという新たな手法も含めて、国家が福祉的にorパターナリスティックに「生身の個人」をあらゆる形でサポートするための介入局面が増えざるを得ない。

そうであればこそ、我々の権利保障のためにも先回りして、許される介入態様や介入領域を、詳細に憲法及び付属法に明記せざるを得ないだろう。そして、望まない介入があれば、常に司法的救済が受けられるような多様かつ実効的なアクセス（手段）も豊かに整備せねばならない。リベラルな「個人」概念を初期設定化するにあたっても、法の支配と立憲主義の充実は密接不可分なセットである。

†国会議員とマスコミがしているのは民主主義のフリ

立憲主義の強化とあわせて、リベラルの再生に欠かせないのは民主主義のルートの多様化だ。ここからは、カウンター・デモクラシーとその具体策を論じていこう。

まず、日経新聞が2019年に行い2020年初に公表した郵送式の大型アンケートを紹介したい。アンケート項目は政治経済から生活様式まで多岐にわたるが、私が取り上げたいのは「あなたは日本のどの機関、団体、公職を信頼できますか」という問いである。

「信頼できる」との回答を得たランキングは、1位：自衛隊（60％）、2位：裁判所（51％）、

3位：警察（47％）、4位：検察（42％）、5位：国家公務員（26％）、対して「信頼できない」は、1位：国会議員（46％）、1位：マスコミ（46％）、3位：教師（27％）、4位：国家公務員（25％）、5位：警察（15％）であった。

このアンケート結果は、私がここまで論じてきたことと概ね合致する。国会議員とマスコミは「信頼できない」同率1位で、永田町を中心とした「政治的なるもの」への漠然とした不信を表している。一方で、首相が「違憲の疑いを払拭したい」という自衛隊は、法的位置づけはなんのその、ダントツで「信頼できる」と評価されている。

この「信頼できない」という不信の感覚は、積極的に反対票を投じて変革を求める意志と同義ではない。本書でも再三指摘しているとおり、我が国での「不信」は無気力、ニヒリズム、脱政治、を意味している。そして、「政治的なるもの」にとって、それはそれで好都合なのだ。信頼される必要はない。無党派層は「寝ていて」くれさえすれば、与野党双方とも、自分たちの政局に明け暮れることができる。そして、最終的には政局のゴールである選挙において、旧来の市民運動家たちを含めた一部の熱狂的な「過剰代表」、ノイジーマイノリティの支持さえ調達できれば、少なくとも現状維持は可能なのだ。

加えて、大手メディアの政治部との依存関係もこの構造を維持するためには重要である。政局部と堕した大手政治部は、全紙代わり映えのしない同じ論点について、上司に言われた文字数に前例踏襲的な定型句を嵌め込むことを仕事にしているかのようだ。そして、その情報収集のために群れを成して政治家に付き従い、永田町の廊下を往復する。その光景はまるで秘書か党職員と見間違えるほどだ。

他方、政治家もすべては選挙中心の行動原理で動くから、メディアへの露出度をアップするために、メディアが設定した論点や論調にあわせて、自己の主張を立論する。私も、大手政治部の記者と話していて「〇〇という言い方をしてくれれば記事に書けるんだけど」と言われることがある。あるいは、憲法改正の議論についても、「安倍総理の自衛隊明記案」「自民党改正草案」など政党として打ち出した案は項目に出されるが、議員各人の提案は、その政策的価値とは全く無関係に「党として出してないから書けない」と紙面から外される。このことはつまり、大手政局メディアが、選挙や政党の構造とその思考回路を完全に一致させており、その枠を超えたオリジナルで価値ある発信はほとんどなされないことを示している。これほどまでに、政治メディアと政党はぴったりと表裏一体なのだ。

先に述べたとおり、1970年代以降の政党衰退は、マスコミュニケーションの発達によって、政治的な争点形成機能を果たすプレーヤーが広がったこともその一因だった。このときマスメディアは、社会的な役割として、独自に市民が議論し熟考するための争点形成機能を果たしていく役割を担っていたはずだったのだ。しかし、我が国では、むしろマスメディア自身が番記者を通じた政党の広報機関の地位に甘んじた結果、政党の衰退とともに、政治問題を政局や政党の利害を超えて提示できる機能も社会から失われたのだ。

こうしてみると、選挙と政党、そしてメディアを中心とした「政治的なるもの」たちの生態系は、ビジネスとして高度に自己完結しており、政局を「飯のタネ」として「食っていく」ためには余裕の自給率100％状態なのである。この自給率100％の生態系のことを、我々は民主主義だと思い込んでいる。これはハリボテの「ミンシュシュギ」にすぎない。

我々は国会議員やマスコミを、適切に「信頼できない」と断じているではないか。この「不信」をミンシュシュギへの無関心と絶望で費やさずに、フレッシュな民主主義のためのパワーに統合しようではないか。これがカウンター・デモクラシーだ。

2　カウンター・デモクラシーとは何か

†選挙・代議制民主主義への不信

「カウンター・デモクラシー」とは、フランスの政治学者ピエール・ロザンヴァロンが提唱したとされる、既存の選挙代議制民主主義への「対抗的」な民主主義のあり方である。民主主義への「不信」を適切に組織し、選挙・代議制民主主義を挿話的（一時的、局時的）に正当化せず、それへのカウンターとして恒久的に追求されるべき新しいデモクラシーの実験的積み上げである（ピエール・ロザンヴァロン『カウンター・デモクラシー』嶋崎正樹訳、岩波書店、2017年）。具体例としてデモや国民投票が挙げられることが多いが、必ずしもそれらに限られない。

ロザンヴァロンは、市民社会における個人相互の信頼度の指数が最も低いブラジル社会は、同時にあらゆる点で政治不信の度合いも強いと指摘しつつ、個人同士の相互理解が政府ひいては民主主義への信頼の基礎となるという。

そう考えると、この信頼を欠いた「不信」を組織するカウンター・デモクラシーは、個々人のアイデンティティ同士の水平の信頼／不信と、民主主義政治への垂直の信頼／不信との交差点に存在する。ポストコロナの社会は、個々人相互の不信と国家への不信はより深刻化すると考えられ、カウンター・デモクラシーがより求められる局面だと考える。

カウンター・デモクラシーは、代議制民主主義への反動や克服という点では「ポスト民主主義的」であり、監視と抵抗というその原始的な本質からすると、「プレ民主主義的」でもある。統一的で全体的な理論ではなく、あらゆる政治実践の積み上げである。ただ一つのベストな解があるなどといった観念をむしろ捨てたところに、カウンター・デモクラシーは醸成される。まさにあらゆるレイヤー（層）におけるトライアンドエラーだ。

私もこれから、唯一の最適解はないという前提に立って、日本版カウンター・デモクラシーを創り上げていくためのいくつかの提案をしたい。

現在の選挙代議制民主主義がカバーしている範囲はあまりに狭いのだから、カウンター・デモクラシーの守備範囲は、現状への「不信」の一点を軸になるべく広くとるべきだろう。その意味では、おそらくロザンヴァロンのいうカウンター・デモクラシーよりも、私が考えるカウンター・デモクラシーの方がはるかに広いかもしれない。

†単なる「同窓会」で終わらせてはいけない

世界的に、選挙代議制民主主義に対する限界や不満が叫ばれ、そうした叫びは具体的な運動へと発展している。中東の「アラブの春」革命、スペインの政党「ポデモス」、アメリカの「ウォール街を占拠せよ」運動、フランスの「イエローベスト」運動、近時では香港における逃亡犯条例に関する数百万人規模の抵抗などが記憶に新しい。

日本でも、集団的自衛権の行使を一部可能にした2015年の新安保法制に対しては、SEALDsを中心とした数万人規模の反対デモが行われた。

しかし、前章で検討したとおり、このSEALDsも含めて日本の既存の市民運動は、政党や党派性と表裏一体となった選挙密着型市民運動の側面が強い。その多くは、意識的かどうかは別として、実質的には選挙の「ためにする」市民運動であり、結果として、既存の選挙代議制民主主義を前提にした党派性政治の構図を円滑に再生産し続けるための集団と化している。

この評価は厳しすぎるのではないか、と感じるかもしれない。たしかに、SEALDsを中心とした安保法制をめぐる国会前のデモは、それを構成していた大多数が旧来型の選挙密着型市民運動体だったとしても、少なからず新しい層にリーチしたことは間違いない。何を隠そう、2015年8月30日の最大規模の国会前デモに私も生まれて初めて参加したほどだ。最初で最後のデモ経験であった。

しかし、その後、SEALDsを中心とした運動体は市民連合などの既存の政党・党派性密着型市民運動に吸収されてしまった。あれ以来、同じくらい大規模のデモはないばかりか、結局は市民運動という名の集会はすべて決まりきった人々の「同窓会」状態である。中身はといえば参加者が「そうだ!」の掛け声を繰り返すことで、自分たちの考えが唯一正しいことを確認し合う集団的思考停止の空間である。対話や議論によって新たな争点に対する新たな解決策を模索するような空間とは程遠い。

日本においては、結局のところ、現行の選挙代議制民主主義への不信を現行の選挙代議制民主主義の枠組みの中で解消しようとする取り組みしか存在せず(このように、なんでもかんでも「永田町のルール」に則って考えることを、私は「永田町脳」と呼んでいる)、枠組みの外側に飛び出していくような新しいカウンター・デモクラシーは存在してこなかった。

†ポピュリズムとの相違点

カウンター・デモクラシーは、既存の代議制民主主義への「不信」を統合するわけだから、下手をすると、人々の怒りや敵対性を集約・助長することによって、むしろ排外主義的なポピュリズムを産むだけなのではないか、という危惧が語られることがある（山本達也「カウンター・デモクラシーの世界的潮流」岩井奉信・岩崎正洋編著『日本政治とカウンター・デモクラシー』第5章、勁草書房、2017年）。

しかし、この危惧には、二点の前提がある。一つは、既存の選挙代議制民主主義への不信を統合するのに、結局既存の選挙や政党を中心とした運動を想定している点だ。選挙によって議席をより多く獲得し、議会内での影響力を持つということを最終目的にする場合、運動のリーダーは「不信」を「動員」に還元するために、それぞれのアイデンティティを刺激して、敵対性を煽る必要がある。既存の大政党でない場合は、より片側の極に寄せて局所的な支持を得る必要があるためその傾向は加速する。

二点目は、現在、不信を統合した政治勢力が、既存の民主主義を「エリート的排外主義」と攻撃するとき、多くの場合、彼ら自身が排外主義勢力に堕しているということだ。ポピュリズム勢力は、「自分が、それも自分たちだけが人民を代表する」という反多元的な性格を有しているということである（ヤン＝ヴェルナー・ミュラー『ポピュリズムとは何か』板橋拓己訳、岩波書店、２０１７年）。これに加えて、ＳＮＳなどのネット空間がこの傾向や性格を助長するというのだ。

裏をかえせば、この二つの内在的危惧を前提にしないカウンター・デモクラシーを模索すればよいということだ。必ずしも選挙代議制民主主義の枠内での活動に拘泥せず、「不信」を怒りに変える過程で排外主義を身にまとうことのない活動を指向すればよい。

†点としての選挙と、線としてのカウンター・デモクラシー

大前提として、本来カウンター・デモクラシーは、既存の代議制民主主義と敵対するものではなく相互補完的なものである。我々市民が、「選挙」という機会でしか政治に対する民意の入力ができないとすると、あまりに機会が乏しい。したがって、政治への民意の入力機会を日常的・恒常的に補うのがカウンター・デモクラシーである。

選挙が「点」だとすれば、カウンター・デモクラシーは、「線」だ。既存の民主主義を放棄することはできないことを前提とした上で、既存の民主主義のより豊かな正当性の調達先として、カウンター・デモクラシーは存在すべきである。

あわせて、この「線」自体のバリエーションが増えないと、カウンター・デモクラシー自体も脆弱なものとなり、結局は既存の選挙代議制民主主義の磁場に引きずられて、吸収されてしまう。散々論じてきた通り、現在の特に我が国の選挙代議制民主主義がカバーしている範囲があまりに狭すぎるため、カウンター・デモクラシーが担う役割は相当広範囲にわたる。だからこそ、力まずに多様なチャレンジが可能なのだ。人々はそれぞれの職業で「非政治」にいながら、日々「政治」をしていることがある。これらを政治的な文脈で再定位して統合していくのが、カウンター・デモクラシーという器の役割だ。

最初に論じたカウンター・デモクラシーへの危惧との関係でいえば、「不信」を出発点にはするものの、それを「怒り」や「排除」や「対立」に収斂させるのではなく、「対話」や「創造」や「共存」の方向性にも発展・昇華させるべきである。ポピュリズムの罠はもう可視化されているのだから、その穴に落ちないように我々自身で気を付ければよい。

自分たちだけが唯一正しいなどと思わないこと。SNSなどのネット空間は過剰代表された人々に占拠される可能性があること。このような現状の構造を理解し、罠に嵌らないことが、リテラシーである。よく、子どもに対して怒らない、相手に怒りをぶつけないために、「怒りをおさえるために6秒待て」と言われることがあり、私も日常的に実践している（にしては本書はキレすぎ?:）。自分が唯一正しいと思いたいときや、ネット上に躍るセンセーショナルな見出しに飛びつく前に、6秒待ってはどうだろうか。「いや、待てよ、これは構造的な落とし穴に嵌っていないか?」と。

3　選挙だけではない政治参加の方法

†民主主義の辞書に「選挙」しかない我々日本人

日本人の民主主義観を理解するのに非常に有益な視座を提供してくれている調査結果をここに紹介したい(岡田陽介「カウンター・デモクラシーの担い手」前掲岩井・岩崎編著書、第7章)。ちなみに、この調査結果自体はおそらく私とは違う視点で違うことを論証するために行われているが、だからこそ、ある種「中立的に」私が考えていることを論証してくれている。東京といくつかの地方都市における結果が掲載されているが、ここでは東京にフォーカスしよう。

まず、「政治参加に対する態度」について、「政治はやりたい人に任せておけばよい」との問いに対して、「どちらかといえばそう思わない」(34・3%)と「そうは思わない」(32・8%)を合わせて、約70%が「他人任せ」ではダメだと思っている。

「デモによる国民の意思表示が政治を変える」との問いに対しては「どちらかといえばそう思

わない」(42・0%)と「そうは思わない」(23・3%)を合わせて、これまた約70%がデモによって政治が変わることに対してはネガティブだ。

では、「政治参加経験」についてみれば、「地域の有力者や役所に要望や世話をお願いする」という問いに対して、「ここ数年していない」(10・8%)「今までやったことがない」(78・3%)、「選挙運動を手伝ったり投票を働きかける」については「ここ数年していない」(8・9%)「今までやったことがない」(82・3%)、と、両方とも約90%がほぼ経験していないか、または遠ざかっている。また、「町内会や自治会など地域の活動に参加する」という問いに対しても、「ここ数年していない」(19・8%)「今までやったことがない」(44・9%)、と、約65%がほぼ経験していないか、または遠ざかっている。

次に、政治的意思表明の手段についての調査に移る。「投票」や「デモに参加」「署名」「インターネットで意見表明」など様々な手段についてそれぞれ、「意見を反映させることができると思うか」という問いと「政治を変えることができると思うか」という問いを立てている。「投票」という手段に関しては、前者の問いに対して「反映させることができる」(20・0%)、「どちらかといえばできる」(34・4%)、後者の問いに対して「変えることができる」(25・6%)、「どちらかといえばできる」(41・3%)。どちらもあわせて60%前後であり、様々な手段の中でダントツだ。他方、たとえば「インターネットで意見表明」という手段については、

「意見を反映させることができる」（7・5％）「どちらかといえばできる」（22・5％）であり、政治を「変えることができる」（4・4％）「どちらかといえばできる」（32・5％）であって、30％ないし40％弱にとどまっている。「投票＝選挙」が我々の政治的意見表明と政治変革の機会だと評価する傾向が極めて強く表されている。

さらに、「若年世代」に着目するとより興味深い数字が並ぶ。世界の若者（18〜24歳）を対象に調査を行っている「世界青年意識調査」の2018年度版によれば、「政治に関心がある」という問いに対して、ドイツ：70・6％、アメリカ：64・9％、イギリス：58・9％に対して、日本は43・5％。「将来の国の担い手として、積極的に政策決定に参加したいか」という問いに対して「そう思う」という答えでは調査対象7カ国中一位がアメリカ：69・6％、で、日本は6位のスウェーデンの47％を大きく下回る33・2％で最下位であった。また、シノドス国際社会動向研究所の2019年の調査によれば、20〜69歳を対象にした調査で、デモに対する意識を問うたところ、20代は約60％が「偏っている」というマイナスの意識を有しており、これは60代の倍だという。50、60代はむしろ肯定的な回答が多数だった。

高齢者層との世代交代が一気に起こった場合、今後の日本を担うボリュームゾーンの認識を把握することは大事で、また、この若年層の意識というのは、現役世代のいわゆる「無党派層」「無組織層」ともオーバーラップする。つまり、これから民主主義を担うのも、代表者がリーチすべきマーケットも、この層なのであり、この層の意識を正確に把握することなしに、民主主義のアップデートは不可能だ。そうだとすれば、若年層の政治的無関心・ニヒリズムと、デモへの否定的評価にも明らかな「民主主義」への参加の方法の手詰まり感は、動かし難い我が国の現状である。

これらの調査結果を、本章冒頭の日経新聞の調査と合わせれば、以下のような日本人の民主主義に対する態度が窺える。すなわち、

「国会議員は信頼できない。だから、政治はやりたい人に任せておけばよいとは思わない。とはいえデモで政治が変わるとは思っておらず、自分自身、選挙以外の政治参加経験もない。結局政治を変えるには、投票しかないのではないか」

と思っているのだ。

私はこの結果について、むしろ希望を見出している。すなわち、日本人は、いまだに民主主義といえば選挙くらいしか影響を及ぼせるオプションがないという観念にとらわれているだけなのだ。万策つきていない、どころか、若年層の意識調査における政治参加への「未開拓」状態をみても、これから先やるべきことはいくらでもある、というべきだろう。

いまだ日本社会が経験していない新しい取り組みを提示し、実行することで、日本の民主主義はきっと再生する。そして、こうした取り組みは、すでに始まっているのだ。これは、ロザ

ンヴァロンが分析したよりもさらに広い意味でのカウンター・デモクラシーの取り組みでもある。

前記若年層の調査とも関連して、現在、世界的に若者が民主主義を「良いもの」とはみなさなくなっている傾向があるという。実際にどのような悲惨な史実があったかとは別に、軍政や独裁、もっといえば「ライトな（軽い）」独裁を志向する若者が増えているというのだ。

これは、前章まで見てきた、リベラル・デモクラシーへの人々の失望と期待感の喪失や敵対心がポピュリズムの求心力を生んだ構図とパラレルである。このままの硬直的な民主主義では理想を語るわりにはコストがかかりすぎる「ポンコツ」として、新しい世代においてライトな独裁に取って代わられる現実的な可能性がある。ニヒリズムの裏返しとして、「決めてくれる」ライトな独裁が社会に浸透しつつある。現在の日本でも、与党内政権交代も機能せず、野党も全力で2位を取りに行く絶望的な構図では、民主主義を纏った独裁状態とさして変わりがなく、それでもコストがかかる民主主義よりは誰かがスパッと決めてくれる「ライト独裁民主主義」を「現状維持」として肯定し、安倍政権支持が継続しているのはここに見た調査結果を裏付けるものである。

この現代政治のリスクを分散するためにも、より広義のカウンター・デモクラシーという選択肢が絶対に必要なのだ。

†勝手に民間法制局

2015年9月19日に、いわゆる安保法制が参議院で可決された。法案審議のほぼ全過程にあたる4か月間、私は、毎日朝から晩まで国会議論の分析にあたり、この法案の質疑にあたった野党議員たちと質問を作り続け、終盤には地方公聴会の参考人として自ら「違憲」の立場から陳述にも立った。忘れられない4か月だっただけに、法案成立後は無力感に襲われた。

と同時に、後悔の念が払拭できなかった。それは、こちらが法案の欠陥を指摘・批判するだけに終始し、セカンドベストとしての修正提案ができなかったことだ。法案の欠陥を指摘するだけでなく、それらの点をすべて改善し修正した条文を具体的に起案して、「政府の答弁を前提にするなら、本来こうした条文になるはずだ」と提示するべきだった。そのことによって、安保法制が抱えていた政策判断と政府答弁と条文の齟齬という大問題を可視化できたはずだし、法律家だからこそ可能な作業だった。

つまり、「条文上はできてしまうが、やりません。安心してください」といった類の答弁を連発していた政府に対して、「やるかやらないかがあなたの意思に左右されること自体が問題だ。誰が権力者であっても、できないことはできない法律にしてください」と迫るべきだったのだ。

しかし、野党からそうした提案がされることはなかった。野党は、「対案シンドロームに陥るな」「相手の土俵に乗る必要はない」「問題点を追及すれば十分だ」という姿勢を貫いており、残念ながらその姿勢を変えることはなかった。その意味で、与党と野党とは、安全保障政策の方向性は違えども、「法の支配」の軽視、立法府としての役割不全という点では同じ穴のムジナだった。

この経験を胸に2016年8月8日、天皇陛下の譲位の制度化を意図する「おことば」を聞いた。生身の人間が「日本国民統合の象徴」として存在するためには、国事行為だけでは足りず、「全身全霊で」国民と直に対話せねばならない。天皇が「全身全霊」で「象徴」たる役割を果たし続けるためには、年齢を重ねてそれが難しくなったとき次代にバトンを受け継ぐ必要がある。だからこそ、恒久的な譲位制度が必要だというメッセージと受け止めた。しかし安倍政権の性質や反応をみるに、およそこうした譲位制度を実現するとは思えない状況に、歯がゆい思いが続いた。

ちょうどそのタイミングで、皇室問題を大きなテーマに掲げていた小林よしのり氏主催の「ゴー宣道場」からの誘いを受け議論に参加することとなったのだ。その場では、皇室研究家の高森明勅氏を中心に、譲位制度についての極めて高度かつ現実的な解決策が議論されていた。同時に私は、「このまま議論だけしていても実現しない。でも、条文化して世に問えば、実現の芽は出てくる」と確信した。

いくら高度で正しい議論がなされていても、建設的な提案のないところに、人々は寄ってこない。裏を返せば、より魅力的な提案が出れば、人々は関心を持ち集まってくるのだ。具体的行動に結び付けることなしに政治は動かない。

私はすぐに高森氏にけしかけて、皇室典範改正案の要綱を出してもらい、議論しながら条文案として仕上げていった。この提案を、当時民進党の野田佳彦議員や馬淵澄夫議員、山尾志桜里議員に見てもらったところ、すぐさま問題意識を共有し動いてくれる運びとなった。

結果、政府の有識者会議よりも先んじて、同年12月21日、民進党の「中間論点整理」が発表され、「譲位を恒常的に制度化する皇室典範改正」という方向性が大きく報道され、天皇の公務軽減でお茶を濁すという政府の既定路線は変更を迫られることになる。最終的に成立した改正法は、残念ながら特例法にとどまったものの、それでも譲位が可能になり、高森氏が示した譲位に欠かせない三つの要件はほぼそのまま特例法に組み込まれた。森友・加計学園問題が発覚する前の安倍一強全盛期において、皇位をめぐる極めて重要な法案で、野党側から議論をリードし成果を得たのである。衆議院法制局のサポートも得つつ、野党側から、国民の気持ちに沿う建設的な提案を提示したからこその成果であったと思う。2015年安保の反省が生かせたのだ。

ここで一つ、誤解のないように付言したいのは、「民間法制局」として機能するために、議員やマスコミとのパイプは絶対に必要というわけではない。魅力的な政策提案があり、それを法文の形で表現するための一定のリーガルサポートがあれば、十分に挑戦は可能だ。オンライン上も含めた市井の議論の場は、文殊の知恵の源泉となり、一人では思いつかないような魅力的な政策提案が生まれる場所として、これからどんどん機能していくだろう。

あわせて、弁護士を含めた法律家のサポートがあれば、目的に沿った政策内容を法的に表現していくことは十分可能だ。もちろん議員を通じた議会法制局の素晴らしい頭脳は、提案に強力な説得力を増してくれるが、これがなければできないというものではない。社会への発信にあたっても、議員やマスコミを通じての発信力は一手段にすぎないし、インターネットを通じた市民の発信の場の拡大はまだまだ大きな可能性を秘めている。

そもそも、議員やメディア中心の旧来型デモクラシーに対する活き活きとした「カウンター」デモクラシーが、既存の議員やマスコミに依存してしまっては本末転倒なのだ。とはいえ、既存の代議制民主主義とその周辺を排除する必要もない。前述のとおり、それらとカウンター・デモクラシーは「相互補完的」なのだから。

†あくまで法にこだわる

皇室典範特例法の後も、私自身は共謀罪、外国人労働者問題、会社法改正などの議論に関わってきた。内閣提出法案の欠陥を可視化するために、なるべく早く、こちらの理を反映したより魅力的な提案を起案することによって闘ってきた。現在の新型コロナウイルスに関する特措法や補償関係についても同様だ。アルプス交響曲で有名な作曲家リヒャルト・シュトラウスは、目の前のペンを指して「私はこのペンも曲にできるよ」と言ったそうだが、そう、あらゆる政策提案は法案にできると思う。

憲法改正についてもそうだ。安倍改憲などよりももっと自律的で豊かな権利保障のために、権力をリバランスした憲法改正提案を示せばよい。比較対象を示すことで安倍改憲案の欠点を可視化することはもちろん、勇気をもって憲法による国家ビジョンの提示に踏み込むべきだ。「憲法は国家の理想を語るものではない」「対案を出すと相手の土俵に乗ることになる」などと閉塞的な「作法」を説いて憲法論議にブレーキをかける言説がままあるが、こういう人々からは大事な「中身」の話は聞いたことがない。

このような問題意識に基づいて立案したのが、立憲的改憲という憲法構想だ。政策提案を「法」という「かたち」に表現することにこだわるのは、人の支配から法の支配へ、日本社会の実質的な転換を図りたいからだ。権力者が誰になっても権力を統制できる基準を作りたい、人の善意にしか頼れない不文律と慣習という脆い規範に寄る社会を脱却したい、その思いがすべてである。その基準を直接に提供する形式こそが法文だから、法文を書くのだ。

ただし、私は法令・条文信仰の原理主義者ではない。法はあくまで目的ではなく手段である。法によって達成する目的や法を尊重する価値観の共有は不可欠だ。しかし、人々、特に権力者の心からその価値観が失われかけているとき、その権力者の心に働きかけるよりは、価値観を担保するための法の改善の方がずっと有意義だと考えている。

†まずはコンテンツを作ること

さて、これらの経験をもとに、今度は政策立案に携わるプレイヤーを増やしていくことを企てた。弁護士や研究者などの当該分野の専門家はもちろんのこと、対象領域における当事者・経験者(自衛官に関する政策であれば自衛隊OBの方、待機児童問題であれば保護者や保育士の方々など)、あるいは分野が異なる周辺隣接領域の専門家などを巻き込んで、チームを組むことは有効だ。隣接領域同士で相互に新たな視点を吸収することも多々あり、それぞれが属する専門家コミュニティへの刺激や還元も有意義だ。横断的な学問・専門領域同士のセレンディピティ(serendipity)ともいえようか。

その上で大事なのは、コンテンツ（内容）とプラットフォーム（議論の場の設定）である。

私が実際関わっているコンテンツの一例として、国際刑事法典を紹介させてほしい。国際刑事法とは、国際社会全体の利益の点から国境を越えた犯罪行為を定義し、その訴追及び処罰の手続について規定する国際法のことである。この国際刑事法典との関係で日本に長らく横たわっている問題は、国際協力で海外に派遣された自衛官が誤って現地の民間人を死傷させた場合、これを裁く法律が何もないということである。

そもそも日本は、国際条約などで要求されている法体系を十分に整備できておらず、なかでも①一般刑法など既存の法体系で裁けると政府は強弁するが、不十分であるもの、②不十分どころか不存在であるものがある。こうした国際法との関係においても、必ずしも法の支配が尊重されていないことがうかがえる。

具体的には、①の「不十分」の問題は、（a）国際条約が各国に要求しているジェノサイドなどの特別の犯罪を処罰する規定を持っていない、（b）上官の責任を裁く法体系が存在しない、などの点だ。政府は、国内の一般刑法で対応できると強弁するが、民族浄化を含む集団殺人（ジェノサイド）を個人を対象とする一般の殺人罪で処罰することや、一般社会とはおよそ異なる特別の強い規律に服する上官と部下の関係を刑法の共犯規定で処理するのは無理がある。

②の「不存在」の問題が露わになるのは、先に述べた自衛隊が海外に派遣される場面だ。そ

もそも海外で自国の実力組織が活動する場合、自国の兵士が起こした犯罪については地位協定によりホスト国での裁判権が免除されるのが普通である。当然、その犯罪については、ホスト国の裁判権の免除を受ける以上、自国の法体系ないし裁判手続で責任をもって処罰することが前提となっている。にもかかわらず、驚くなかれ、日本は、国外過失犯の処罰規定を持っていない。したがって、国外で自衛隊が業務上過失致死（ほとんどがこれだろう）を起こしたとしても、これを裁く法体系は存在しない。法の空白だ。こんな状態で、自衛隊を海外に派遣しているのだ。国際紛争を研究する伊勢﨑賢治教授にいわせれば「外交的詐欺」であろう。相手国の人権蹂躙《じゅうりん》も甚だしい。この点については、法が存在しない以上、立法が不可欠である。

このように、明らかに国家として解決すべき重大な課題について、民間の側からのカウンター・デモクラシーとしていかに取り組むか。まずは従前からこの問題を指摘してきた伊勢﨑教授と松竹伸幸氏（「自衛隊を活かす会」）を中心に、私と水上貴央弁護士が法的な観点からのアドバイザーとしてチームを組んだ。このチームで各論点を整理し、法的規律の附則や欠陥を洗い出した上、必要な法整備をリストアップしていく。ここに、山尾志桜里議員を通じて衆議院法制局に加わっていただき、具体的な条文案に落とし込む作業を行う。

大前提として、立法の際にはこの法律をつくる必要性を具体的に示す事実、すなわち「立法事実」を提示する必要があるが、これをつぶさに検証しなければならない。ここで、自衛隊や防衛省幹部OBの方々にご参加いただき、現行法のままでは、Aという事案やBという事案に対処できない！　という、AやBにあたる具体的事案を現実の実務的運用との関係で考えうるかぎり提示してもらった。また、いわゆる護憲派の弁護士の先生にもチェックをお願いし、その背後に潜む「憲法改正」をめぐる対立を超えた広範囲の合意形成プロセスに耐えうるものを目指した。

条文案とそれを支える理論と事実が出揃えば、「コンテンツ」の完成である。

大事なのは、ここまでの段階で法制局の関与はともかく、特定の議員の「手柄」のような形での関与は一切していないことだ。とにかく広く問うにはなるべく議員が関わらない方が良い。政党なんかもってのほかだ。議員や政党の永田町ルートに巻き込まれた瞬間に、コンテンツは全く本質的ではない様々な横槍によって、生命力を失う。また、超党派の「議連」に期待するのも禁物だ。各議員が政策実現への努力を装いながら、その実、自分の手柄といえる箇所を探すのに血眼で、多くの場合、コンテンツ作成プロセスを複雑にする上、遅らせる。

なお、このような仕掛けを「国際刑事法典」という「ニッチな」論点からスタートしたのは、こうしたニュートラルな論点で始めた方が政局にも利用されないし、党派的な対立が混ざりにくいからである。この後も、コロナ禍での新型インフル特措法改正案及び補償に関する新型コロナ新法を複数立案した。香港人権法もすでに出来ている。憲法9条などは、掲げた瞬間に党派性のブラックホールが口を開ける。とはいえ、党派性にまみれそうな論点でも、今後どんどんこのようなコンテンツをまとめて、次項から論じるようなオンライン・プラットフォーム等での熟議にチャレンジしていくので、ぜひ様々な人に参加していただきたい。

†コンテンツを議論するプラットフォーム

次に、出来上がったコンテンツを議論する「場」、すなわちプラットフォームの設定が重要である。その肝は、誰もが議論に参加でき、誰もが議論の過程を見ることができる、機会保障と透明性の確保だ。

前項の国際刑事法典については、公開シンポジウム形式で条文案の中身や立法事実についてのプレゼンテーションを行い、議員、マスコミに限らず一般の方々誰しもが自由にアクセスできるようにした。その上で、いわゆるクロストーク形式を採用し、プレゼンターと会場とでキャッチボールを往復させ、議員たちを含めた様々な分野からの活き活きした意見交換を行うことができた。3時間という限られた時間内で相当の認識共有とブラッシュアップができたと思う。ちなみに、国会議員では、自民党中谷元議員、国民民主党代表玉木雄一郎議員、山尾志桜里議員、れいわ新選組の山本太郎代表などに参加してもらった。政局マスコミは、「新たな連携か?!」などと書き立てたが、どうぞ妄想はご勝手に、宣伝してくれてサンキューといったところだ。

このように、リアルな「場」の設定をスタートアップとしたカウンター・デモクラシーの挑戦は、今後ともぜひ続けていきたい。しかし、実をいうとこのスタイルは、本来私が目指しているカウンター・デモクラシーへの発展途上にある。

組織に頼らずとも不特定多数を「動員」できるのがカウンター・デモクラシーの文脈におけるオンラインやソーシャルメディアの強みだとすれば、「デモ」への呼びかけだけにその効用が消費されるのはあまりにもったいない。既存の政策コンテンツに反対したり賛成したりするだけではなく、自らコンテンツを作っていくためのプラットフォームの構築に、デジタル動員の力を使わせてもらえばよい。

そのためには、シビック・テックの力が必要だ。シビック・テック（Civic Tech）とは、シビック（Civic：市民）とテック（Tech：テクノロジー）をつなげた造語である。市民自身が、テクノロジーを活用して、行政サービスを始めとした「公」の問題や、様々な社会課題を解決する取り組みのことを指す。

近時シビックテックの方法論であるクラウドローで頻繁に言及されるのが、台湾で構築されているオンライン討論プラットフォーム「v台湾（vTaiwan：ブイタイワン）」だ。

2014年のひまわり学生運動で主導的に役割を担った台湾テックコミュニティ「ガブ・ゼ

ロ（g0v）」によって構築された。クラウドロー（CrowdLaw）とは、ローメイキング（ここでは「立法」だけでなく、広く地方自治体も含めたルールメイキングを指す）の質を改善・向上させるために、当該ローメイキングの過程に市民参加を可能にするサービスのことだ。彼らのホームページには「vTaiwan は、政府（各省庁）、選ばれた代表者、学者、専門家、ビジネスリーダー、市民社会集団と市民を一つにする、オンライン・オフラインの協議プロセスです。このプロセスは、代表者が決定を実行するのにより大きな正当性を付与するのに役立ちます」とある。市民、市民団体、専門家、そして選ばれた代表者らは、v台湾の使用を通じて、v台湾のウェブサイト、対面での会合やハッカソン（分野間で専門家が集中的に集まってプロジェクトを議論するイベント）など、様々なチャネルを通じて提案された法案について討論できる。

v台湾が討論の開催に使用しているデジタル・プラットフォームのひとつが「ポリス（Pol.is）」だ。ポリスは先述のアメリカ「ウォール街を占拠せよ（Occupy Wall Street）」抗議運動や「アラブの春」革命運動の後に、シアトルのコリン・メギルCEOとその友人が開発したという。ポリスでは、まず特定の討論のためのトピックがアップロードされ、アカウントを持っている人は誰でもそのトピックにコメントでき、当該コメントにそれぞれ賛成票や反対票を投じることができる。ネットは人間の対立を煽ったり社会を分断するといったことを前章まで書いてきたが、このように時間と場所を飛び越えることで、特定の政策や法案について、意見を交換することができる。ここでいう「時間と場所」とは、すべて「永田町的な」時間と場所という磁場をも飛び越えられるということであり、それこそが重要である。

日々弁護士業務をしていると、様々な業種が存在し、それぞれに実務的な専門家が存在する。その人々の知見こそが、おそらく現状直面している問題解決への最短ルートを示してくれるのに、永田町にはそうした知見は上がってこない。業界団体や、「御用インフルエンサー」が入れ代わり立ち代わり出入りしているばかりで、その顔ぶれは固定化するばかりである。

むしろこうした永田町の磁場を飛び越えて、当該テーマに対する様々な実務レベルでの専門家たちの意見を集約できるのは、インターネット社会ならではの利点である。そこでは当然、テーマ設定した主体が想定もしていない批判や反対論もあろうが、それこそが、当該テーマの解決策を逞しくするプロセスだ。非生産的な「ためにする」批判や、「シャンシャン」の賛成ばかりで構成される議論から独立した、実のある議論が期待できる。

また、高齢者がネット空間へのアクセスに消極ということも、好転的に作用するかもしれない。既得権益と規制を振り回すミドル・シニア層の「ジャマおじ」がいない空間での開かれた議論は、いまだかつてない新鮮な空気での議論となるのではないか。

台湾だけでなく、スペイン、アイルランド、エストニアなどの国々も、デジタル空間での熟議に関する先進的な取組みがしばしば紹介される。私も現在、シビック・テックを牽引しようとする同世代の人々と、新しい取り組みを模索している。日常的なサウナの問題から、香港デモをきっかけとした日本版香港人権法まで様々なコンテンツを題材に、Zoomシンポジウムやクラウドローなど、新しいプラットフォームでの議論の可能性を模索中だ。ぜひ、シビック・テック界隈の人々の知恵を貸してほしい。

†コロナを危機で終わらせない

シビック・テックによるカウンター・デモクラシーに位置づけられる新たな試みとして、一般社団法人PMI（Public Meets Innovation）の取り組みが参考になる。彼らは、パブリックセクター（官僚・政治家・弁護士・政策関係者等）とイノベーター（スタートアップやベンチャー経営者、テクノロジー技術者等）がつながる新しいコミュニティを提供している。いわゆるミレニアル世代を中心に、社会が抱える様々な分野での課題に対して、イノベーションの可能性と社会実装を議論する場の構築を試みているのだ。彼らのアウトプットとしての目標は、ITやテクノロジーなど新技術やアイデアを用いて、こうした社会問題の解決のために官民プレイヤーがなすべきことの提言である。

そんなPMIが、今回「コロナを危機で終わらせない」プロジェクトとして、「新型コロナ危機をアップデート機会に変えるアイデア・提言」を募集した。コロナをきっかけに、多くの人々が「日々の生活でこうした方がいいんじゃないか」という様々な点に気づいたはずだ。コロナが政治を日常化したのだ。そうしたアイデアを「against コロナ、with コロナ、after コロナ」という時的カテゴリーおよび「仕事・生活・娯楽・教育・医療・その他」という分野カテゴリーに分けて募集し、これらを具体的な政策提言として整理分析し、関係する省庁や民間企業などとつなぐのである。数日で数百件のアイデアが集まったという。

こうした取り組みなどは、まさに本章で提案した「コンテンツ」の宝の山である。特に、今回のコロナはあまねく全国・全世代の人々に影響を与え、それぞれがフラストレーションや不便や不満を感じただろう。緊急事態宣言真っただ中の5月に、検察官の勤務延長を内閣が個別に認めることを可能にする法案の審議をめぐって、その「不要不急」さに対して有名芸能人を含んだ500万人を超える人々が「#検察庁法改正案に抗議します」とのハッシュタグをつけてツイートするという異例の拡がりを見せた。安保法制への反対ですら3〜12万人規模のデモだったことや、普段政治的発信をしない芸能人も参加した点で、これまでに類を見ない現象だった。

私はこの現象を、法案の中身というよりも、人々の不公平感に火がついたことが原因だったと見ている。多くの国民が「不要不急」のスローガンのもと、犬が飼い主からしつけられるがごとく「Stay home」して自粛しているにもかかわらず、政府は不要不急の法案を自粛せずに強行するなどおかしいんじゃないか、という不公平感だ。バスの中で携帯電話が鳴っているときの苛立ちとも似ている。具体的不利益が生じるわけではないが、「自分は守っているルールをなぜお前は守らないのか」という不公平感による怒りの表出である。あわせて、デモ参加のように強い態度表明が求められる発信とは違い、Twitterは身体性を伴わない簡易な発信手段であったことも、拡散理由の一つであろう。オンラインの強みが十二分に生かされた。

ＰＭＩの取り組みは、コロナをテコにコンテンツを収集するという発想と、その手段としてオンラインを利用するという点において、２０２０年コロナ禍での民主主義の勘所をおさえている。現在、ＰＭＩ代表理事の石山アンジュ氏とともに、集められたアイデアから法制化による実効性が高いと思われるものを抽出し、民間法制局的機能でのコラボレーションを企図している。

もうひとつ、オンライン参加型の法案形成プラットフォームについては、Pnica代表の隅屋輝佳氏の力を借りて現在実践を進めている。

コロナは人々に対し、身体への災いをもたらしただけでなく、様々な社会的機能をも大きく阻害した。しかし他方で、コロナとの共生を目指すライフスタイルの変化は、ウェブ会議システム（Zoom等）を利用したコミュニケーションの日常化を含め、オンラインを使った様々なコミュニケーションや政策形成の可能性を現実的にスタートさせるきっかけともなった。これを逃す手はない。

コロナによって可視化された様々な問題と、政治が日常化したことによって集約可能になり得ている人々のアイデアからフラストレーションまでを、オンラインを通して時間と場所を超えて議論する。これぞデジタル・デモクラシーの萌芽でもあり、日本におけるカウンター・デモクラシーの新しい第一歩の可能性である。

4 批判や小言よりも行動、チャレンジ、具体化を

†生産性ゼロの議事をデジタル技術でサポート!(笑)

ここで一つ確認しておこう。シビックテックともベン図が重なり合うのがデジタル・デモクラシーだ。前掲の谷口・宍戸『デジタル・デモクラシーがやってくる』第3章〜6章では、民主主義にも迫りくるデジタル化の波に、熟議民主主義、選挙、国会審議プロセスはどのように向き合うべきかを議論している。たしかに、討論型世論調査（第4章）はネット社会における分断への処方箋として興味深いし、電子投票はすぐにでも実現できるところから採用すべきだ。また、国会審議過程でのデジタル技術の活用についての世界的トレンドも重要で、日本社会に

も参考になる部分が多々ある。

しかし一方で、本質的だからこそシンプルな提案が正面から論じられていないとも感じる。国対委員長はなくした方がいいのではないか。各委員会の議事進行を決める理事会の内容は公開すべきではないか、各委員長の議事運営の手腕をスコアリングして採点したらどうか。

もっといえば、新型コロナが蔓延している最中に、いまだに本会議場に議員が密集した挙げ句「ぎちょーーーーー！」などと叫んでいる光景は、もはや正気の沙汰とは思えない。

本来、プレイヤーたちが自らの良識を取り戻してくれればよいのだが、それだと本書が忌み嫌う「人の支配」に与してしまうので、ルール化を提案したい。大体、本会議での演説など、そもそも事前に用意された原稿の朗読なのだから、原稿をPDFにして議員間で共有し、同時に公開すれば足りる。

委員会質疑はさすがにPDFでまかなうわけにはいかないが、明らかに建設的議論を阻害している与野党議員が多数いる。議員ごとにAIに質疑を読み込ませ、「秘書が書いた原稿そのまま棒読み議員」や、「演説自己陶酔型議員」、「メディア露出のためのキャッチフレーズ連呼議員」といったカテゴリーでランク付けして、そうした議員の質問時間を自動的に削減してはどうか。そしてその分の時間を、社会的に有益な質問をしている議員に回せば、国会議論の質は飛躍的に高まるだろう。本会議での演説も、委員会での質問も、選挙向け国政報告ペーパーに載せる演台写真を撮るために利用するのはやめてほしい。

各委員会の委員長も、およそ議事整理を中立・公平にできていないので、ＡＩによる補助的なサポートをつければよい。大臣の繰り返しの答弁や、前回と矛盾した答弁、質問と全くかみ合わない答弁などをその場で検出してアラームを鳴らし、自動的に再答弁・修正・撤回のいずれかを選択させ、その選択が論理的に矛盾している場合は重ねてアラームが鳴るというのはどうだろう。高齢者の交通事故をデジタル技術でカバーするのと同じ話である。議事整理無能力者による議事進行を、デジタル技術でサポートしよう。

サポートしていると見せかけて、スキルをスコアリングするのもよい。それを選挙のときの指標として公開するか、Ｆ１のポールポジションのように「持ち点」として配分すれば、期だけ重ねた名誉職だと思ってその席に座ったはよいが、最低評価を受け落選するケースも出てくる。リスキーでエキサイティングな国会だ。政治家としての能力と選挙での当落を連動させるためにこそ、デジタル技術を利用すべきである。

答弁する大臣たちの中からも、「過去の答弁は承知していない」などと厚顔無恥にハキハキと言い放つ人が出現し始めたので、提出法案の関連重要政府答弁は事前にすべてＡＩで検出させておこう。官僚の質の低下も、デジタルでサポートすればよい。膨大（ですらない）な資料を的確に読む能力も気力もない人が増えているなら、そのような「人災」はデジタル技術で未然に防ごう。ここも、自動運転カーと議論が重なりすぎて悲しくなる。

現在の歪んだ学芸会ミンシュシュギ（選挙中心主義）と、本来あるべき熟議民主主義の橋渡しや矯正に、デジタル技術を導入すべきだ。それは、国会審議にタブレットを活用せよなどという表層的な提案（そんなものやればよいだけだからさっさとやってくれ）とは無縁のものである。

以上は一例にすぎないが、デジタル技術による熟議実現改善策を広く募れば、良いアイデアは他にもどんどん出てきそうだ。

国対政治や政治的ニヒリズムのような本質的な日本政治の病理を棚上げしながら、トレンドにのってデジタル・デモクラシーを論じるような「ためにする議論」ではなく、その本質的な日本政治の病理そのものを治癒させるためにこそ、デジタル技術のサポートを提案したい。

†政策ベースで専門家が集うことで何が起きるか

ここまで、いくつかのカウンター・デモクラシー実践例を紹介してきた。「政策」ベースで人が集うと、自ずと「党派性」は溶解していく。しかも、多面的に専門家が携わって政策的に深い議論が行われるため、政局好きなプレーヤーは淘汰されていく。

こうした政策ベースでのコミュニティの再構築と専門性の発露は、あらゆるテーマでの集団形成の可能性を示す。アイデンティティを超えたテーマに集うので、そこには「差異」や

「壁」は存在しない。そうすると、人々は、テーマ横断的に様々なコミュニティに参加することが可能となる。

テーマ横断的にコミュニティに参加する人たちは、新たな視点を提供してくれるだろう。それぞれの専門家が、今まで自分がいた領域を出て新たなテーマや領域に触れることによって生まれる「セレンディピティ」（偶然的に今までとは違う何かに出会うこと）は、テーマと人のそれぞれに化学反応を起こす。テーマで人が領域を越えて交差し、人でテーマがブラッシュアップされる。

†あくまで「議論・対話」にこだわる

ここまで、コンテンツとプラットフォームに着目して論じたが、ここからはリアルな場での熟議をテーマにした取り組みを紹介したい。

既述のとおり、2017年5月に安倍首相が「自衛隊明記」改憲案を打ち出してからというもの、野党は「相手の土俵に乗るな」一本槍の硬直的な姿勢を崩さない。先に詳しく指摘した憲法審査会の構造的欠陥も相まって、国会では憲法論議の土俵はもはや無いのと同じだ。ならば、市民で土俵を作ってしまおう！ ということで始めたのが、「コクミンテキギロン☆しよう」（略称「コクギ」）というイベントである。

渋谷のカフェ併設の解放的な空間に、40〜50名の規模で集まり、毎回憲法について持論のある政治家を招いて双方向で議論するというものだ。最初20分程度基調スピーチをいただいてから、その後2時間近くぶっ続けで対話する。

2019年4月に開始してから、ほぼ毎月開催し、山尾志桜里議員、石破茂議員、中谷元議員、山花郁夫議員、玉木雄一郎議員、下村博文議員、枝野幸男議員、小池晃議員、そして、スペシャル回として、山尾・石破・玉木議員の三氏揃いぶみの回を開催した。ゲストの方々のほとんどが主催者の予想以上に真摯に会場との対話に応じ、その後の予定を変更してまで延長戦にお付き合いくださった方もいた。

特筆すべきは、主催者と参加者それぞれの特質であろう。主催者は、働く女性4名（うち一名は後に市議に当選された）で、イベント屋でもなんでもないいわゆる素人である。近時の憲法問題について、「安倍さんの改憲案はおかしいとは思うけど、議論しないという野党の姿勢もおかしい」という思いを抱き、しかし「○○議員の△△説は□□らしいよ」というまた聞きで判断するのもモヤモヤする。そうであれば、聞いてみたい人を招いて直接一次情報を聞き、できれば会話もした上で判断しよう！　という至極まっとうなモチベーションでスタートしている。私は、この余りにまっとうなモチベーションに感銘を受け、議事進行の法的なコーディネーターとして、前述の水上貴央弁護士とともにこの取り組みをサポートさせてもらっている。

参加者は20代から70代まで幅広く、その多くがいわゆる「政治集会」には行ったこともないけども今起こっていることが知りたくて来た、という方々である。

会のモットーは、「☆相手の話を聞こう　☆質問は簡潔に　☆笑顔で議論しよう」だ。理性的対話を確保するために論破は禁止。しかし、よくある政治集会のように「みんなで気持ちよく」なるための空間に堕さぬよう、安易なスッキリ感には注意！　の意識を共有した。

最初のうちは、つい意見の開陳が長引く参加者の方もいたが、そのうち会場の参加者同士で「質問の要点しぼっていきましょう」などといった声かけが起こるようになった。そして回を重ねるごとに、意見の違いが時に顕著であったとしても、質問や意見交換の本意が相手になるべく伝わるように、互いにリスペクトをもって穏やかに発話する空間としてブラッシュアップされていった。そこには、全員が「忍耐と寛容」の旗の下、まさに腹の底に本当に言いたいことをぐっと堪《こら》えているという意味で張り詰めた健全な緊張感と、立場が違っても会話ができることへの達成感が充満していた。

そして毎回イベントが終わると、今まで感じたことがないような爽快な疲れを感じるのだ。そう、これはスポーツだ。対話や熟議は、高度な知的スポーツだ。スポーツだって、ルールを無視したり、相手を無条件で否定していては成立しない。スポーツマンシップならぬ、「Deliberation ship／熟議シップ」がそこには存在していたのだ。これはまさに永田町での議論で失われている、「相互的寛容と自制心」(前掲『民主主義の死に方』より)そのものである。

さらに興味深かったのが、この「コクギ」でのアンケート結果である。コクギでは、事前アンケートで、現在の自分の立場を護憲から改憲までの10段階で記してもらっている。そして、イベント終了後、議論を経た上での自分の立場がどこに位置するかを再度記入してもらうのだ。

この変化が面白い。たとえば、玉木議員が、権力を統制する「平和的改憲」案をプレゼンしたとき、その回で自分の立ち位置を変えた8人全員とも、護憲志向から改憲志向への変化だったのだ。一方で、中谷元議員が、安倍改憲のプレゼンをしたときは、立ち位置を変えた全員が改憲志向から護憲志向に変化したのである。

国会は茶番劇で、内閣が独善化し、裁判所の顔が見えない。この権力のアンバランスを統制するような手段があるならその改憲には賛成! 翻って、どう見ても軍隊である自衛隊を「戦力ではなく実力」とお茶を濁したまま、自衛隊の名誉のために自衛隊と書き込もうという改憲提案には、参加者は「?」を頭に浮かべ、こういう改憲だとしたら拒否したいという態度を明確にしたのだ。

私は、イベントでの節度ある対話風景と、このアンケート結果を見て確信した。市民は「話せばわかる」のであって、決して愚民ではない、永田町やアカデミアの偉そうな人々よりもよほど静謐《せいひつ》だが熱い、そして真摯な議論ができる。

他方で、ゲストのごく一部は、「改憲議論の土俵に乗ったら負ける」という無根拠で臆病な主張を貫き、参加者から素朴な疑問を丁寧に投げかけられても、意見が違うなら自民党に行けといわんばかりの対応を繰り返す場面もあった。わずかばかりの自陣を何とか死守するために、対話を拒む議員の不誠実さを肌で感じた。

私は、専門的な議題の捌《さば》き役として携わったが、市民の取り組みをエンパワーするという仕事も、まさに弁護士業務ど真ん中だと痛感した。コクギは現在も、永田町の磁場から離れて、市民、専門家、そして議員が一体となって熟議を遂行中だ。カウンター・デモクラシーのデモンストレーションとしてまずまずの一歩目ではないだろうか。

クラウドローの取り組みは空中戦的で、コクギは地上戦的である。しかし、カウンター・デモクラシーの実践にはどちらも欠かせない。コンテンツは無限に存在するのだから、それぞれについて、各自がいろんなテーマで、空中戦も地上戦も仕掛ければよいのだ。

†現場ある者たちの草の根の保守

前項のコクミンテキギロンはどちらかというと左派リベラルの人々が中心となった平場のカウンター・デモクラシーの取り組みだが、今度は右派保守の陣営のカウンター・デモクラシーを取り上げたい。

先に生前退位特例法の際に言及した小林よしのり氏主催の「ゴー宣道場」である。その代表作『ゴーマニズム宣言』の名を冠し、著者の小林氏が月一回主催するシンポジウムでは、皇室問題や憲法だけでなく、環境問題から経済、女性問題やLGBTまで、様々なテーマで「公論」を形成するためのまさに「道場」だ。当初は政治運動というスタイルではなかったが、平成が終わり令和の時代を迎えた現在の政治状況を踏まえて、もはや政治（お上）に任せていては何も変わらないとの問題意識が高まっている。その結果、「闘う道場」の色合いを強め、全国的な政治運動体として再定位されつつある。

具体的には、①女性・女系天皇及び女性宮家創設を中心とした皇室の安定的継承の実現、②自主独立と権力統制のための立憲的改憲を中心とした憲法改正、③女性の地位向上、の三大目標を掲げ、47都道府県でイベントや啓蒙活動を行いながら、アメーバ的に勢力拡大をはかっているのだ。運動体の全国的なリーダーはパワフルな女性が務め、各地方でのリーダーも働く現場をもつ女性たちが中心だ。皆がその現場での専門性を生かして様々な発信を行い、イベントを企画し、グッズまで製作している。

日本の現状への強い危機感につきあげられ、「自分にできることはないか」という問題意識と善意のみに支えられて、完全なボランティアにより発展進化していることが、この政治運動の凄みだ。私もこの道場に「師範」として参加し、毎回シンポジウムに登壇しているが、20

20年2月9日に、本書の基本構想を題材に「日本の市民運動が陥った「選挙」と「党派性」の〝病〟」と題してカウンター・デモクラシーについてのプレゼンをした回では、メインの東京会場に数百人が来場したのに加えて、全国13か所でパブリックビューイングとして中継会場が設けられ、参加者が飛躍的に増加し全国規模となっている。

批判や小言よりも行動すること、チャレンジすること、そして何か自分にできないかと考えればその思いを具体化する受け皿があること。一人一人がカウンター・デモクラシーの担い手なのだという原点を想起させられる。

†非政治的アクターが発信する政治的アクション

さて、ここまで紹介して、ロザンヴァロンが定義したであろうカウンター・デモクラシーからかなり活動領域が広がったのではないか。さらにその領域を広げるべく、「非政治」の世界にいる人間たちによる政治を取り上げたい。芸術文化の領域における「政治」と隣接したアクションは、いたるところで見られるのだろうが、私の大好きなクラシック音楽、特にアメリカン・クラシックシーンにフォーカスする。

なぜコカ・コーラの国のクラシックに着目するかといえば、当初アメリカ社会でもクラシック音楽は「借り物」で、「ハイソ」でいるためだけにヨーロッパからそのまま受け入れたものだった。しかし、ヨーロッパを離れてアメリカ社会独自の存在意義を模索した結果、社会的「公器」としての役割を積極的に引き受けることによって、芸術家自身が社会の思想的な再分配機能を果たしているのだ。西欧から「借り物」として与えられた民主主義や立憲主義を、「一流の民主主義国家」なら演じるべきと演じてきた日本社会とそれらの価値との在り方のヒントになるものと考え、ここで取り上げる。

まず、世界的チェリストであるヨーヨー・マがハーバードビジネススクールで「社会的正義のための力（force）としての音楽」と題して行った講義での言葉で始めるのが良いだろう。

「芸術家が芸術だけしていればよい時代は終わった」

芸術家であるマが芸術のためにする芸術は終わったというなら、いったい何のために芸術をするのか。

「残りの人生を何に費やしたいかといえば、食い扶持を稼ぐためではなく、Social impact（社会的影響）のために使いたい」というのだ。

有言実行よろしく、マはこの1か月後の4月、メキシコとの国境の荒野で、ベースボールキャップにラフな格好に身を包み、チェロを演奏した。

「音楽は〝壁〟ではなく〝橋〟を架けるものです」

自国（自身の）利益を過度に強調し、隣国への敵対姿勢を露わにして恥じない大統領への強烈な皮肉であり、カウンターパンチである。

アメリカオケ西海岸の雄、LAフィルも、社会的存在としてのオーケストラという側面をとても重視している。その証左に、LAフィルが掲げた2019―20シーズンのテーマには「Social Justice（社会正義）」「Gender parity（ジェンダーの対等性）」といった極めて政治的な言葉が躍る。

2019年、私がLAフィルの経営陣の話を直接聞いた際Social impactを調達するための発想は示唆に富む。

極めてシンプルなことだが、社会の実態を敏感に感じ理解していなければオケは社会的公器としての存在意義を発揮できない。そこで、音楽の世界だけで自己完結することなく、外側の生身の社会との相互横断が求められる。当然プログラムを構成する作業も外部の人（非音楽関係者）を入れていかなければならないし、コンサートホールの外（公園、会社、学校、教会、路上も！）にも出ていかねばならない（非コンサートホール）。チケットも売れず、政府の助成も少なく、寄付でお金を集めねばならず、同時に2040年までにマジョリティと呼ばれる人種がいなくなる。「明日からの週末の予定もまだ決まっていない」といった具合に人々の行動様式も明らかに変化してきている、そんな社会が相手である。オケも、数人のチームからフルメンバーまで、あらゆる部隊で社会の隅々に入り込んでいく。

LAフィルCEOのチャド・スミスは「音楽だけに閉じこもっていた方がcomfortable（快適）だ。しかし、あえてuncomfortable（不快）なこと、すなわちクラシック音楽業界の外に出ていくということを行ってきた」と強調した。

具体的には、オケの演奏するプログラムやイベントを企画する際に、音楽関係者ではなく、他分野の専門家等の様々なメンバーをキュレーターチームとして構成したというのである。これにより従来の音楽関係者だけでプログラム等を決定していたプロセスよりも、決定にいたる段階で様々な意見や価値観が衝突し、そのプロセスは格段にタフなものになった。

たしかに、餅は餅屋ともいうし、業界の中の同志だけで企画立案をすれば、業界のルールや「狭い」共通言語があることから、非常にcomfortableで、やりやすいだろう。しかし、音楽業界という内向きな一部の社会ではなく、「外の」社会を理解するために、あえて自己を快適な繭《まゆ》に閉じ込めさせないuncomfortable mirror（自分を写す不快な鏡）を自身の前に立てる。これによってむしろ自己が赤裸々に他者に開かれ、閉じようとする自己を律することができるのである。そう、業界や共同体を越えたもっと「広い」共通言語を求めて。

このことは、永田町的で政治的な人々が業界用語を駆使して自陣を死守する光景と正反対の光景だ。また、多様な人材を起用することは、AI人材の多様性の箇所でも触れた通り、これからの組織的意思決定をしなやかかつ逞しくするのに必要不可欠である。

CEOによると、LAフィルの役目は「オーケストラの役割は、癒しを提供すること、人種やジェンダーへの公平性を与えること、そしてなにより政治的イシューを論じる場を提供すること」である。

印象的だったのは、「LAフィルとはLAである（LA PHIL is LA）」という言葉だ。つまり、LAという都市の思想や人口・性別構成等々、その「多様性」をそのままプログラムや人事に反映させるという。一例を挙げよう。

・ゲストコンダクターの40%が女性。
・楽団が委嘱している作曲家の50%が女性か有色人種の作曲家。
・ゲストアーティスト（ソリストも含む）の50%が女性か有色人種の音楽家。
・YOLAプログラム（貧困層の若者向け）：週に18時間48週間の無料音楽教育プログラムを開催。
・本拠地であるウォルトディズニーコンサートホールで行われるコンサートのうち年間100公演、ハリウッドボウルで行われるコンサートのうち2万枚のチケットは低所得者に無料配布。
・演奏曲目はクラシックだけではなく、ジャズ、ポップス、ワールドミュージック、世界の伝統的な民族音楽等を取り上げることを重視。

CEOは、LAという街や観客に対して、LAという都市の持つ多様性という価値を目に見える形で具体的に体現し、コンサートホールに座っていなくても「そのコミュニティ全ての人とともにいるのだ」、「社会の皆がメンバーの一人なのだ」、ということを実感できるコンテンツになることが「オーケストラが負う社会的責任に対する説明責任の一つ」とまで言い切っていた。

他にも、マイケル・ティルソン・トーマス（通称MTT。彼は数十年連れ添う同性の配偶者がいる）率いるサンフランシスコ交響楽団は、カリフォルニア州法で、ホテル等観光施設から徴収する税を芸術分野に多く分配するとする「Proposition E」に対する州民投票に対して、「Yes on E!（賛成票を投じよう！）」というキャンペーンを張った。キャンペーン動画では、サンフランシスコ交響楽団にゆかりのある大物演奏家もこぞって出演し、「Yes on E!」と呼びかけた。

日本でオーケストラが「辺野古基地についての県民投票で反対票を投じよう！」などと明るく呼び掛けるのが全く想像できないのはもちろん、きゃりーぱみゅぱみゅやローラなど芸能人が政治的な見解を表明した瞬間に批判が殺到したりCMを降板させられるといった現状と比べれば、どれだけ欧米において芸術と政治が自然体にリンクしているか、理解できるだろう。マスコミやエンタメ業界が株を持ち合い、「政治権力」と会食をして牙を抜かれているような日本が異常なのである。業界の矜持《きょうじ》はないのか。

ニューヨーカーで前ニューヨークフィル音楽監督のアラン・ギルバートは、現在芸術監督を務めるNDRエルプフィル（ハンブルク）で、2019年11月、気候変動への問題意識を喚起するために画期的な取組を見せた。あの有名なヴィヴァルディの『四季』(Four seasons) をモジって「For seasons」と題して私たちが気候変動によって直面している「不快さ」や「不安定さ」を表す不協和音や不穏で不調な音に満たされたアレンジバージョンを演奏したのである。しかも、このアレンジバージョン、たとえばヴィヴァルディの時代よりも鳥の種が現在15%減少していることから、『四季』の楽譜の「鳥のモチーフ」から音符を15%削ったものをアルゴリズムによって楽譜化している。これにより、非常に不快度が増す音楽となる。

このプロジェクトに携わったのは、「データからコンサートへ」を標榜するサウンドアーティスト、ソフトウェア開発者、ミュージック・アレンジャーのチームだ。現代のAI・デジタル技術と、気候変動という原初的な問題、そして芸術表現をマッチングさせて、音楽だけでなく社会が抱える深刻な課題にまで耳を傾けさせる、音楽家にしかできない社会的責任を果たし、問題提起をする好例だと思う。本書が問題意識を持つAI技術の新たな視点もくれる。

このアメリカンクラシックの系譜の原点がレナード・バーンスタインだ。ベルリンの壁崩壊時に壁の前で東西のオケを集めてベートーベンの第九交響曲の「Freunde!（歓喜よ！）」を「Freiheit!（自由よ！）」に替えて演奏したことは有名だ。

インタビューの中でも、「もし音楽家にならなかったら、あなたは政治家になっていたでしょうか？」と聴かれ「わかりませんが、私はすでにどちらでもあると思っていますし、それどころか、私は政治的な音楽家だと書いてくれたっていいですよ。でもその逆ではありません」と答えている（L・バーンスタイン×E・カスティリオーネ、西本晃二監訳、笠羽映子訳『バーンスタイン音楽を生きる』青土社、2018年）。同書では、J・F・ケネディへの好意や、自身が「リベラル」である意味など、極めて政治的なトークが繰り広げられる。

例えば、ピアニストのクリスティアン・ツィメルマンは、アメリカが対イラン戦略としてイージスアショアを祖国のポーランドに配備したことに抗議して、「金輪際アメリカでは演奏しない」とLAの舞台上で言い放ち、彼のピアノが破壊されるという事件があった。彼は近時の来日時のインタビューで、自身の政治性についての原点はバーンスタインの存在だと明言している。ツィメルマンは政治的な正義を貫いてアメリカから去っていったが、彼にそうさせたのは、アメリカンスーパースターであるバーンスタインの遺伝子だった。自身への批判ですら正しさには開かれた場所、これぞフェアネスである。

ここで私が言いたかったのは、世界の様々な場所で、日々非政治の人々が、この社会のために、「権利」「自由」「民主主義」「憲法」などの言葉を使ったり使わなかったりしながら、自分にしかできない方法でデモクラシーのために闘っているということだ。

元大阪市長の橋下徹氏のように「政治を語るなら立候補しろ」などという意見は、私の考えの対極にある。橋下的発想こそ、「永田町的な」「政治的なるもの」だけで自給率100%のハリボテミンシュシュギから脱却できない大きな原因だ。

それぞれが、自分の居場所から、自分のできる範囲で、権利や自由について自分なりに考えればよい。自分の社会的立場を利用して何か政治的なイシューを考えるきっかけを提供すればよい。それぞれが持っている聴衆やアクセスしているマーケットが違えば違う程、多くの人に届くし、それがなるべく「永田町的」で「政治的なるもの」の磁場から遠かったり関係ない方がよい。これらすべてがカウンター・デモクラシーを形成する。

フィンランド人指揮者のエサ・ペッカ・サロネンは、2020年来日時の取材に「音楽家は社会に無関心であってはいけない。安易に価値を下げず、複雑なまま、芸術と一般の人々を出合わせることに、私たちはもっと使命感を抱くべきだと思う」と話した。これはリベラルなエリート主義に陥る我々に突き刺さる言葉だ。彼は続ける「私は芸術の未来については楽観的です。問題があるとすれば、芸術を崇高で孤高なものとする音楽業界の「売り方」のみではないでしょうか。私は芸術の力を信じます」

この発言で「芸術」を「法」や「リベラル」に変えれば、そのまま現状のリベラルの問題点を言い表していないか。前章でリベラルエリートの在り方を批判したが、法は崇高でアンタッチャブルであるかのように「売る」ことによって水際戦略をとる。しかし、リベラルこそ、リベラルな価値を崇高なものと祀り上げるのではなく、「複雑なまま」市民とそれらの価値を接合する使命感を持つべきである。

Social activism（市民運動）ではなく、マやLAフィルが大切にしたSocial impact（社会的影響）が重要なのだ。組織的な運動の一部にならなくてもいい。あなたが今いる場所から、あなた個人が社会に与えられる影響（impact）を考え、小さくても行動を起こしてみよう。アクティビズムからインパクトの時代へ。これこそが豊かなカウンター・デモクラシーの鍵になる。

おわりに——失敗してもいい。次はもっとうまく失敗しよう（Try again. Fail better.）

「この国は憲法や法律とは違うルールで動いている」

本書を執筆しながら私は確信を深めた。それは、不文律（unwritten rule）とも違う。何か別の世界がもう一つ存在しているような感覚である。

ある本を思い出した。ミヒャエル・エンデの『はてしない物語』だ。

主人公のバスティアンは、ふとっちょのいじめられっ子。そんなバスティアンが雨の中いじめっ子から逃れてたどりついた古本屋で不思議な本に出会う。それが『はてしない物語』だ。

この物語では、滅亡の危機に瀕した空想世界ファンタージエンと現実世界が交錯し、本を読み進めるうち、バスティアンは本からファンタージエンに誘われているような錯覚を覚える。そう、危機の世界の救世主として。

授けられた者の願いを叶える一方で記憶を奪ってしまうメダル、アウリンによって、バスティアンは勇者のような自分を手に入れる。素晴らしい容姿を手に入れればふとっちょの自分は忘れていく。自分の願いを叶えるたびに、その願いのもととなった現実世界での自分の記憶は失われていく。つまり、ファンタージエンで完璧に理想の自分を手に入れた瞬間、現実世界の記憶は完全に失われ、もう現実世界には戻れなくなる。

この、『はてしない物語』は、二色刷りで、現実世界はエンジ色、空想のファンタージエンは緑色で描かれる。もしかしたら、現在の日本政治とそれを規律するとされる日本国憲法やその周辺法令、はたまた日々のマスメディアによる政治報道や市民運動家たちの檄《げき》は、すべて緑色で描かれているファンタージエンの世界かもしれない。ファンタージエンでの理想の自分を手に入れれば、現実世界には戻れない。

『はてしない物語』が持つ意味は、私にとってはとても意義深い。

実はこの物語を暗示的に引用した法律家がいる。弁護士の遠藤比呂通氏だ。彼は、研究者として27歳で東北大学の助教授の地位に就きながらその地位を捨て、現在西成でホームレス支援をする弁護士をしている。この転身を接合するのが、彼の研究者としての最後の論文集『自由とは何か』である。その「おわりに」で、『はてしない物語』は引用される。遠藤は、人権を実現するための「心構え」がここに反映されていると紹介しながら、人権や個人の尊厳という理念を自分のものにできる人は少ないが、それより少ないのは「このような理念の空中楼閣にとどまることなく、日々の暮らしの中でそれを実現する手段を現実に根ざして考えていく人々は、稀である」と。私はこの一文で、研究者ではなく実務家になることを決めた。自分は理論の空中楼閣にとどまらないのだと、確信して歩を踏み出した。

私が法曹になる背中を押した『はてしない物語』が、今回、本書を執筆するなかで鮮やかによみがえってきた。

個人（individual）、憲法9条、民主主義、立憲主義――これらを纏った本書で懐疑的に描写した「政治的なるもの」はすべてファンタージエンの世界で起こっていることなのではないか。この国はまったく別の世界のルールで動いているのではないか。

いじめられっ子の主人公バスティアンにとって、現実世界はつらすぎて、本を読んでいる時間だけが救いだった。だからこそこの本に出会った時に彼は思う、永遠に本の世界にいることができるはてしなく終わらない物語に出会いたかったのだ、と。そこにいれば自分の見たくないものは見なくてすむ。そう願えば願うほど、現実世界には戻ってこられない。

我々はこのファンタジーエンから現実世界を取り戻さなければならない。このファンタジーエンは、従来型のリベラルな個人概念であり、現実の政治をとりまく現況のことだ。そこに巣食う人々は、バスティアンのように望むだろう、これが「はてしない物語」であったらいいのに！　と。

バスティアンは、名前以外のすべての記憶をなくす。しかし、現実世界の記憶を完全に失う前に、父親の名を呼び、現実世界に間一髪戻ってくる。

今、政治に携わっている人もそうでない人も、関心がある人も無い人も、皆がバスティアンだ。我々がいる世界はファンタージエンかもしれない。大事なのは、現実世界に戻りたいと願うその想いだ。我々一人一人が、今知らぬ間に生きている緑色の文字で描かれたファンタジーエンから、エンジ色の文字で描かれた「民主主義」「立憲主義」が真に存在する世界へと、「戻りたい」と願えるかどうかにかかっている。

遠藤が引用する古本屋のコレアンダー氏の言葉を私もあえて引用したい。

「目に見える現実世界だけでなく、心の中のもう一つの世界、見えない世界の存在を信じる人は多くない。しかしそのような空想の世界の存在を信じた人の中で、この現実世界に戻ってこられる人の数は少ない。君はそのような数少ない人々の一人だ」

本書の冒頭、"Welcome to politics."と書いた。

政治の世界というファンタージエンを直視したり奈落の底を垣間見た人はそんなに多くない。しかし、それを見た人で、また、その世界を維持しようとする「政治的なるもの」にからめとられた人の中で、この現実世界に戻ってこられた人も、この政治的なるもの＝ファンタージエンの「魔力」を直視して挑みながらそれとは別の世界を本気で創ろうとした人の数も少ない。

あなたもその数少ない人々の一人にならないか。

本書は私の初めての単著である。

無謀な挑戦を企画として通し、執筆開始後は四次元に浮かぶコンセプトを細かいコメントと共に導いて本書の完成まで船頭役を果たしてくださった筑摩書房の伊藤笑子さんには、その胆力と冒険心に心から感謝したい。

また、この無謀な挑戦に至るまでの私を形成した三人の大先輩に感謝を捧げたい。

一人目は憲法学者の駒村圭吾先生である。駒村先生に大学3年生のときに出会わなければ、個人としても、法律家としても、今の自分はない。憲法学という公私を跨いだ壮大な学問を、文字通り公私を通してその「純一性 integrity」と「いかがわしさ sketchy」を私に叩き込んでくださった。本書で私の力こぶが浮き出るような第五章は、駒村先生がエディターを務める慶應義塾大学とハーバード大学の「Constitutional revision and civic activism（憲法改正と市民運動）」という共同ブックプロジェクトに大先輩たちが名を連ねる端くれとして参加させていただいた際の原稿を元にしている。本書の核心部分は駒村先生の考えとは異なることもたくさんあるが、あらゆる意味での製造物責任があるとすれば、駒村先生である、といったら先生に怒られそうだ。法と政治、そして生きることとの微妙な関係を先生には教わった。何を隠そう、前掲遠藤の『自由とは何か』を読めと薦めてくださったのも、駒村先生だった。たぶん、あのときから、私の『はてしない物語』は始まってしまった。

二人目は、法哲学者の井上達夫先生だ。東京大学が本拠地の井上先生が慶應義塾大学で講師として教鞭をとられていた「法理学」で授業を聞いてから、まさしく虜になった。その後も、「怒れる」法哲学者の井上先生に、何回も「シバかれながら」自身の考えを鍛えた。一人で物を考える時も、頭の中でシャドーボクシングの相手は僭越ながら井上先生だった。先生の透徹したフェアネスからすればだらしない私はまだ「謹慎中」かもしれないが、政治的イデオロギーを超えて貫徹できる思想と、実践の現場で戦うことを教えてくださった井上先生に感謝したい。

最後の一人は小林よしのり氏である。本書でも紹介したゴー宣道場に招いていただき、プライベートでたくさん迷惑もおかけした。それでも、どんなときでも私にチャンス（場）を与えてくださり、そのときは徹底的に中身で判断してくださった。私の中には希薄だった国家や主権といった概念や、真正保守の視点からリベラルの陥穽《かんせい》に刮目させられた経験が何度もあり、よしりん先生とのコミュニケーションによって「変わった」自分が本書の随所にみられる。「個」で立つことの重要さと、「変われること」の美徳を教えていただいた。

この思想もバックグラウンドもまったく異なる三人の大先輩に通じるのは、「後進にはこういう風に接したい」と思わせてくれたということだ。私もああいう大人になりたいと思って生きてきたが、到底その域に達することなく、もう大人の領域に足を踏み入れてしまった。

憲法学、リベラル、保守、それぞれの領域でまだまだ学ばせていただきたいことがたくさんある。しかし、学んだことを社会に還元する責任もヒリヒリと感じている。いつまでも生徒のような気分ではいられない。これから先も、政治の現場で自分が少しでも役に立つ場面があるとすれば、そのときの自分のレベルが政治のレベルの一部を決めるかもしれないのだ。プロとしての批判的自己吟味はつづく。

他にも、本文中に登場する様々な知識人や先輩、後輩そして友人たちに感謝したい。今まで接したすべての人や考えがなければ、本書は生まれていない。また、本書をくまなく熟読し、まるで自分の原稿のように意見をくれた戦友にも、特別の感謝を送りたい。

そして、本書の通奏低音であるアイデンティティを形成し、私の寄るべき場として常に存在してくれていた両親に感謝したい。「相手がどんな巨大でも違うと思ったら戦え」という闘争心を育ててくれたのは、両親である。政治というファンタージエンから最後に戻れるとしたら、この二人と小さな一人との絆かもしれない。

「失敗してもいい、次はもっとうまく失敗しよう」

これは、2016年に当時ベルリンフィルの音楽監督だった指揮者のサイモン・ラトルが、ベートーベンの全曲チクルスをした際の来日インタビューで、ベートーベンの音楽と向き合った時の心持について発した言葉である。

ラトルによれば「ベートーベンの交響曲を演奏することは究極の旅だと思う。やっと山頂に着いたと思った頃に、もっと高くまで山が続いていることに気づく。終わりがない。サミュエル・ベケットの言葉を借りましょう。『やってみたら失敗した。構わない、もう一度やればいい。今度はもっとうまく失敗できる（Ever tried. Ever failed. No matter. Try Again. Fail again. Fail better.）』」

ラトルはベートーベンの音楽を「Uncomfortable mirror」と呼んでいた。自分のダメなところや未熟なところを映し出す「心地よくない鏡」だと。まるでリベラルな社会における「他者」のようだ。

これこそが立憲民主主義の核心である。失敗するけどそこで終わらない。前に進む。心持は、「成功しよう」でなくてもいい。失敗を抱えて引きずりながら、でも次は「うまく失敗しよう」と思えるからこそ民主主義は存在しうる。そしてまた、制度的に少しでも「うまく失敗できる」ような、「失敗しすぎない」ような枠組みを提供するのが、立憲主義である。

本書も、様々な失敗があるかもしれない。本書への批判も大歓迎である。批判にさらされない表現ほど脆いものはない。私も、本書を世に問うた瞬間から、「次はもう少しだけうまく失敗するぞ」、と心に決めながら、私が大切だと信じてやまない我が国の市民社会におけるリベラルな価値、そして立憲主義や民主主義のために少しでも貢献できることを確信している。と、蛮勇をふるって断言する。「はてしない物語」は、始まったばかりだ。

二〇二〇年　人波が戻りきらない盛夏の渋谷にて

倉持麟太郎

参考文献

【本書全般】
井上達夫『共生の作法——会話としての正義』（創文社、１９８６年）
井上達夫『他者への自由——公共性の哲学としてのリベラリズム』（創文社、１９９９年）
井上達夫『法という企て』（東京大学出版会、２００３年）
井上達夫『現代の貧困——リベラリズムの日本社会論』（岩波書店、２０１１年）
井上達夫『世界正義論』（筑摩書房、２０１２年）
井上達夫『リベラルのことは嫌いでも、リベラリズムは嫌いにならないでください——井上達夫の法哲学入門』（毎日新聞出版、２０１５年）
井上達夫『憲法の涙——リベラルのことは嫌いでも、リベラリズムは嫌いにならないでください２』（毎日新聞出版、２０１６年）
井上達夫『立憲主義という企て』（東京大学出版会、２０１９年）
井上達夫『生ける世界の法と哲学——ある反時代的精神の履歴書』（信山社、２０２０年）
キャス・サンスティーン著、伊達尚美訳『＃リパブリック——インターネットは民主主義になにをもたらすのか』（勁草書房、２０１８年）
瀧川裕英・宇佐美誠・大屋雄裕『法哲学』（有斐閣、２０１４年）
谷口将紀・宍戸常寿『デジタル・デモクラシーがやってくる——ＡＩが私たちの社会を変えるんだったら、政治もそのままってわけにはいかないんじゃない？』（中央公論社、２０２０年）

長谷部恭男『権力への懐疑――憲法学のメタ理論』（日本評論社、１９９１年）
長谷部恭男『憲法学のフロンティア』（岩波書店、１９９９年）
長谷部恭男『憲法と平和を問いなおす』（ちくま新書、２００４年）
長谷部恭男『憲法　第七版』（新世社、２０１８年）
長谷部恭男『憲法の理性（増補新装版）』（東京大学出版会、２０１６年）
長谷部恭男『比較不能な価値の迷路（増補新装版）――リベラル・デモクラシーの憲法理論』（東京大学出版会、２０１８年）
長谷部恭男『憲法の良識――「国のかたち」を壊さない仕組み』（朝日新書、２０１８年）
長谷部恭男『憲法講話――24の入門講義』（有斐閣、２０２０年）
樋口陽一、石川健治、蟻川恒正、宍戸常寿、木村草太『憲法を学問する』（有斐閣、２０１９年）
フランシス・フクヤマ著、山田文訳『IDENTITY――尊厳の欲求と憤りの政治』（朝日新聞出版、２０１９年）
山本龍彦編著『ＡＩと憲法』（日本経済新聞出版社、２０１８年）
マーク・リラ著、駒村圭吾解説、夏目大訳『リベラル再生宣言』（早川書房、２０１８年）

【1章】【2章】

ダロン・アセモグル、ジェイムズ・Ａ・ロビンソン／鬼澤忍訳『国家はなぜ衰退するのか〔上〕――権力・繁栄・貧困の起源』（早川書房、２０１６年）
ダロン・アセモグル、ジェイムズ・Ａ・ロビンソン／鬼澤忍訳『国家はなぜ衰退するのか〔下〕――権力・繁栄・貧困の起源』（早川書房、２０１６年）
蟻川恒正『尊厳と身分――憲法的思惟と「日本」という問題』（岩波書店、２０１６年）

蟻川恒正『憲法解釈権力』（勁草書房、2020年）
倉田徹、倉田明子編『香港危機の深層――「逃亡犯条例」改正問題と「一国二制度」のゆくえ』（東京外国語大学出版会、2019年）
ジャスティン・ゲスト著／吉田徹、西山隆行、石神圭子、河村真実訳『新たなマイノリティの誕生――声を奪われた白人労働者たち』（弘文堂、2019年）
駒村圭吾『ジャーナリズムの法理――表現の自由の公共的使用』（嵯峨野書院、2001年）
ジョセフ・E・スティグリッツ著／山田美明訳『スティグリッツ――プログレッシブキャピタリズム』（東洋経済新報社、2020年）
谷口功一『ショッピングモールの法哲学――市場、共同体、そして徳』（白水社、2015年）
パトリック・J・デニーン著／角敦子訳『リベラリズムはなぜ失敗したのか』（原書房、2019年）
西山隆行『格差と分断のアメリカ』（東京堂出版、2020年）
ジェイミー・バートレット著／中村雅子訳『ラディカルズ――世界を塗り替える〈過激な人たち〉』（双葉社、2019年）
A・ハミルトン、J・ジェイ、J・マディソン著／斎藤眞、中野勝朗訳『ザ・フェデラリスト』（岩波書店、1999年）
ドナ・ヒックス著／ワークス淑悦訳／ノ・ジェス監修『Dignity』（幻冬舎、2020年）
ブレディみかこ『ぼくはイエローでホワイトで、ちょっとブルー』（新潮社、2019年）
ダグラス・マレー著／中野剛志解説／町田敦夫訳『西洋の自死――移民・アイデンティティ・イスラム』（東洋経済新報社、2018年）
ヤン＝ヴェルナー・ミュラー著／斎藤一久ほか訳『憲法パトリオティズム』（法政大学出版局、2017年）

毛利透『民主制の規範理論――憲法パトリオティズムは可能か』（勁草書房、2002年）
ヤシャ・モンク著／吉田徹訳『民主主義を救え！』（岩波書店、2019年）
山本圭『アンタゴニズムス――ポピュリズム〈以後〉の民主主義』（共和国、2020年）
マーク・リラ著／山本久美子訳／会田弘継監訳『難破する精神――世界はなぜ反動化するのか』（NTT出版、2017年）
スティーブン・レビツキー、ダニエル・ジブラット著／池上彰解説／濱野大道訳『民主主義の死に方――二極化する政治が招く独裁への道』（新潮社、2018年）
ヘレナ・ローゼンブラット著／三牧聖子、川上洋平訳『リベラリズム――失われた歴史と現在』（青土社、2020年）
ジョン・ロック著／加藤節、李静和訳『寛容についての手紙』（岩波文庫、2018年）

【3章】【4章】
安宅和人、池宮伸次、yahoo! ビッグデータレポートチーム『ビッグデータ探偵団』（講談社、2019年）
安宅和人『シン・ニホン――AI×データ時代における日本の再生と人材育成』（ニューズピックス、2020年）
エイミー・ウェブ著／稲垣みどり訳『BIG NINE――巨大ハイテク企業とAIが支配する人類の未来』（光文社、2020年）
尾原和啓『アルゴリズムフェアネス――もっと自由に生きるために、ぼくたちが知るべきこと』（KADOKAWA、2020年）
ブリタニー・カイザー著／染田屋茂他訳『告発――フェイスブックを揺るがした巨大スキャンダル』（ハーバー

コリンズジャパン、2019年）
スコット・ギャロウェイ著／渡会圭子訳『the four GAFA 四騎士が創り変えた世界』（東洋経済新報社、2018年）
キャス・サンスティーン著／那須耕介編・監訳『熟議が壊れるとき——民主政と憲法解釈の統治理論』（勁草書房、2012年）
キャス・サンスティーン著／山形浩生訳『命の価値——規制国家に人間味を』（勁草書房、2017年）
キャス・サンスティーン著／田総恵子訳『シンプルな政府——〝規制〟をいかにデザインするか』（NTT出版、2017年）
キャス・サンスティーン、ルチア・ライシュ著／大竹文雄監修・解説／遠藤真美訳『データで見る行動経済学——全世界大規模調査で見えてきた「ナッジの真実」』（日経BP、2020年）
宍戸常寿、大屋雄裕、小塚荘一郎、佐藤一郎編著『AIと社会と法——パラダイムシフトは起きるか？』（有斐閣、2020年）
リチャード・セイラー、キャス・サンスティーン著／遠藤真美訳『実践行動経済学——健康、富、幸福への聡明な選択』（日経BP、2009年）
田中辰雄、浜屋敏『ネット社会を分断しない』（角川新書、2019年）
日本経済新聞データエコノミー取材班編『データの世紀』（日本経済新聞出版社、2019年）
ジェイミー・バートレット著／秋山勝訳『操られる民主主義——デジタル・テクノロジーはいかにして社会を破壊するか』（草思社、2018年）
堀潤『わたしは分断を許さない——香港、朝鮮半島、シリア、パレスチナ、福島、沖縄。「ファクトなき固定観念」は何を奪うのか？』（実業之日本社、2020年）

松尾陽編『アーキテクチャと法——法学のアーキテクチュアルな転回?』(弘文堂、2017年)
丸山俊一、NHK取材班編著『AI以後——変貌するテクノロジーの危機と希望』(NHK出版、2019年)
弥永真生、宍戸常寿編『ロボット・AIと法』(有斐閣、2018年)
山本龍彦編著『AIと憲法』(日本経済新聞出版社、2018年)

【5章】【6章】

芦部信喜、高橋和之『憲法　第七版』(岩波書店、2019年)
ブルース・アッカマン、ジェイムズ・S・フィッシュキン著/川岸令和、谷澤正嗣、青山豊訳『熟議の日——普通の市民が主権者になるために』(早稲田大学出版部、2014年)
石川健治、山本達彦、泉徳治編『憲法訴訟の十字路——実務と学知のあいだ』(弘文堂、2019年)
今井一、『国民投票の総て』制作・普及委員会『国民投票の総て』(［国民投票/住民投票］情報室、2017年)
岩井奉信、岩崎正洋編著『日本政治とカウンター・デモクラシー』(勁草書房、2017年)
岩崎正洋『政党システム』(日本経済評論社、2020年)
エイドリアン・ヴァーミュール著/吉良貴之訳『リスクの立憲主義——権力を縛るだけでなく、生かす憲法へ』(勁草書房、2019年)
潮博恵『オーケストラは未来をつくる——マイケル・ティルソン・トーマスとサンフランシスコ交響楽団の挑戦』(アルテスパブリッシング、2012年)
宇野常寛『遅いインターネット』(NewsPicks×幻冬舎、2020年)
金森徳次郎著/高見勝利編『憲法遺言　憲法随想　憲法うらおもて　私の履歴書』(慈学社出版、2013年)
デヴィッド・グレーバー著/片岡大右訳『民主主義の非西洋起源について——「あいだ」の空間の民主主義』

（以文社、2020年）
小林よしのり、井上達夫、山尾志桜里、駒村圭吾、曽我部真裕『ゴー宣〈憲法〉道場Ⅰ白帯』（毎日新聞出版、2018年）
小林よしのり、井上達夫、山尾志桜里、枝野幸男、伊勢崎賢治、山元一、井上武史『属国の9条　ゴー宣〈憲法〉道場Ⅱ黒帯』（毎日新聞出版、2018年）
駒村圭吾、待鳥聡史編『「憲法改正」の比較政治学』（弘文堂、2016年）
駒村圭吾、待鳥聡史編『統治のデザイン――日本の「憲法改正」を考えるために』（弘文堂、2020年）
境家史郎『憲法と世論――戦後日本人は憲法とどう向き合ってきたのか』（筑摩書房、2017年）
宍戸常寿、林知更、小島慎司、西村裕一編『戦後憲法学の70年を語る――高橋和之・高見勝利憲法学との対話』（日本評論社、2020年）
初宿正典、辻村みよ子編『新解説世界憲法集第4版』（三省堂、2017年）
オーウェン・ジョーンズ著／依田卓巳訳『CHAVSチャヴ――弱者を敵視する社会』（海と月社、2018年）
オーウェン・ジョーンズ著／依田卓巳訳『エスタブリッシュメント――彼らはこうして富と権力を独占する』（海と月社、2018年）
玉川透編著／ヤシャ・モンク、ロベルト・ステファン・フォア著／濱田江里子訳『強権に「いいね！」を押す若者たち』（青灯社、2020年）
ハッサン・ダムルジ著／土方奈美訳『フューチャー・ネーション――国家をアップデートせよ』（ニューズピックス、2020年）
辻村みよ子『比較憲法　新版』（岩波書店、2011年）
中川右介『至高の十大指揮者』（角川ソフィア文庫、2020年）

L・バーンスタイン、E・カスティリオーネ著／西本晃二監訳／笠羽映子訳『バーンスタイン　音楽を生きる』（青土社、2018年）
待鳥聡史『政治改革再考――変貌を遂げた国家の軌跡』（新潮社、2020年）
水島治郎編『ポピュリズムという挑戦――岐路に立つ現代デモクラシー』（岩波書店、2020年）
向大野新治『議会学』（吉田書店、2018年）
矢羽々崇『「歓喜に寄せて」の物語――シラーとベートーヴェンの「第九」』（現代書館、2019年）
吉田徹編『民意のはかり方――「世論調査×民主主義」を考える』（法律文化社、2018年）
ピエール・ロザンヴァロン著／嶋崎正樹訳『カウンター・デモクラシー――不信の時代の政治』（岩波書店、2017年）
渡瀬裕哉『なぜ、成熟した民主主義は分断を生み出すのか――アメリカから世界に拡散する格差と分断の構図』（すばる舎、2019年）
渡辺将人『アメリカ政治の壁――利益と理念の狭間で』（岩波書店、2016年）

ちくま新書
1519

リベラルの敵《てき》はリベラルにあり

二〇二〇年九月一〇日　第一刷発行

著　者　倉持麟太郎（くらもち・りんたろう）
発行者　喜入冬子
発行所　株式会社 筑摩書房
東京都台東区蔵前二-五-三　郵便番号一一一-八七五五
電話番号〇三-五六八七-二六〇一（代表）
装幀者　間村俊一
印刷・製本　株式会社 精興社

ISBN978-4-480-07335-8 C0231

ちくま新書

294
デモクラシーの論じ方
――論争の政治
杉田敦
民主主義、民主的な政治とは何なのか。あまりに基本的と思える問題について、一から考え、デモクラシーにおける対立点や問題点を明らかにする、対話形式の試み。

594
改憲問題
愛敬浩二
戦後憲法はどう機能してきたか。改正でどんな効果が期待できるのか。改憲論議にはこうした実質を問う視角が欠けている。改憲派の思惑と帰結をクールに斬る一冊！

625
自治体をどう変えるか
佐々木信夫
行政活動の三分の二以上を担う地方を変えることは、この国のかたちを変えることにほかならない。「官」と「民」の関係を問い直し、新たな〈公〉のビジョンを描く。

655
政治学の名著30
佐々木毅
古代から現代まで、著者がその政治観を形成する上でたえず傍らにあった名著の数々。選ばれた30冊は混迷を深める時代にこそますます重みを持ち、輝きを放つ。

847
成熟日本への進路
――「成長論」から「分配論」へ
波頭亮
日本は成長期を終え成熟フェーズに入った。旧来の成長モデルの政策も制度ももはや無効であり改革は急務である。国民が真に幸せだと思える国家ビジョンを緊急提言。

905
日本の国境問題
――尖閣・竹島・北方領土
孫崎享
どうしたら、尖閣諸島を守れるか。竹島や北方領土は取り戻せるのか。平和国家・日本の国益に適った安全保障とは何か。国防のための国家戦略が、いまこそ必要だ。

925
民法改正
――契約のルールが百年ぶりに変わる
内田貴
経済活動の最も基本的なルールが、制定から百年を経て抜本改正されようとしている。なぜ改正が必要とされ、具体的に何がどう変わるのか。第一人者が平明に説く。

ちくま新書

1176
迷走する民主主義
森政稔
政権交代や強いリーダーシップを追求した「改革」がもたらしたのは、民主主義への不信と憎悪だった。その背景に何があるのか。政治の本分と限界を冷静に考える。

1185
台湾とは何か
野嶋剛
国力において圧倒的な中国・日本との関係を深化させる台湾。日中台の複雑な三角関係を波乱の歴史、台湾の社会・政治状況から解き明かし、日本の針路を提言。

1193
移民大国アメリカ
西山隆行
止まるところを知らない中南米移民。その増加への不満がいかに米国社会を蝕みつつあるのか。米国の移民問題の全容を解明し、日本に与える示唆を多角的に分析する。

1195
「野党」論
——何のためにあるのか
吉田徹
野党は、民主主義をよりよくする上で不可欠のツールだ。そんな野党に多角的な光を当て、来るべき野党を、これからの対立軸を展望する。「賢い有権者」必読の書！

1199
安保論争
細谷雄一
平和はいかにして実現可能なのか。安保関連法をめぐる激しい論戦のもと、この重要な問いが忘却されてきた。外交史の観点から、現代のあるべき安全保障を考える。

1220
日本の安全保障
加藤朗
日本の安全保障が転機を迎えている。「積極的平和主義」とは何か？　自国の安全をいかに確保すべきか？　これらの点を現実的に考え、日本が選ぶべき道を示す。

1223
日本と中国経済
——相互交流と衝突の一〇〇年
梶谷懐
「反日騒動」や「爆買い」は今に始まったことではない。近現代史を振り返ると日中の経済関係はアンビバレントに進んできた。この一〇〇年の政治経済を概観する。

ちくま新書

1236 日本の戦略外交　鈴木美勝
外交取材のエキスパートが読む世界史ゲームのいま。「歴史」の和解と打算、機略縦横の駆け引き、舞台裏で支えるキーマンの素顔……。戦略的リアリズムとは何か！

1238 地方自治講義　今井照
地方自治の原理と歴史から、人口減少やコミュニティ、憲法問題など現在の課題までをわかりやすく解説。市民が自治体を使いこなすための、従来にない地方自治入門。

1240 あやつられる難民 ——政府、国連、ＮＧＯのはざまで　米川正子
いま世界の難民は国連と各国政府、人道支援団体の間で翻弄されている。難民本位の支援はなぜ実現しないのか。アフリカ現地での支援経験を踏まえ、批判的に報告する。

1241 不平等を考える ——政治理論入門　齋藤純一
格差の拡大がこの社会に致命的な分断をもたらしている。不平等の問題を克服するため、どのような制度を共有すべきか。現代を覆う困難にいどむ、政治思想の基本書。

1258 現代中国入門　光田剛編
あまりにも変化が速い現代中国。その実像を政治史、文化、思想、社会、軍事等の専門家がわかりやすく解説。歴史から最新情勢までバランスよく理解できる入門書。

1262 分解するイギリス ——民主主義モデルの漂流　近藤康史
ＥＵ離脱、スコットランド独立——イギリスは政治の機能不全で分解に向かいつつある。もはや英国議会政治は民主主義のモデルたりえないのか。危機の深層に迫る。

1267 ほんとうの憲法 ——戦後日本憲法学批判　篠田英朗
憲法九条や集団的自衛権をめぐる日本の憲法学者の議論はなぜガラパゴス化したのか。歴史的経緯を踏まえ、政治学の立場から国際協調主義による平和構築を訴える。

ちくま新書

1310
行政学講義
――日本官僚制を解剖する
金井利之
我々はなぜ官僚支配から抜け出せないのか。政治主導はなぜ無効なのか。支配・外界・身内・権力の四つの切り口で行政の作動様式を解明する、これまでにない入門書。

1311
アメリカの社会変革
――人種・移民・ジェンダー・LGBT
ホーン川嶋瑤子
「チェンジ」の価値化――これこそがアメリカ文化の柱である。保守とリベラルのせめぎあいでダイナミックに動く、平等化運動から見たアメリカの歴史と現在。

1327
欧州ポピュリズム
――EU分断は避けられるか
庄司克宏
反移民、反グローバル化、反エリート、反リベラルが世界を席巻！ EUがポピュリズム危機に揺れる理由は、その統治機構と政策にあった。欧州政治の今がわかる！

1331
アメリカ政治講義
西山隆行
アメリカの政治はどのように動いているのか。その力学を歴史・制度・文化など多様な背景から解説。アメリカン・デモクラシーの考え方がわかる、入門書の決定版。

1345
ロシアと中国　反米の戦略
廣瀬陽子
孤立を避け資源を売りたいロシア。軍事技術が欲しい中国。米国一強の国際秩序への対抗……。だが、中露蜜月の舞台裏では熾烈な主導権争いが繰り広げられている。

1353
政治の哲学
――自由と幸福のための11講
橋爪大三郎
社会の仕組みを支えるのが政治だ。政治が失敗すると、自由も幸福も壊れかねない。政府、議会、安全保障、年金など、政治の基本がみるみる分かる画期的入門書！

1355
日本が壊れていく
――幼稚な政治、ウソまみれの国
斎藤貴男
「モリ・カケ」問題、官僚の「忖度」、大臣の舌禍事件……。政治の信頼を大きく損ねる事件が、なぜこれほど続くのか？ 日本の政治が劣化した真因を考える。

ちくま新書

1367
地方都市の持続可能性
――「東京ひとり勝ち」を超えて
田村秀
煮え切らない国の方針に翻弄されてきた全国の自治体。厳しい状況下で地域を盛り上げ、どうブランド力を高めるか。都市の盛衰や従来の議論を踏まえた生き残り策。

1393
教養としての政治学入門
成蹊大学法学部編
いま政治学では何が問題になっているのか。政治史・政治理論・国際政治・福祉・行政学・地方自治などの専門研究者が12のテーマで解説する、知の最先端への道案内。

1407
官僚制と公文書
――改竄、捏造、忖度の背景
新藤宗幸
眼を覆いたくなるほど凄まじい官僚の劣化。組織構造、意思決定、情報公開法や公文書管理法など、官僚統制のシステムを問いなおし、〝政権主導〟の暴走をえぐる。

1408
自公政権とは何か
――「連立」にみる強さの正体
中北浩爾
単独政権が可能な自民党はなぜ連立を解消しないのか？ 平和・福祉重視の公明党はなぜ自民党と連立するのか？ 「連立」から日本政治を読み解く、初の本格的分析！

1430
世界最強組織のつくり方
――感染症と闘うグローバルファンドの挑戦
國井修
一九九〇年代に猛威を振るった三大感染症を撲滅するために設立された「グローバルファンド」。戦略局長として活躍する著者が世界最強の組織の条件を解き明かす。

1440
二重国籍と日本
国籍問題研究会編
旧態依然かつ不透明な国籍法の運用で、国籍を剝奪されたり、無国籍者に陥る悲劇やナショナリズムに絡めたバッシングが発生している。どこに問題があるか。

1477
ＥＵ離脱
――イギリスとヨーロッパの地殻変動
鶴岡路人
ついに離脱を現実のものとしたイギリスが失うものとはなにか？ 一枚岩になれないＥＵはどうなるのか？ なお問題山積のヨーロッパの現在を最も正確に論じる。

ちくま新書

1483
韓国　現地からの報告
——セウォル号事件から文在寅政権まで
伊東順子
セウォル号事件、日韓関係の悪化、文在寅政権下の分断……2014～2020年のはじめまで、何が起こり、人びとは何を考えていたのか？　現地からの貴重なレポート。

1495
平成政治史
——政界再編とポスト冷戦型社会運動
大嶽秀夫
政党が離合集散を繰り返し、政界再編に明け暮れる一方、SEALDsや脱原発運動等の新型の社会運動が注目を集める。激動の三〇年を俯瞰する政治史決定版。

1497
人事の古代史
——律令官人制からみた古代日本
十川陽一
報復左遷、飼い殺し、飼い慣らし……。天皇を中心に国を統治をするために様々な人の差配が必要となった。国家の礎となる官人とその支配制度に光を当てた一冊。

1501
消費税増税と社会保障改革
伊藤周平
新型コロナ流行による大打撃以前から、消費税増税のために経済や福祉はボロボロ。ウイルスとの闘いのさなかでさえ、社会保障を切り下げる日本のドグマ。

1512
香港とは何か
野嶋剛
選挙介入や国家安全法の導入決定など、中国の横暴がすさまじい。返還時の約束が反故にされた香港。若者中心の抵抗運動から中米対立もはらむ今後の見通しまで。

1498
香港と日本
——記憶・表象・アイデンティティ
銭俊華
二〇一九年から続くデモ、中国大陸の同化政策、日本のサブカルチャーの受容や大日本帝国の記憶……香港出身の研究者が香港の現在と「日本」を考察する。

1460
世界哲学史1
——古代I　知恵から愛知へ
［責任編集］伊藤邦武／山内志朗
中島隆博／納富信留
人類は文明の始まりに世界と魂をどう考えたのか。古代オリエント、旧約聖書世界、ギリシアから、中国、インドまで、世界哲学が立ち現れた場に多角的に迫る。

ちくま新書

1461
世界哲学史2
――古代Ⅱ　世界哲学の成立と展開
［責任編集］伊藤邦武／山内志朗
中島隆博／納富信留
キリスト教、仏教、儒教、ゾロアスター教、マニ教などの宗教的思考について哲学史の観点から領域横断的に検討。「善悪と超越」をテーマに、宗教的思索の起源に迫る。

1462
世界哲学史3
――中世Ⅰ　超越と普遍に向けて
［責任編集］伊藤邦武／山内志朗
中島隆博／納富信留
七世紀から一二世紀まで、ヨーロッパ、ビザンツ、イスラーム世界、中国やインド、そして日本の多様な形而上学の発展を、相互の豊かな関わりのなかで論じていく。

1463
世界哲学史4
――中世Ⅱ　個人の覚醒
［責任編集］伊藤邦武／山内志朗
中島隆博／納富信留
モンゴル帝国がユーラシアを征服し世界が一体化へと向かう中、世界哲学はいかに展開したか。天や神など超越者に還元されない「個人の覚醒」に注目し考察する。

1464
世界哲学史5
――中世Ⅲ　バロックの哲学
［責任編集］伊藤邦武／山内志朗
中島隆博／納富信留
近代西洋思想は、いかにイスラームの影響を受けたスコラ哲学によって準備され、世界へと伝播したか。中国・朝鮮・日本までを視野に入れて多面的に論じていく。

1465
世界哲学史6
――近代Ⅰ　啓蒙と人間感情論
［責任編集］伊藤邦武／山内志朗
中島隆博／納富信留
啓蒙運動が人間性の復活という目標をもっていたことを、東西の思想の具体例とその交流の歴史から浮き彫りにしつつ、一八世紀の東西の感情論へのまなざしを探る。

1466
世界哲学史7
――近代Ⅱ　自由と歴史的発展
［責任編集］伊藤邦武／山内志朗
中島隆博／納富信留
旧制度からの解放を求めた一九世紀の「自由の哲学」とは何か。欧米やインド、日本などでの知的営為を俯瞰し、自由の意味についての哲学的探究を広く渉猟する。

1467
世界哲学史8
――現代　グローバル時代の知
［責任編集］伊藤邦武／山内志朗
中島隆博／納富信留
西洋現代哲学、ポストモダン思想から、イスラーム、中国、日本、アフリカなど世界各地の現代哲学までを渉猟し、現代文明の危機を打開する哲学の可能性を探る。

ちくま新書

465
憲法と平和を問いなおす
長谷部恭男
情緒論に陥りがちな改憲論議と冷静に向きあうには、そもそも何のための憲法かを問う視点が欠かせない。この国のかたちを決する大問題を考え抜く手がかりを示す。

1372
国際法
大沼保昭
いまや人々の生活にも深く入り込んでいる国際法。「生きた国際法」を誰にでもわかる形で、体系的に説き明かした待望の入門書。日本を代表する研究者による遺作。

1470
皇室法入門
園部逸夫
喫緊の難題である皇位継承問題をはじめとして、すべての皇室問題を考える前の必読書。天皇制とは何か、象徴と世襲という制度の根本から、第一人者が解きほぐす。

1168
「反戦・脱原発リベラル」はなぜ敗北するのか
浅羽通明
楽しくてかっこよく、一〇万人以上を集めたデモ。だが原発は再稼働し安保関連法も成立。なぜ勝てないのか？勝ちたいリベラルのための真にラディカルな論争書！

1488
令和日本の敗戦
――虚構の経済と蹂躙の政治を暴く
田崎基
安倍長期政権の末路ここにあり。崩壊寸前のこの国はやがて「令和の敗戦」を迎える。経済政策の虚構、疲弊する労働者、権力の暴走と欺瞞を気鋭の記者が迫真ルポ。

1299
平成デモクラシー史
清水真人
90年代の統治改革が政治の風景をがらりと変えた。「小泉劇場」から民主党政権を経て「安倍一強」へ。激動の30年を俯瞰し、「平成デモクラシー」の航跡を描く。

1346
立憲的改憲
――憲法をリベラルに考える7つの対論
山尾志桜里
今あるすべての憲法論を疑え！　真に権力を縛り立憲主義を取り戻す「立憲的改憲」を提起し自衛権、安全保障、違憲審査など核心問題について気鋭の論客と吟味する。